KB212985

매일 아침
청소년을 위한 365

매일 아침 청소년을 위한 365

지은이 | 하용조 외

초판 발행 | 2010. 11. 08.

14쇄 발행 | 2023. 11. 28

등록번호 | 제3-203호

등록된 곳 | 서울특별시 용산구 서빙고동 95번지

발행처 | 사단법인 두란노서원

영업부 | 2078-3333   FAX 080-749-3705

출판부 | 2078-3477

▌책 값은 뒤표지에 있습니다.

ISBN 978-89-531-1414-2   03230

▌독자의 의견을 기다립니다.

tpress@duranno.com   http://www.Duranno.com

▌이 책은 개역개정·NIV 성경을 사용했습니다.

두란노서원은 바울 사도가 3차 전도여행 때 에베소에서 성령 받은 제자들을 따로 세워 하나님의 말씀으로 양육하던 장소입니다. 사도행전 19장 8~20절의 정신에 따라 첫째 목회자를 돕는 사역과 평신도를 훈련시키는 사역, 둘째 세계선교(TIM)와 문서선교(단행본·잡지) 사역, 셋째 예수문화 및 경배와 찬양 사역, 그리고 가정·상담 사역 등을 감당하고 있습니다. 1980년 12월 22일에 창립된 두란노서원은 주님 오실 때까지 이 사역들을 계속할 것입니다.

매일 아침
청소년을
위한365

하용조 외 지음

두란노

Every Morning
The Word of God
for Youth

매일 아침
청소년을
위한365

하나님과 함께 시작하는 삶

사 60:1

일어나라 빛을 발하라 이는 네 빛이 이르렀고 여호와의 영광
이 네 위에 임하였음이니라.

Arise, shine, for your light has come, and the glory of the
LORD rises upon you.

태양이 늘 다시 떠오르듯이 새해가 우리 앞에 열렸습니다. '어떻게 새해를 시작할까?'라는 질문 앞에 오직 한 가지 대답이 있습니다. 그것은 하나님과 함께 시작하는 것입니다.

이 세상에서 가장 안전하고 옳은 길은 하나님과 동행하는 길입니다. 하나님이 가시는 길로만 따라가면 틀림없습니다. 비록 길을 잃어버렸을지라도 하나님만 따라가면 가장 안전한 곳으로 갈 것입니다. 우리의 눈을 전심으로 예수님께로 향하고 뛰며 걸으며 찬양합시다. 기적은 바로 우리 모두의 것입니다.

원수는 주님이 갚으시리니

마 5:39

나는 너희에게 이르노니 악한 자를 대적하지 말라 누구든지
네 오른편 뺨을 치거든 왼편도 돌려 대며.

But I tell you, Do not resist an evil person. If someone
strikes you on the right cheek, turn to him the other also.

뺨 맞아 본 경험이 있습니까? 예수님은 오른쪽 뺨을 맞
거든 왼쪽 뺨까지 내어 주라고 하셨습니다. 참 감당하기
어려운 말씀입니다. 하지만 이 말씀은 복수와 보복을 하
기 위해 악을 사용하지 않는다는 것을 의미합니다. 성경
은 말합니다.

"원수 갚는 것이 내게 있으니 내가 갚으리라"(히 10:30).

하나님은 우리를 사랑하시기 때문에 우리의 손에 피를
묻히기를 원치 않으십니다. 여러분은 이 말씀에 얼마나
자유하십니까?

하나님의 뜻을 검증하는 방법

살전 5:16-18

항상 기뻐하라 쉬지 말고 기도하라 범사에 감사하라 이것이
그리스도 예수 안에서 너희를 향하신 하나님의 뜻이니라.

Be joyful always; pray continually; give thanks in all
circumstances, for this is God's will for you in Christ
Jesus.

하나님의 뜻을 검증하는 방법에는 세 가지가 있습니다.

첫째, 하나님의 뜻은 항상 기쁨이 됩니다. 영혼이 기쁘지 않은 것은 문제가 있는 것입니다. 손해냐 이익이냐가 아닙니다. 하나님의 뜻은 힘든 길일지라도 마음에 항상 기쁨이 있습니다.

둘째, 하나님의 뜻은 쉬지 말고 기도하게 합니다. 내가 할 수 있다는 전적인 자기 부인을 통해 항상 기도함으로 하나님을 더욱 의지하게 합니다.

셋째, 하나님의 뜻은 범사에 감사가 있습니다. 결과에 상관없이 하나님과 함께함에 늘 감사가 넘쳐 납니다.

죄 많은 인간

엡 2:4-5

긍휼이 풍성하신 하나님이 우리를 사랑하신 그 큰 사랑을 인
하여 허물로 죽은 우리를 그리스도와 함께 살리셨고 (너희는
은혜로 구원을 받은 것이라).

But because of his great love for us, God, who is rich in
mercy, made us alive with Christ even when we were dead
in transgressions - it is by grace you have been saved.

왜 인간은 병들고 고독하며 허무하고 부질없을까요? 왜
인간은 상처가 있고 거절감이 있을까요? 인간은 누구나
원죄를 가진 죄인입니다. 이 사실을 모르면 인간의 문제
는 풀리지 않습니다. 모든 인간은 본질상 죄인이라는 사
실을 깨달을 때 자신의 실존 문제를 해석하고 이해할 수
있습니다. 인간이 죄인이라는 사실을 인정할 때 문제가
해결되기 시작하는 것입니다. 환자에게 의사가 필요하듯
죄인에게는 하나님의 구원이 필요합니다. 내가 죄인이라
는 사실을 실존적으로 깨닫고 경험할 때 하나님의 필요성
을 느낄 수 있습니다.

하나님의 시간표

롬 8:18

생각하건대 현재의 고난은 장차 우리에게 나타날 영광과 비교할 수 없도다.

I consider that our present sufferings are not worth comparing with the glory that will be revealed in us.

사람들은 보통 초등학교, 중학교, 고등학교, 대학교, 직장, 결혼의 수순을 따라 살아갑니다. 자신이 세운 계획에 맞춰 행동하고 하나님이 자신의 시간표에 맞추실 것을 요구합니다. 모두가 자신을 중심으로 시간과 계획을 세우지만 우리는 하나님의 시간을 인정하고 따라야 합니다. 하나님께는 나를 향한 계획이 있습니다. 그분의 시간표에 나의 시간표를 맞추는 것이 영적 통찰력이고 믿음입니다.

하나님의 섭리

살후 2:12

진리를 믿지 않고 불의를 좋아하는 모든 자들로 하여금 심판을 받게 하려 하심이라.

and so that all will be condemned who have not believed the truth but have delighted in wickedness.

하나님은 우리에게 기회를 주십니다. 그러나 그것을 농담으로 여기는 사람은 구원받을 수 없습니다.

노아는 하나님의 말씀에 순종해 방주를 지었습니다. 그러나 사람들은 그를 조롱하며 비웃었습니다. "날씨가 이렇게 좋고 세상이 이렇게 평화로운데 어떻게 심판이 오느냐?"며 노아의 말을 농담으로 여겼습니다. 그러나 하나님의 때가 되어 하늘의 창이 열리고 바위가 터져 인류를 뒤덮는 심판이 임했고, 결국 방주의 문이 닫혔습니다.

지금도 세상 사람들은 하나님의 섭리를 믿지 않습니다. 믿지 않을 뿐 아니라 조롱하고 농담으로 여깁니다. 그러나 그것은 무서운 결과를 낳습니다. 시간이 많다고 착각하지 마십시오. 하나님이 손 내미실 때 우리는 그것을 굳게 붙잡아야 합니다.

구원의 기쁨

사 12:3

그러므로 너희가 기쁨으로 구원의 우물들에서 물을 길으리로다.

With joy you will draw water from the wells of salvation.

월급쟁이 회사원이 어느 날 은행에 가서 통장 조회를 했습니다. 그런데 놀랍게도 통장에 100억 원이 들어와 있었습니다. 처음에는 전산 착오려니 했는데, 며칠이 지나자 그것이 정말 자신의 돈이라는 것이 확인되었습니다. 그 때부터 그 일을 생각할 때마다 도무지 믿기지 않았습니다. 시간이 지날수록 그 사실을 생각만해도 웃음이 나와 참을 수가 없었습니다. 자동차나 집, 자기가 원하는 것은 무엇이나 아무 갈등 없이 살 수 있었기 때문입니다. 우리가 받은 구원도 바로 이와 같은 것입니다.

능력 주시는 주님

마 5:5

온유한 자는 복이 있나니 그들이 땅을 기업으로 받을 것임이요.

Blessed are the meek, for they will inherit the earth.

예수님의 팔복 설교는 베토벤이나 바흐의 음악과 견주어 말할 수 있습니다. 또한 미켈란젤로의 조각이나 다빈치, 라파엘로, 렘브란트, 고흐의 영감 있는 작품들을 대하는 것과 같은 벅찬 감동도 있습니다. 그러나 동시에 그 작품들이 너무 완벽하기 때문에 나는 도저히 그렇게 할 수 없을 것이라는 좌절감도 갖게 됩니다. 하지만 기도하는 가운데 이 말씀을 깊이 묵상하면 주님으로부터 "너도 이렇게 할 수 있다"는 격려와 용기를 얻을 수 있습니다.

우리에게 보장된 약속

요 3:16

하나님이 세상을 이처럼 사랑하사 독생자를 주셨으니 이는
그를 믿는 자마다 멸망하지 않고 영생을 얻게 하려 하심이라.
For God so loved the world that he gave his one and only
Son, that whoever believes in him shall not perish but
have eternal life.

약속이 보장되어 있는 상품이나 신용이 있는 상품은 가
만두어도 잘 팔립니다. 학자들은 책을 쓸 때 반드시 주석
을 붙입니다. 자신의 주장이 근거 있는 것임을 증명하기
위함입니다. 믿음의 세계에도 이와 같은 약속이 있습니
다. 예수를 믿으면 천국과 구원이 보장된다는 것입니다.
이것은 사람이 한 것이 아니라 하나님이 우리에게 하신
약속입니다. 이 보장된 약속을 믿으십시오.

모욕을 참는 인내

고전 9:12

다른 이들도 너희에게 이런 권리를 가졌거든 하물며 우리일
까 보냐 그러나 우리가 이 권리를 쓰지 아니하고 범사에 참는
것은 그리스도의 복음에 아무 장애가 없게 하려 함이로다.

If others have this right of support from you, shouldn't we
have it all the more? But we did not use this right. On the
contrary, we put up with anything rather than hinder the
gospel of Christ.

미국에서 세탁업을 하는 신실한 그리스도인이 있었습
니다. 하루는 한 손님이 자기가 아끼는 옷이 없어졌다며
동네에 나쁜 소문을 냈습니다. 그러나 그 세탁소 주인은
전혀 화를 내지 않고 그럴 리 없다며 공손히 답변했습니
다. 2주일 뒤에 그 욕하던 사람의 집에서 옷이 발견되었습
니다. 얼마나 미안하고 창피했을까요? 그 뒤 세탁소 주인
의 태도에 감동한 그 사람은 예수님을 믿게 되었다고 합
니다. 모욕을 잘 참는 것이 전도입니다.

주일은 축제의 날

시 118:24

이날은 여호와께서 정하신 것이라 이날에 우리가 즐거워하
고 기뻐하리로다.

This is the day the LORD has made; let us rejoice and be
glad in it.

안식일은 복되고 거룩한 날입니다. 6일 동안 힘써 일하
고 7일째 되는 날에 하나님을 기억하면서 안식하면 세상
에서 겪은 피곤함과 우울증과 신경질이 사라질 것입니다.
그리고 모든 것이 새롭게 될 것입니다. 이것이 축복이요,
사랑이요, 회복입니다. 토요일에는 너무 지나치게 일하지
말고, 쉬면서 주일을 준비해야 합니다. 주일은 축제의 날
입니다. 교회에 와서 찬양과 기도를 드리고 전도하며 교
제로 떡을 떼고 이웃을 도우며 부활의 기쁨과 감격을 나
누는 날입니다.

그리스도인의 코드

살전 5:16-18

항상 기뻐하라 쉬지 말고 기도하라 범사에 감사하라 이것이
그리스도 예수 안에서 너희를 향하신 하나님의 뜻이니라.

Be joyful always; pray continually; give thanks in all
circumstances, for this is God's will for you in Christ
Jesus.

성경을 보면 곳곳에 독특한 하나님의 코드가 있습니다.
이것은 하나님의 설계도이며 계획이고 방법이며 비밀입니다. 데살로니가 전서에는 특별히 그리스도인의 코드가
있습니다.

성경의 첫째 코드는 '기쁨'입니다. 그리스도인은 어떤
형편에 처하든지 환경에 상관없이 기뻐할 수 있습니다.

둘째 코드는 '기도'입니다. 그리스도인은 하나님이 계신
다고 믿고 있기에 기도할 수 있습니다. 어떤 절망과 좌절
과 패배가 있을지라도 극복할 수 있는 가능성이 있기 때
문에 기도할 수 있습니다.

셋째 코드는 '감사'입니다. 재앙을 축복으로 바꾸는 것
은 감사입니다. 원하는 일이 잘 이뤄지지 않았을 때 감사
하십시오. 그 감사가 천국을 만들 것입니다.

실패는 믿음의 과정

창 18:18

아브라함은 강대한 나라가 되고 천하 만민은 그로 말미암아
복을 받게 될 것이 아니냐.

Abraham will surely become a great and powerful nation,
and all nations on earth will be blessed through him.

성공한 사람들은 실패의 사건보다 성공한 사건들만 말
합니다. 그러나 사실 성공은 실패라는 과정 없이 이뤄지
지 않습니다. 고통이란 과정을 거치지 않으면 성숙이 있
을 수 없습니다. 성숙이란 어떤 일을 당해도 흔들리지 않
는 믿음에 이르는 것입니다. 얻을 때뿐 아니라 줄 때도 흔
들리지 않고 건강할 때뿐 아니라 병들었을 때도, 살아 있
을 때뿐 아니라 죽을 때도 평안한 것입니다. 많은 세월이
흘러 아브라함의 믿음도 성숙한 단계에 이르렀습니다. 믿
음의 성숙은 실패를 통해 이뤄집니다.

십자가의 능력

시 80:7

만군의 하나님이여 우리를 회복하여 주시고 주의 얼굴의 광
채를 비추사 우리가 구원을 얻게 하소서.

Restore us, O God Almighty; make your face shine upon
us, that we may be saved.

괜히 열이 나고 힘이 빠지고 아픈 법은 없습니다. 이런
증상이 나타나면 눈에 보이지는 않지만 어떤 병이 진행되
고 있는 것입니다. 빨리 조치를 취해야 합니다. 마찬가지
로 오늘 현실의 삶이 만족스럽지 못하고 짜증나고 무기력
하고 권태롭다면 반드시 원인이 있습니다. 그것을 빨리
고쳐야 능력 있는 삶을 살 수 있습니다. 상처를 고치는 비
결은 하나입니다. 십자가입니다. 내 안에 있는 유혹을 따
라 썩어 가는 옛사람의 모습이 발견된다면 예수의 이름으
로 끊으십시오. 선포하십시오. 그리고 명령하십시오.

부지런한 그리스도인

잠 12:24

부지런한 자의 손은 사람을 다스리게 되어도 게으른 자는 부림을 받느니라.

Diligent hands will rule, but laziness ends in slave labor.

참된 그리스도인은 남에게 도움을 받는 사람이 아니라 다른 사람의 짐을 대신 져 주는 사람입니다. 하나님은 우리에게 지혜도 주셨고 건강도 주셨고 창의력도 주셨습니다. 그런데 우리는 노력도 하지 않고 수고도 하지 않으려 합니다. 예수님을 믿기 때문에 우리는 더 노력하고 더 고생하고 더 땀을 흘려야 합니다. 예수를 믿게 된 것은 공짜입니다. 그러나 그 은혜를 받은 사람은 공짜로 살면 안 됩니다.

내 안에 있는 행복

시 16:8-9

내가 여호와를 항상 내 앞에 모심이여 그가 나의 오른쪽에
계시므로 내가 흔들리지 아니하리로다 이러므로 나의 마음
이 기쁘고 나의 영도 즐거워하며 내 육체도 안전히 살리니.

I have set the LORD always before me. Because he is at
my right hand, I will not be shaken. Therefore my heart
is glad and my tongue rejoices; my body also will rest
secure.

사람들은 행복이라는 불행한 전철을 타고 다닙니다. 행
복을 가지려고 하기 때문입니다. 그러나 행복은 소유가
아닙니다. 많은 사람이 행복을 갖기 원하고 누군가에게
받기 원합니다. 그러나 그럴수록 행복하지 않습니다. 행
복은 물건이 아니기 때문입니다. 행복은 수입하거나 가질
수 있는 것이 아닙니다. 순간적으로는 행복한 것처럼 느
끼지만 그것은 행복이 아닙니다. 행복은 내 안에 있는 것
입니다. 그것은 자기 성격입니다. 행복한 성격을 가진 사
람은 행복해집니다. 생글생글 웃는데 싫어할 사람은 없습
니다.

하나님의 뜻대로

막 3:35

누구든지 하나님의 뜻대로 행하는 자가 내 형제요 자매요 어머니이니라.

Whoever does God's will is my brother and sister and mother.

무슨 일을 하든지 하나님의 뜻을 먼저 확인해야 합니다. 좋은 일이기 때문이 아니라 하나님의 뜻이기 때문에 해야 합니다. 유익이 되고 성공을 주고 부요케 되는 일이라도 하나님의 뜻이 아니면 단호히 거절해야 합니다. 하나님의 뜻이 아닌 것은 끊어야 합니다. 비록 힘들고 고통스러울지라도 하나님의 뜻을 찾아야 합니다. 기도하십시오. 하나님의 뜻인지 아닌지 기도로 물어야 합니다. 기도하면 하나님이 가르쳐 주십니다. 하나님의 뜻이 아니면 아무리 좋은 것이라도 포기해야 합니다. 반면 하나님의 뜻이면 끝까지 추구해야 합니다. 이것이 복을 받는 비결입니다.

예수 바라보기

히 12:2

믿음의 주요 또 온전하게 하시는 이인 예수를 바라보자 그는 그 앞에 있는 기쁨을 위하여 십자가를 참으사 부끄러움을 개의치 아니하시더니.

Let us fix our eyes on Jesus, the author and perfecter of our faith, who for the joy set before him endured the cross, scorning its shame.

그리스도인은 무시를 받고 멸시를 당해도 섭섭해 하지 말아야 합니다. 그렇게 커다란 문제가 아닙니다. '그래, 그럴 수도 있지'라고 생각해야 합니다. 바울은 약속과 믿음으로 그렇게 살았습니다. 그는 감옥에 들어가고 매를 맞고 억울한 일을 당하고 쫓겨나기도 했지만 한을 품거나 마음속에 상처를 키우지 않았습니다. 믿음이 없는 사람은 여러 가지 일을 많이 겪으면 계속 상처를 받습니다. 상처를 받지 않으려면 믿음의 눈으로 온전케 하신 예수 그리스도를 바라봐야 합니다.

하나님을 사랑하는 인생

신 6:5

너는 마음을 다하고 뜻을 다하고 힘을 다하여 네 하나님 여호와를 사랑하라.

Love the LORD your God with all your heart and with all your soul and with all your strength.

여러분의 삶의 목적은 무엇입니까? 인생의 의미는 하나님을 사랑하는 데 있습니다. 우리 인생은 하나님으로부터 와서 하나님께로 갑니다. 하나님을 위해 살지 못한 사람은 하나님께로 돌아가는 일이 부끄러울 것입니다. 그래서 성경에 "너는 마음을 다하고 뜻을 다하고 힘을 다하여 너의 하나님을 사랑하라"고 한 것입니다. 자신에게 아무런 이익이 없고 영광도 없고 빛도 없는 일이지만 주님을 사랑하는 마음 때문에 시간을 들이고 정성을 들이는 사람은 위대한 사람입니다.

억울한 일에도 감사를

약 5:13

너희 중에 고난 당하는 자가 있느냐 그는 기도할 것이요.

Is any one of you in trouble? He should pray.

억울한 일을 당했을 때, 한 인간으로서 감당할 수 없는 상처를 받았을 때 슬퍼하거나 원망하거나 좌절하지 말아야 합니다. 그럴 때는 먼저 현실을 인정하고, 곧바로 그 자리에서 기도로 감사하고 찬양해야 합니다. 기도하기 시작하면 이런 것들이 물러갑니다. 고난을 겪을 때 그 고난을 준 사람을 상대하지 마십시오. 나에게 피해를 주고 억울하게 만든 그 사람을 상대하지 말고, 오히려 그런 환경을 허락하신 하나님과 대면해야 합니다.

축복과 사랑의 말

잠 25:11

경우에 합당한 말은 아로새긴 은쟁반에 금사과니라.

A word aptly spoken is like apples of gold in settings of silver.

축복과 용서와 사랑의 부드러운 말을 해 보십시오. 그러면 그 말이 입에서 나가기 전에 먼저 내 마음이 따뜻해질 것입니다. 그 말은 다른 사람에게 축복을 주기 전에 먼저 나 자신을 축복할 것입니다.

언어를 바꿔야 합니다. 다른 사람을 비판하면 안 됩니다. 언어로 유희하면 안 됩니다. 남을 속여서도 안 됩니다. 예수님의 말씀을 항상 기억하십시오. 내 언어에는 말씀이 가득하고 생각에는 하나님이 가득하게 하십시오. 내가 쓰는 언어가 나의 미래입니다. 비판적이고 부정적인 언어로 말하는 사람이 있다면 예수 이름으로 끊기 바랍니다. 그런 언어는 사람의 미래를 불행하게 만들기 때문입니다.

세상을 이기는 힘

레 20:7

너희는 스스로 깨끗하게 하여 거룩할지어다 나는 너희의 하나님 여호와이니라.

Consecrate yourselves and be holy, because I am the LORD your God.

세상을 이기는 방법은 간단합니다. 거룩해지는 것입니다. 거짓말을 하지 않는 것입니다. 진실해지는 것입니다. 우리는 영적 능력과 힘을 가지고 세상에 나가 싸워야 이길 수 있습니다. 하나님은 여리고성을 무너뜨린 이스라엘 백성과 여호수아에게 이런 명령을 하셨습니다.

"너희가 전쟁에서 분명히 이기게 될 텐데 그때 조심할 것이 있다. 절대 전리품에는 손을 대지 마라."

이스라엘의 거룩함과 성결을 지켜 주기 위한 말씀이었습니다. 거룩함은 세상을 이기는 영적 힘입니다.

좁은 문으로 들어가는 삶

마 7:13

좁은 문으로 들어가라.

Enter through the narrow gate.

좁은 문으로 들어가라는 것은 좁은 문을 구경하라는 것이 아니라 들어가 살라는 뜻입니다. 좁은 문으로 들어가려면 자신을 포기해야 합니다. 우리는 세상의 일이 나를 행복하게 해 줄 것이라는 우상에 사로잡혀 좁은 길로 들어가지 못하는 것입니다. 그리스도인이란 세상에서 선한 사람에게는 무한히 존경을 받고 사랑을 받는 사람이지만, 동시에 하나님을 믿지 않고 천국의 진리를 알지 못하는 사람에게는 비난과 핍박을 받는 사람입니다.

주님께 부르짖는 기도

렘 33:3

너는 내게 부르짖으라 내가 네게 응답하겠고 네가 알지 못하는 크고 은밀한 일을 네게 보이리라.

Call to me and I will answer you and tell you great and unsearchable things you do not know.

조용히 기도할 때가 있고 부르짖고 소리 지르며 기도해야 할 때가 있습니다. 비상사태에는 비상 기도가 필요합니다. 오늘 우리의 상황은 영적인 비상사태입니다. 결코 안심할 수 없는 여러 가지 일이 계속 일어나고 있습니다. 어찌 우리가 안일하게 낭만적으로만 기도할 수 있겠습니까? 울며 통곡하고 매달리는 기도를 해야할 때입니다. 그리고 무엇보다 시급한 것은 회개의 기도입니다. 회개를 동반하지 않은 것은 거짓된 기도입니다.

분노는 죄의 씨앗

엡 4:26-27

분을 내어도 죄를 짓지 말며 해가 지도록 분을 품지 말고 마귀에게 틈을 주지 말라.

"In your anger do not sin": Do not let the sun go down while you are still angry, and do not give the devil a foothold.

예수님은 성전에서 장사하는 사람들을 향해 채찍을 들고 상을 엎으셨습니다. 이는 거룩한 분노입니다. 살다 보면 합법적인 분노를 느낄 때가 있습니다. 정직한 사람이 부당하게 당하는 걸 보면 분노가 일어납니다. 성경은 그런 거룩한 분노라 할지라도 하루를 넘기지 말라고 권면합니다. 아무리 의롭고 올바른 분노라 해도 그것이 계속되면 죄가 된다고 말합니다. 마귀는 그리스도인의 올바른 분노를 통해서도 죄를 짓게 한다는 사실을 기억하십시오. 사랑으로 의를 이루고 용서로 분노를 극복해야 합니다.

미움이라는 지뢰밭

마 5:44

나는 너희에게 이르노니 너희 원수를 사랑하며 너희를 박해
하는 자를 위하여 기도하라.

But I tell you: Love your enemies and pray for those who
persecute you.

사람의 감정 중에서 가장 해결하기 어려운 감정이 있다
면 '미움'일 것입니다. 사람이 미움의 감정에 한번 사로잡
히면 빠져나오기가 어렵습니다. 왜 사랑하는지 설명되지
않듯이 미워하는 것도 설명되지 않습니다. 그냥 미울 뿐
입니다. 사랑은 모든 것을 세워 주지만 미움은 모든 것을
파괴합니다. 미움을 가지고 있으면 제일 먼저 파괴되는
것이 자신입니다. 마음속에 미움이라는 지뢰밭을 그냥 두
면 안 됩니다. 즉시 제거하십시오.

오늘 결단하는 삶

롬 13:12

밤이 깊고 낮이 가까웠으니 그러므로 우리가 어둠의 일을 벗
고 빛의 갑옷을 입자.

The night is nearly over; the day is almost here. So let us
put aside the deeds of darkness and put on the armor of
light.

해가 이미 중천에 떠올랐습니다. 이제는 이불을 걷고
일어나야 합니다. 언제까지 이렇게 신앙생활을 하겠습니
까? 언제까지 두 세계 사이에서 머뭇거리겠습니까? 오늘
결단하십시오. 해서는 안 되는 것들로 더 이상 고민하지
말고 오늘 이 순간에 끊기를 바랍니다. 결심해야 합니다.
자신이 암에 걸렸다고 생각해 보십시오. 얼마나 당황하겠
습니까? 준비가 안 되어 있는데 살날이 3개월밖에 남지
않았다고 생각해 보십시오. 이렇게 적당히 살 시간이 없
습니다.

하나님이 싫어하시는 사람

마 7:8

구하는 이마다 받을 것이요 찾는 이는 찾아낼 것이요 두드리
는 이에게는 열릴 것이니라.

For everyone who asks receives; he who seeks finds; and
to him who knocks, the door will be opened.

    하나님이 가장 싫어하시는 사람은 무관심한 자, 하나님을 신뢰하지 않는 자입니다. 기다리는 사람의 모습은 방관이나 무관심이나 게으름이 아닙니다. 기다리는 사람은 더 긴장하고, 더 애타고, 더 갈급함이 있습니다. 게으른 사람에게는 절대로 은혜가 임할 수 없습니다. 가만히 있어도 하나님이 찾아오실 줄로 아는 사람이 있습니다. 그렇지 않습니다. 우리가 하나님을 찾을 때 그분이 움직이십니다. 구하고 찾고 두드리는 자에게 주겠다는 말씀은 가만히 있지 않고 적극적으로 믿고 행동하는 자에게 주시겠다는 뜻입니다.

받은 은혜를 지키는 삶

히 2:1

그러므로 우리는 들은 것에 더욱 유념함으로 우리가 흘러 떠내려가지 않도록 함이 마땅하니라.

We must pay more careful attention, therefore, to what we have heard, so that we do not drift away.

아무리 좋은 물이라도 깨진 독에는 물을 채울 수가 없습니다. 물이 잠깐 담겼다가도 곧 다 빠져나가 버립니다. 은혜 받는 것만이 중요한 것이 아니라 은혜를 지키는 것 역시 중요합니다. 우리에게 주어진 구원의 물이 새어 나가게 하는 작은 틈을 미리 막지 못하면 하나님께 받은 큰 구원을 잃어버릴 수도 있습니다. 받은 구원을 간수하지 못하는 책임은 우리 자신에게 있습니다. 그러므로 들은 것을 잘 지켜 나가야 합니다.

상대를 헤아리는 사랑

히 4:15

우리에게 있는 대제사장은 우리의 연약함을 동정하지 못하실 이가 아니요 모든 일에 우리와 똑같이 시험을 받으신 이로되 죄는 없으시니라.

For we do not have a high priest who is unable to sympathize with our weaknesses, but we have one who has been tempted in every way, just as we are - yet was without sin.

내 입장에서만 사랑하는 것은 진정한 사랑이 아닙니다. 진정한 사랑은 상대방의 입장에서 사랑하는 것입니다. 자신의 사랑을 강요하면 상대방이 그 사랑을 받아들이기가 힘듭니다. 아무리 좋은 것이라도 받기가 어렵습니다. 많은 사람이 각자 자신의 방법대로 사랑을 강요합니다. 그러나 예수님은 우리를 그렇게 사랑하지 않으셨습니다. 예수님은 인간이 가진 모든 연약함을 몸소 체험하셨습니다. 우리의 환경과 처지로 오셔서 우리와 똑같이 고통을 느끼는 연약한 사람이 되셨습니다. 상대방의 입장을 헤아려 사랑해 주십시오. 그것이 참사랑입니다.

그리스도인의 집

고전 3:16

너희는 너희가 하나님의 성전인 것과 하나님의 성령이 너희 안에 계시는 것을 알지 못하느냐.

Don't you know that you yourselves are God's temple and that God's Spirit lives in you?

우리는 집보다 더 중요한 것이 그 집의 주인임을 압니다. 집은 그곳에 누가 사느냐에 따라 가치가 달라지기도 합니다. 백악관이 중요한 이유는 그곳에 미국의 대통령이 살기 때문입니다. 우리의 천국이 좋은 이유는 그곳의 주인이 예수 그리스도이시기 때문입니다. 그러므로 감옥이라 할지라도 주님이 계시면 천국일 수 있습니다. 가난하고 고통스러운 장소일지라도 예수님이 계시면 천국으로 변화되는 것입니다. 교회가 아무리 화려해도 그 안에 있는 사람들이 썩어 버리면 그 교회는 아무런 가치가 없습니다.

예수님의 발자국

시 118:5

내가 고통 중에 여호와께 부르짖었더니 여호와께서 응답하시고 나를 넓은 곳에 세우셨도다.

In my anguish I cried to the LORD, and he answered by setting me free.

어느 날 밤, 한 사람이 꿈을 꿨습니다. 그는 모래 위에 새겨진 두 줄의 발자국을 발견할 수 있었습니다. 하나는 그의 것이었고, 다른 하나는 예수님의 발자국이었습니다. 그가 살아오는 동안 예수님이 언제나 그와 함께 걸으셨던 것입니다. 그런데 그의 인생의 발자국이 어떤 때는 한 줄밖에 나 있지 않다는 것을 알아차렸습니다. 그의 생애에서 가장 절망적이고 슬픈 시기마다 발자국이 한 줄이었다는 사실도 깨달았습니다. 그래서 그는 예수님께 물었습니다.

"예수님, 왜 예수님은 정작 제가 예수님을 필요로 할 때면 저를 혼자 걷게 하셨습니까?"

예수님이 말씀하셨습니다.

"얘야, 네가 가장 힘들고 고통스러울 때마다 모래 위에 발자국이 한 줄밖에 없었던 것은, 그때마다 내가 너를 업고 걸어갔기 때문이다. 그것은 나의 발자국이란다."

피할 수 없는 죄의 문제

시 32:1

허물의 사함을 받고 자신의 죄가 가려진 자는 복이 있도다.

Blessed is he whose transgressions are forgiven, whose sins are covered.

인생에서 가장 중요한 문제는 죄의 문제입니다. 먹고 마시는 문제, 사는 문제, 사업하는 문제, 결혼하는 문제, 교육하는 문제보다 더 본질적인 문제는 죄의 문제입니다. 그런데 많은 사람이 이 죄의 문제를 심각하게 다루는 것을 좋아하지 않기 때문에 그냥 다 덮어 놓고 있습니다. 그러나 사람 내면의 가장 치명적이고 결정적인 문제는 바로 죄의 문제입니다. 행위로 짓든 무의식적으로 짓든, 내가 알고 짓든 모르고 짓든 죄는 창살 없는 감옥입니다. 성경은 어떤 사람이 가장 행복하다고 말합니까? "허물의 사함을 받고 자신의 죄가 가려진" 사람이 가장 행복하다고 합니다. 이 죄의 문제를 해결할 수 있는 유일한 길은 예수 그리스도입니다.

환경에 좌우되지 않는 삶

시 37:7

여호와 앞에 잠잠하고 참고 기다리라.

Be still before the LORD and wait patiently for him.

환경이 힘들다고 목표를 바꾸지 마십시오. 고난이 온다고 해서 계획을 포기하지 마십시오. 그냥 밀고 가야 합니다. 그것은 하나님의 명령이요 뜻이기 때문입니다. 편한 곳으로, 행복이 약속된 것처럼 보이는 곳으로 가지 마십시오. 그런 곳은 대부분 소돔과 고모라입니다. 하나님의 말씀을 따라가십시오. 열심히 기도했는데도 결과가 나쁘다고 미리 결론 내리지 마십시오. 고통을 견뎌야 합니다. 도망가거나 피하면 다 망가집니다. 그 자리를 피해 가면 갈 길이 없습니다. 그냥 견뎌야 합니다. 신실하시고 약속을 지키시는 하나님이 반드시 응답해 주실 것입니다.

믿음이 자라는 과정

시 71:20

우리에게 여러 가지 심한 고난을 보이신 주께서 우리를 다시
살리시며 땅 깊은 곳에서 다시 이끌어 올리시리이다.

Though you have made me see troubles, many and bitter,
you will restore my life again; from the depths of the earth
you will again bring me up.

어린아이 때는 우유를 먹습니다. 점점 커 가면서 죽도
먹고 밥도 먹고 고기도 먹게 됩니다. 그러나 어린아이가
자라는 과정은 단순하지만은 않습니다. 때로는 병치레를
하고 다치기도 합니다. 자라면서 사람들에게 거절당한다
는 사실도 알게 됩니다. 자신이 원하는 것이 다 이뤄지지
않는다는 사실도 알게 됩니다. 그런 가운데 어른이 되는
것입니다. 믿음의 세계도 마찬가지입니다. 실패와 좌절과
거절을 경험하게 되며 수많은 시련과 연단의 과정을 통해
성숙하게 됩니다.

그리스도인의 선택

수 24:15

너희가 섬길 자를 오늘 택하라.

then choose for yourselves this day whom you will serve.

화려한 것과 쾌락 뒤에는 항상 죄가 있습니다. 그러나 좁은 길에는 영생이 있습니다. 불편하다고 불행한 것이 아닙니다. 편하다고 평안을 얻은 것도 아닙니다. 하지만 사람들은 미련해서 항상 넓고 편하고 좋은 것만 선택합니다.

여러분은 매일 매일 어디에 기준을 두고 선택하며 살고 있습니까? 여러분이 들어갈 직장의 기준은 무엇입니까? 월급도 많이 주고 다른 이들이 좀 더 부러워할 만한 직장입니까? 아니면 월급은 적어도 하나님께 영광을 올릴 수 있는 자리입니까? 결혼을 위한 배우자 선택의 기준은 무엇입니까? 학벌 좋고 가문 좋고 능력 있는 사람과 결혼하면 행복할 것 같아서 선택하는 것은 아닙니까? 인생의 중요한 선택에 있어서 여러분의 기준은 무엇입니까?

열등감이라는 무서운 적

벧전 1:22

너희가 진리를 순종함으로 너희 영혼을 깨끗하게 하여.

Now that you have purified yourselves by obeying the truth.

인간은 고난에 직면하고 어려움에 빠지면 자신의 인격을 팔고 삶을 비관하거나 환경을 원망하는 것이 보통입니다. 그러다 보면 열등감에 빠지기 일쑤입니다. 그러나 요셉은 결코 그렇지 않았습니다. 요셉은 나쁜 환경과 불행 속에서도 열등의식이나 우월의식을 품지 않았습니다. 그는 언제 어디서든 아름답고 깨끗한 영혼을 지켜 나갔습니다. 열등의식은 신앙생활의 무서운 적입니다. 열등의식에 빠지면 절망하고 비관하고 자학합니다. 요셉과 같이 아름답고 깨끗한 영혼을 사모해야 합니다. 그래서 좋을 때나 나쁠 때나 한결같은 믿음을 유지해야 합니다.

조심해야 할 말

잠 14:23

모든 수고에는 이익이 있어도 입술의 말은 궁핍을 이룰 뿐이
니라.

**All hard work brings a profit, but mere talk leads only to
poverty.**

하루를 반성하면서 쏟아 놓은 말들을 생각해 보면 대부
분 후회하게 되고 쓸쓸해집니다. 말을 별로 하지 않고 지
낸 날이 가장 좋았다는 생각이 듭니다. 입을 열면 자꾸 필
요 없는 말이 나오기 때문입니다. 쓸데없는 말을 삼가고,
짙은 농담을 조심해야 합니다. 다른 사람의 성격, 처지,
신체적 약점에 대해 비판하지 말고, 사랑의 말을 해야 합
니다. 하나님이 어떤 일을 하셨는지에 대해 이야기해야
합니다. 욕을 하고 흉을 보고 덕스럽지 못한 말을 하면 자
신의 마음이 먼저 비참해집니다. 우리 안에서 성령님이
슬퍼하시기 때문입니다. 구속의 날까지 성령님께서 인 치
셨다는 사실을 기억하십시오.

그리스도인의 소망

시 42:11

너는 하나님께 소망을 두라 나는 그가 나타나 도우심으로 말
미암아 내 하나님을 여전히 찬송하리로다.

Put your hope in God, for I will yet praise him, my Savior
and my God.

　내일이 없는 사람, 미래가 없는 사람, 꿈이 없는 사람이
추구하는 것이 무엇입니까? 쾌락입니다. 미래의 소망이
있는 사람은 쾌락주의자나 탕자가 되지 않습니다. 꿈과
소망이 있는 사람은 지금 아무리 어렵고 고통스러워도 그
고난을 감당합니다. 그러나 좋은 조건을 갖추고 있더라도
미래가 없으면 쾌락의 노예가 됩니다. 인간에게는 절망감
이 있습니다. 이 절망감에서 헤어 나오고 싶어서 쾌락을
찾는 것입니다. 오직 소망은 하나님 한 분뿐이십니다.

사라지지않는 복음

요 1:1-3

태초에 말씀이 계시니라 이 말씀이 하나님과 함께 계셨으니
이 말씀은 곧 하나님이시니라 그가 태초에 하나님과 함께 계
셨고 만물이 그로 말미암아 지은 바 되었으니 지은 것이 하
나도 그가 없이는 된 것이 없느니라.

In the beginning was the Word, and the Word was with
God, and the Word was God. He was with God in the
beginning. Through him all things were made; without
him nothing was made that has been made.

태양이 존재하는 데는 이론이나 타협의 여지가 없습니
다. 태양이 존재한다는 사실을 믿든지 안 믿든지 자유지
만, 안 믿는다고 해서 태양이 없어지지 않습니다. 이것이
선포입니다. 하나님은 살아 계십니다. 우리가 믿든지 안
믿든지 살아 계십니다. 하나님은 천지를 창조하셨습니다.
이것은 선포입니다. 우리가 하나님을 안 믿는다고 해서 하
나님이 없어지는 것이 아닙니다. 우리가 하나님을 믿는다
고 해서 그분이 더 위대해지는 것도 아닙니다. 하나님은
하나님이십니다. 복음은 그런 것입니다.

기다림의 열매

약 5:7

그러므로 형제들아 주께서 강림하시기까지 길이 참으라 보라 농부가 땅에서 나는 귀한 열매를 바라고 길이 참아 이른 비와 늦은 비를 기다리나니.

Be patient, then, brothers, until the Lord's coming. See how the farmer waits for the land to yield its valuable crop and how patient he is for the autumn and spring rains.

기다린 자만이 열매를 맺습니다. 아이는 어머니 태 속에서 열 달을 기다려야 합니다. 농부는 씨를 심어 놓고 기다려야 합니다. 도중에 가지를 꺾어 버리면 아무런 결실도 맺을 수 없습니다. 기다림이란 성숙의 축복이요 열매라고 할 수 있습니다. 서두르는 것은 사랑이 아니며 조급한 것도 사랑이 아닙니다. 진정한 사랑은 기다려 주며 인내하는 것입니다. 예수를 잘 믿는 사람의 특징이 있다면 어떤 경우에도 당황하거나 놀라지 않고 신실하신 하나님의 약속을 신뢰하는 것입니다.

그리스도인의 거듭남

요 3:3

예수께서 대답하여 이르시되 진실로 진실로 네게 이르노니
사람이 거듭나지 아니하면 하나님의 나라를 볼 수 없느니라.

In reply Jesus declared, I tell you the truth, no one can see
the kingdom of God unless he is born again.

인간이 괴로워하는 것은 죽음 후에 있는 세계에 대해 알
지 못하기 때문입니다. 영원으로 들어가는 문을 알지 못
해 방황하는 것입니다. 인간은 영적 존재이기 때문에 현
실의 삶에 만족하지 못합니다. 인간은 죽어서 천국이든
지옥이든 둘 중 한 곳에 갈 수밖에 없는 존재입니다. 그래
서 예수님이 "인생의 목표는 이 세상이 아니라 저세상"이
라고 말씀하시는 겁니다. 육신의 부모에게서 태어났지만,
하나님에게서 다시 태어나야 저세상에 들어갈 수 있다고
강조하십니다.

그리스도인의 무기, 새벽기도

시 88:13

여호와여 오직 내가 주께 부르짖었사오니 아침에 나의 기도
가 주의 앞에 이르리이다.

But I cry to you for help, O LORD; in the morning my
prayer comes before you.

신앙생활을 능력 있게 꾸준히 잘할 수 있는 방법이 있
다면 그것은 바로 '새벽기도'일 것입니다. 매일 새벽 4시
에 일어나서 하나님을 찬양하고 그분의 말씀에 귀를 기울
이고 묵상하며 나의 모든 사정을 아뢰면 어찌 실패할 수
가 있겠습니까? 역사상 위대한 신앙의 위인들은 모두가
기도의 사람이었고, 특히 새벽에 기도했던 사람들입니다.
그들의 일생은 새벽에 결정되었고 그들의 영적 전투는 새
벽에 완성되었습니다. 새벽에 기도하십시오. 이것보다 더
좋은 무기는 없습니다.

나와 다른 것을 수용하는 마음

엡 4:16

그에게서 온몸이 각 마디를 통하여 도움을 받으로 연결되고 결합되어 각 지체의 분량대로 역사하여 그 몸을 자라게 하며 사랑 안에서 스스로 세우느니라.

From him the whole body, joined and held together by every supporting ligament, grows and builds itself up in love, as each part does its work.

하나님은 각 사람에게 그리스도의 선물의 분량대로 은혜를 주셨습니다. 용모나 체질이나 은사가 나와 다르다고 해서 비판하거나 경멸해서는 안 됩니다. 은사가 다르다는 것은 역할이 서로 다르다는 것입니다. 다른 역할로 서로 보완하라는 의미입니다. 우리는 서로 다를 수밖에 없습니다. 하나님은 다양성을 좋아하십니다. 서로 다른 것을 이해하고 수용하며 공존하여 거기서 아름다운 조화를 발견할 줄 알아야 합니다. 서로 다른 것이 주 안에서 하나가 되고 조화를 이룰 때 창조의 극치를 이루게 됩니다.

용서가 어려운 이유

마 18:35

너희가 각각 마음으로부터 형제를 용서하지 아니하면 나의
하늘 아버지께서도 너희에게 이와 같이 하시리라.

This is how my heavenly Father will treat each of you
unless you forgive your brother from your heart.

인간은 누구나 용서받아야 하고 용서해야 합니다. 그럴
때 마음의 평화가 있고 천국이 있습니다. 그런데 왜 용서
가 되지 않을까요? 용서는 죄인인 인간의 성품이 아니기
때문입니다. 용서는 하나님 아버지의 성품입니다. 진정한
용서는 하나님의 것입니다. 용서는 하나님 아버지를 모신
거듭난 그리스도인에게서만 발견할 수 있는 독특한 하나
님의 성품입니다. 진정한 그리스도인의 표적은 무엇입니
까? 교회에 열심히 나가고, 헌금을 많이 하고, 전도하고,
봉사하는 것도 표적일 수 있습니다. 그러나 가장 결정적
인 표적은 용서하는 것입니다.

곧 있을 영원한 심판

히 3:18-19

또 하나님이 누구에게 맹세하사 그의 안식에 들어오지 못하리
라 하셨느냐 곧 순종하지 아니하던 자들에게가 아니냐 이로
보건대 그들이 믿지 아니하므로 능히 들어가지 못한 것이라.

And to whom did God swear that they would never enter
his rest if not to those who disobeyed? So we see that they
were not able to enter, because of their unbelief.

　사람이 한 번 죽으면 그것으로 끝이 아닙니다. 땅에 묻
힘으로써 모든 것이 끝나는 것이 아닙니다. 그때부터 영
원히 시작되는 심판이 있습니다. 여기에 그 심각성이 있
습니다. 세계 방방곡곡을 다니면서 생명을 걸고 만민에
게 복음을 전파하는 이유도 여기에 있습니다. 선교사들은
화려한 미래의 계획을 다 포기하고 아무도 알아주지 않는
오지로 들어가 복음을 전합니다. '예수 믿지 않으면 지옥
에 간다'는 생각이 그들의 가슴에 불처럼 와 닿기 때문입
니다.

항상 하나님을 생각하는 삶

창 5:24

에녹이 하나님과 동행하더니 하나님이 그를 데려가시므로
세상에 있지 아니하였더라.

Enoch walked with God; then he was no more, because
God took him away.

'하나님이 우리와 함께하신다'고 생각하면 모든 것이 하
나님의 책임인 것 같습니다. 하지만 그 반대의 입장에서
'우리가 하나님과 함께한다'고 생각하면 우리가 하나님을
잊지 않는다는 말이 됩니다. 혹여 고통스럽고 고민되는
일이 있더라도 우리 안에는 하나님이 계십니다. 하루를
하나님과 동행함으로 시작해야 합니다. 종일 동행하십시
오. 끊임없이 하나님을 생각하십시오. 하나님을 생각하는
것이 하나님과 동행하는 것입니다.

하나님의 영광을 위해

고전 10:31

그런즉 너희가 먹든지 마시든지 무엇을 하든지 다 하나님의
영광을 위하여 하라.

So whether you eat or drink or whatever you do, do it all
for the glory of God.

　어떤 사람에게는 하나님이 아름다운 미모를 주셨습니다. 외모가 상품인 시대에 사람들은 하나님이 주신 아름다운 미모를 상품으로 팝니다. 또 다른 사람에게는 하나님이 독특한 재능과 명철한 두뇌를 주셨습니다. 사람들은 그것을 하나님을 위해 봉사하는 도구로 쓰지 않고 자신의 생존 수단으로 사용합니다. 그러나 하나님이 주신 재능과 축복과 건강과 능력을 그분의 영광을 위해 사용한다면 그 인생은 행복할 것입니다.

삶에 우연은 없으니

눅 19:34-36

대답하되 주께서 쓰시겠다 하고 그것을 예수께로 끌고 와서
자기들의 겉옷을 나귀 새끼 위에 걸쳐 놓고 예수를 태우니
가실 때에 그들이 자기의 겉옷을 길에 펴더라.

They replied, "The Lord needs it." They brought it to
Jesus, threw their cloaks on the colt and put Jesus on it. As
he went along, people spread their cloaks on the road.

그리스도인의 삶에 우연은 없습니다. 재수와 상관이 없
고 운명과도 상관이 없습니다. 우리의 삶은 하나님의 사
랑의 섭리입니다. 나를 망하게 하신 것, 부하게 하신 것,
건강하게 하신 것, 병들게 하신 것 모두 하나님의 영광을
위해 예비하신 것입니다. 그러므로 그분께 감사와 찬양과
영광을 드려야 합니다. 때가 되면 "주여, 쓰시옵소서. 나
는 주의 것입니다. 내 인생의 열쇠는 하나님 당신께 있습
니다"라고 고백해야 합니다.

거룩함의 능력

시 24:3

여호와의 산에 오를 자가 누구며 그의 거룩한 곳에 설 자가
누구인가.

Who may ascend the hill of the LORD? Who may stand in
his holy place?

사람들은 능력을 원합니다. 그런데 무엇이 능력일까요?
죄가 없는 거룩함을 능력이라고 합니다. 거룩함보다, 순
결보다 더 큰 능력은 없습니다. 세상에서 제일 무서운 사
람은 돈 있고 권력 있는 사람이 아니라 깨끗한 사람입니
다. 때 묻지 않고 순수한 사람, 즉 거룩한 사람을 보면 옷
깃을 여미게 됩니다. 바로 이 거룩함에서 능력이 나타나
기 때문입니다. 죄가 있으면 하나님이 기도를 듣지 않으
십니다. 하나님이 느껴지지 않습니다. 하나님이 안 계셔
서 하나님의 존재가 느껴지지 않는 것이 아닙니다. 죄 때
문입니다.

거절할 줄 아는 지혜

잠 3:11

내 아들아 여호와의 징계를 경히 여기지 말라 그 꾸지람을
싫어하지 말라.

My son, do not despise the LORD's discipline and do not
resent his rebuke.

참된 것을 믿고 받아들이는 일도 중요하지만 동시에 거
짓된 것을 대담하게 거부하고 버리는 일도 중요합니다.
아무리 영양 섭취를 고루 하고 음식을 잘 먹어도 한번 잘
못해서 식중독에라도 걸리면 다 무의미하게 되는 것입니
다. 신앙생활도 마찬가지입니다. 하나님 말씀을 잘 듣고
생활을 잘 하는 것도 중요하지만, 거절하는 것도 중요합
니다. 안 할 것은 안 하고, 버릴 것은 버리고, 막을 것은 막
아야 합니다.

세상을 변화시키는 말들

잠 8:6

너희는 들을지어다 내가 가장 선한 것을 말하리라 내 입술을 열어 정직을 내리라.

Listen, for I have worthy things to say; I open my lips to speak what is right.

세상을 밝고 건강하게 만드는 데는 여러 가지 방법이 있 겠지만 마음만 먹으면 지금 당장 할 수 있는 방법을 소개 하고자 합니다. 다음 네 가지 말들을 새롭게 해 보는 것입 니다.

첫째, 미안할 때 미안하다고 말하십시오.

둘째, 감사할 때 감사하다고 표현하십시오.

셋째, 옳은 것은 옳다고 말하십시오.

넷째, 틀린 것을 틀리다고 말하십시오.

두려움의 실체

시 18:29

내가 주를 의뢰하고 적군을 향해 달리며 내 하나님을 의지하고 담을 뛰어넘나이다.

With your help I can advance against a troop; with my God I can scale a wall.

믿음의 가장 큰 적은 두려움입니다. 사람은 환경이 잘 풀리지 않으면 움츠러들기 마련입니다. 두려움이란 자기 자신을 바라볼 때 생기는 불안한 생각입니다. 두려움의 근본 동기는 하나님을 신뢰하지 않는 데 있습니다. 하나님보다 자기 자신을 의지하는 데 있습니다.

하나님을 묵상하는 삶

시 19:14

나의 반석이시요 나의 구속자이신 여호와여 내 입의 말과 마음의 묵상이 주님 앞에 열납되기를 원하나이다.

May the words of my mouth and the meditation of my heart be pleasing in your sight, O LORD, my Rock and my Redeemer.

현대인의 특징 중 하나는 하나님에 대한 생각을 하지 않으려는 것입니다. 그들은 하나님에 대해서 관심이 없을 뿐 아니라 반항적입니다. 오직 자기 자신이나 세상일에만 관심이 있을 뿐입니다. 하나님의 이름은 수많은 현대인에 의해 더럽혀지고 망령되게 일컬어지고 있습니다.

진심으로 집중해서 하루에 30분만이라도 하나님을 깊이 생각해야 합니다. 지금 하고 있는 일을 멈추고, 그분이 바로 우주를 창조하시고 나를 지으신 하나님임을 조용히 묵상해야 합니다. 나의 목소리를 죽이고 내 생각을 중지해야 합니다. 이 일처럼 심각하고 긴급한 일이 어디 있겠습니까?

그리스도인의 소신

딤후 3:16-17

모든 성경은 하나님의 감동으로 된 것으로 … 이는 하나님의
사람으로 온전하게 하며 모든 선한 일을 행할 능력을 갖추게
하려 함이라.

All Scripture is God-breathed … so that the man of God
may be thoroughly equipped for every good work.

하나님이 우리에게 성경을 주신 것은 우리가 하나님의
사람으로 온전히 서게 하기 위함입니다. 삶에는 분명한
원칙과 소신이 있어야 합니다. 아무리 학생 신분이라고
해도 좋은 대학에 가고, 멋지게 성공하고, 유명해지는 것
보다 우선시해야 할 것이 있습니다. 그것은 하나님의 사
람으로 온전히 서는 것입니다. 다른 것은 아무리 중요해
도 그 다음입니다. 인생에서 이 소신을 절대로 굽히지 마
십시오. 세상에서 하나님의 사람으로 온전히 서는 것보다
중요한 것은 없습니다.

그리스도인의 비전

사 6:8

내가 또 주의 목소리를 들으니 주께서 이르시되 내가 누구를
보내며 누가 우리를 위하여 갈꼬 하시니 그때에 내가 이르되
내가 여기 있나이다 나를 보내소서 하였더니.

Then I heard the voice of the Lord saying, "Whom shall
I send? And who will go for us?" And I said, "Here am I.
Send me!"

비전이 찬양으로 불려진 이후 그리스도인뿐 아니라 일
반인도 "비전! 비전!"을 외치고 있습니다. 그러나 무조건
비전을 부르짖기 전에 먼저 생각해야 할 것이 있습니다.
그 비전이 누구의 것인지를 생각해야 합니다. 단순히 잘
먹고 잘사는 것, 유명해지는 것이 비전이라면 그것은 하
나님으로부터 온 비전이 아닙니다. 비전을 가장한 욕심일
뿐입니다.

비전이란 하나님의 꿈을 꾸는 것입니다. 인간의 힘으로
는 절대 할 수 없는 그 꿈을 하나님이 나를 통해 이루시도
록 바라고 기다리는 것이 비전입니다. 확실한 비전을 알
고 싶다면 하나님의 꿈이 무엇인지를 먼저 살피십시오.
그리고 그 꿈에 자신을 던지십시오.

말씀대로 실천하는 삶

눅 6:49

듣고 행하지 아니하는 자는 주추 없이 흙 위에 집 지은 사람
과 같으니.

But the one who hears my words and does not put them
into practice is like a man who built a house on the ground
without a foundation.

많은 사람이 말씀을 듣는 데서 그칩니다. 말씀을 듣고
감동받은 데서 멈추고 맙니다. 이를 성경에서는 주추를
놓지 않고 집을 지은 것과 같다고 말합니다. 흔들리거나
무너지기가 쉽다는 말입니다.

주일에 예배는 드렸지만 수요일쯤 되어서 금방 영적 상
태가 다운되지는 않습니까? 그렇다면 주일에 들은 말씀
을 실행해 봤는지 한번쯤 돌아봐야 합니다. 주일에 말씀
을 들었다면 바로 실행해 보십시오. 아침에 묵상을 했다
면 묵상한 내용대로 살아 보십시오. 믿음이 굳건하게 세
워지는 것을 경험할 것입니다.

예배를 기대하는 삶

시 130:6

파수꾼이 아침을 기다림보다 내 영혼이 주를 더 기다리나니
참으로 파수꾼이 아침을 기다림보다 더하도다.

My soul waits for the Lord more than watchmen wait for
the morning, more than watchmen wait for the morning.

토요일 저녁이 되면 내일 주일예배를 생각하면서 가슴이
설렙니까? 아니면 '내일이면 또 주일이구나. 예배 끝나면
얼른 집에 와서 쉬어야겠다'라는 생각이 듭니까? 그리스도
인에게는 예배가 생명입니다. 애굽을 벗어난 이스라엘 백
성이 성막을 중심으로 이동했듯이, 구원받은 성도는 예배
를 중심으로 생활해야 합니다. 그리스도인에게 예배를 기
다리는 마음이 없다면 그것은 삶에 위기가 찾아왔음을 뜻
하는 것입니다. 날마다 예배를 기다리고 기대하십시오. 그
러면 하나님의 인자하심과 풍성하심을 누릴 것입니다.

목숨을 다하는 믿음

신 6:4-5

이스라엘아 들으라 우리 하나님 여호와는 오직 유일한 여호와이시니 너는 마음을 다하고 뜻을 다하고 힘을 다하여 네 하나님 여호와를 사랑하라.

Hear, O Israel: The LORD our God, the LORD is one. Love the LORD your God with all your heart and with all your soul and with all your strength.

성도의 자세는 '목숨을 다하는 것'입니다. 나에게 맡겨진 사명을 위해서라면 지금 당장 죽을 수도 있습니다. 그것이 나의 사명이기 때문입니다. 나에게 주어진 사명을 보면서도, 예수님이 돌아가신 십자가를 보면서도 가슴이 두근거리지 않고 뜨거움이 올라오지 않는다면 큰 문제가 있는 것입니다. 자신의 모든 것을 던져 하나님을 사랑하십시오. 마음을 다하고, 뜻을 다하고, 힘을 다하고, 목숨을 다하여 하나님을 사랑하십시오. 성도의 능력은 여기서부터 나옵니다.

마음의 짐을 내려놓기

마 11:28

수고하고 무거운 짐 진 자들아 다 내게로 오라 내가 너희를 쉬게 하리라.

Come to me, all you who are weary and burdened, and I will give you rest.

주일에 저녁 늦게까지 예배를 드렸는데도 마음의 안식을 얻지 못하는 사람이 있습니다. 아침에 묵상을 하고 기도까지 했는데도 불안해하는 사람이 있습니다. 왜 그럴까요? 마음의 짐을 덜어 놓지 못했기 때문입니다.

주님을 위해 내가 해야 할 일이 엄청난 것이라고 생각하지 마십시오. 주님을 만났을 때 우리가 가장 먼저 해야 할 일은 사명 완수에 대한 보고도 아니고, 어려운 문자를 읊는 것도 아닙니다. 그저 있는 그대로 나가 주님 앞에 모든 짐을 내려놓는 것입니다. 예배와 묵상이 내 삶의 질을 높이기 위한 것이라고 생각하지 마십시오. 그저 예배와 말씀 묵상을 통해 주님을 만나고 마음의 짐을 내려놓으면 됩니다. 그러면 안식을 얻을 것입니다.

불가능이 없으신 주님

출 3:12

하나님이 이르시되 내가 반드시 너와 함께 있으리라.

And God said, "I will be with you."

우리는 믿는 사람이라고 스스로 말하면서도 가끔씩 착각을 합니다. '다른 것은 가능하지만 그건 불가능할 거야.' '에이, 나 같은 게 뭘.' '내가 뭐라고….'

하나님은 모세에게도 우리에게도 이렇게 말씀하십니다. "네가 누구인지는 중요하지 않아. 중요한 것은 내가 너와 함께한다는 거야. 내가 너와 함께하면 무엇이든 할 수 있어!"

모세는 나이 80에 거대 제국 이집트를 상대로 이스라엘 민족을 해방시켰습니다. 이는 모세가 능력이 있어서 가능했던 것이 아니라, 하나님이 함께하셨기 때문에 가능했던 것입니다. 하나님과 함께하면 우리가 생각하는 모든 불가능이 가능으로 바뀝니다. '내가 뭐라고' 하는 소심함을 버리고 "주님 뜻대로 이뤄지리다"라고 고백하십시오.

기다리는 믿음

시 40:1

내가 여호와를 기다리고 기다렸더니 귀를 기울이사 나의 부르짖음을 들으셨도다.

I waited patiently for the LORD; he turned to me and heard my cry.

오늘날 현대인은 인스턴트에 익숙해져 있습니다. 즉석 3분 요리, 컵라면, 전자레인지용 밥, 냉동식품 등등 인스턴트에 너무나 익숙해진 나머지 하나님마저도 즉석요리처럼 생각합니다. "하나님, 이거요! 하나님, 저거요!" 전자레인지에 물건을 넣어 놓고 기다리는 사람처럼 언제 땡소리가 나나 발을 동동 구르고 있습니다.

하나님은 즉각 응답하실 수 있습니다. 그러나 우리의 구미에 맞게 응답하시는 분이 아닙니다. 하나님은 스스로의 뜻에 따라 가장 좋은 시간에, 가장 좋은 것으로 응답하시는 분입니다. 자신의 개인적인 시간에 하나님을 맞추려고 하지 마십시오. 주님을 바라고, 기다리고 기다리면 가장 좋은 응답이 올 것입니다. 그 응답을 기다릴 줄 아는 것이 믿음입니다.

걱정 대신 기도를

빌 4:6

아무것도 염려하지 말고 다만 모든 일에 기도와 간구로, 너희 구할 것을 감사함으로 하나님께 아뢰라.

Do not be anxious about anything, but in everything, by prayer and petition, with thanksgiving, present your requests to God.

청소년 시기에는 신체적으로나 정서적으로 많은 변화를 경험하게 됩니다. 그런 변화 속에서 대다수의 청소년들이 불안해하거나 근심합니다. 그러나 생각해 보십시오. 근심한다고 달라지는 것이 있습니까? 성경에도 "마음의 즐거움은 양약이라도 심령의 근심은 뼈를 마르게 하느니라"(잠 17:22)는 말씀이 있습니다. 근심은 우리에게 어떤 유익도 끼치지 못합니다. 근심이 할 수 있는 역할이라곤 우리의 심령을 상하게 하고 몸을 마르게 하며, 좌절이라는 웅덩이로 빠뜨리게 하는 것뿐입니다.

하나님은 우리에게 말씀하십니다. "근심하지 말고 기도하라!" 근심을 기도의 제목으로 바꿀 때 기적이 일어납니다. 슬픔이 기쁨이 되고, 고난이 영광이 되며, 탄식이 찬양으로 바뀝니다. 쓸모없는 근심 따위는 버리십시오!

축복을 부르는 순종

삼상 15:22

순종이 제사보다 낫고 듣는 것이 숫양의 기름보다 나으니

To obey is better than sacrifice, and to heed is better than
the fat of rams.

성경을 보면 순종이란 단어가 수없이 반복되어 나옵니다. 그리고 순종이란 단어 뒤에는 일정한 결과가 나옵니다. 그것은 '축복'입니다.

하나님의 생각과 나의 생각이 부딪힐 때, 아무리 생각해도 내 생각이 맞는 것 같고 모두 그렇게 하는 것이 좋겠다고 말해도 하나님의 뜻을 따르는 것이 순종입니다. 어떤 놀라운 성과를 거두거나 성공을 해서 주님께 영광을 돌릴 생각일랑 버리십시오. 지금 하나님의 말씀에 순종하는 것이 복을 받는 비결이고, 하나님을 기쁘시게 하는 방법입니다.

풍족하게 주시는 하나님

시 34:10

젊은 사자는 궁핍하여 주릴지라도 여호와를 찾는 자는 모든 좋은 것에 부족함이 없으리로다.

The lions may grow weak and hungry, but those who seek the LORD lack no good thing.

어린이들이 출연하는 TV 프로그램을 본 적이 있습니다. 진행자가 한 아이에게 물었습니다. "너희 엄마는 어떤 음식을 좋아하시니?" 아이는 "탄 고기요"라고 대답했습니다. 이 땅의 엄마들은 고깃집에서 탄 고기를 먹습니다. 탄 고기를 특별히 좋아해서가 아닙니다. 맛있는 것을 자식에게 주기 위해서입니다.

부모는 자식에게 가장 좋은 것을 주고 싶어 합니다. 하나님 역시 마찬가지입니다. 주고 싶어 하실 뿐 아니라 풍족하게, 넘치도록 채워 주려고 하십니다. 자신의 그릇이 작다고 하나님도 작게 생각하지 마십시오. 하나님은 우리를 풍족하게 채워 주시는 분입니다.

일찍 일어나야 할 사명

잠 6:10-11

좀 더 자자, 좀 더 졸자, 손을 모으고 좀 더 누워 있자 하면
네 빈궁이 강도같이 오며 네 곤핍이 군사같이 이르리라.

A little sleep, a little slumber, a little folding of the hands
to rest - and poverty will come on you like a bandit and
scarcity like an armed man.

    요즘 대부분의 청소년이 올빼미족입니다. 공부든 게임
이든 주로 늦은 밤 시간을 많이 이용합니다. 그러다 보니
일찍 일어나 학교에 가서는 수업 시간에 잠을 자는 사태
가 발생합니다. 사람은 신체적으로 밤에는 잠을 자고 낮
에는 깨어서 활동하게 되어 있습니다. 잠을 자야 할 밤에
활동하고, 활동해야 할 낮에 비몽사몽으로 지낸다면 건강
하고 탄력 있는 삶을 살지 못합니다. 그리고 키도 안 큽니
다. 기억하십시오. 일찍 일어나려면 일찍 자야 합니다. 항
상 취침 시간을 정해 놓으십시오. 일찍 일어나는 것도 사
명입니다.

말씀으로 시작하는 하루

잠 13:13

말씀을 멸시하는 자는 자기에게 패망을 이루고 계명을 두려
워하는 자는 상을 받느니라.

He who scorns instruction will pay for it, but he who
respects a command is rewarded.

아침에 15분만 말씀에 투자하십시오. 아침에 짜증을 부
리며 일어나서 허둥지둥 학교에 가지 말고 15분만 말씀
의 시간을 가지십시오. 많이 읽지도 말고 조금만 읽고 제
대로 묵상하십시오. 아침에 묵상하는 습관은 신앙의 깊은
뿌리가 될 것입니다.

대한민국 청소년들 가정의 아침 풍경은 참으로 가관입
니다. 일어나자마자 엄마와 싸우기 시작해서 부리나케 씻
고 대충 밥 먹고 학교로 뜁니다. 정신없이 학교에 도착하
면 그때부터 피곤해합니다. 이런 모습은 좋지 않습니다.
여유를 갖고 일찍 일어나십시오. 그리고 성경부터 펴십시
오. 아침에 읽는 말씀이 하루의 균형을 잡아 줄 것입니다.

시간을 지키는 성실함

딤전 4:8

육체의 연단은 약간의 유익이 있으나 경건은 범사에 유익하
니 금생과 내생에 약속이 있느니라.

For physical training is of some value, but godliness has
value for all things, holding promise for both the present
life and the life to come.

약속을 우습게 여기는 사람과는 친구도 하지 마십시오.
휴대전화 문화가 발달하다 보니 약속 시간 따위는 우습게
여기는 현상이 생겼습니다. 늦으면 그저 전화 한 통으로
"지금 가고 있어"라고 말하면 괜찮다고 생각합니다.

시간을 지키지 않는 사람은 다른 약속도 지키지 않습니
다. 10-20분 늦는 것을 예사로 여기는 친구와는 만나지
도 마십시오. 마땅히 자신이 지켜야 할 일에 대해 책임
과 의무를 다하지 못하는 사람이라면 큰일을 할 수 없습
니다.

항상 늦는 것은 나쁜 습관입니다. 고쳐야 합니다. 예배
때도 꼭 늦는 사람이 정해져 있습니다. 그리스도인에게
성실은 선택이 아닌 필수입니다. 시간 약속부터 제대로
지킵시다.

예의 있는 그리스도인

레 19:32

너는 센머리 앞에서 일어서고 노인의 얼굴을 공경하며 네 하나님을 경외하라 나는 여호와이니라.

Rise in the presence of the aged, show respect for the elderly and revere your God. I am the LORD.

좋은 대학에 간다고 좋은 사람이 되는 것은 아닙니다. 좋은 직장에 다닌다고 좋은 사람이 되는 것도 아닙니다. 좋은 사람이 되려면 사람 자체의 가치를 높여야 합니다. 그러기 위해 갖춰야 할 것이 있는데 첫째가 신앙이고 둘째가 예의입니다.

대중교통을 이용할 때면 청소년들끼리 시끄럽게 굴며 모여 있는 것을 볼 때가 많습니다. 떠드는 것도 예의가 아닌데 그들이 하는 말의 표현을 들으면 저절로 인상이 찌푸려집니다. 하나님은 흰머리 앞에서 일어나고, 노인의 얼굴을 공경하라고 말씀하셨습니다. 사람끼리의 예의도 못 지키는 사람이 하나님과의 약속을 지킬 리 없습니다.

청소년들이여, 예의를 갖추십시오. 한마디로 싸가지 있는 사람이 되십시오.

남을 배려하는 마음

잠 14:21

이웃을 업신여기는 자는 죄를 범하는 자요 빈곤한 자를 불쌍
히 여기는 자는 복이 있는 자니라.

He who despises his neighbor sins, but blessed is he who
is kind to the needy.

세상이 흉흉하고 무서워지는 이유는 '나만' 괜찮으면 된
다는 나쁜 심보 때문입니다. 한동네에서 주차 문제로 시
끄러운 것도, 시험 기간마다 교과서가 사라지는 것도 모
두 나만 좋으면 된다는 심보 때문입니다. 내가 싫으면 남
도 싫고 내가 힘들면 남도 힘듭니다. 내가 하기 싫은 일을
남에게 시키는 것은 무책임한 행동입니다.

남을 위한 배려를 잊지 말아야 합니다. 상대방을 존중해
야 합니다. 나쁜 짓을 해도 웬만한 것은 용서받지만 남을
무시하는 모욕적이고 무례한 행동을 하면 그 사람과 원수
가 됩니다. 배려는 나잇값을 하는 것입니다. 더 이상 여러
분은 초등학생이 아닙니다.

좋은 생각이 좋은 결과를

롬 12:3

마땅히 생각할 그 이상의 생각을 품지 말고 오직 하나님께서
각 사람에게 나누어 주신 믿음의 분량대로 지혜롭게 생각하라.

Do not think of yourself more highly than you ought,
but rather think of yourself with sober judgment, in
accordance with the measure of faith God has given you.

　사람들이 오해하는 것이 있습니다. 생각은 자연스러운
것이기 때문에 내버려 두면 된다는 것입니다. 그러나 그
것은 크나큰 오산입니다. 머릿속에 수많은 잔상이 지나가
겠지만, 어떤 생각을 품느냐는 우리의 선택입니다. 영성
철학자이자 『생각하는 모습 그대로』의 저자인 제임스 앨
런은 "좋은 생각과 좋은 행동은 결코 나쁜 결과를 낳을 수
없다. 또 나쁜 생각과 나쁜 행동은 좋은 결과를 만들 수 없
다"라고 말했습니다. 부정적인 생각만 하면서 좋은 일이
일어날 거라고 기대하지 마십시오. 우선 생각부터 바꿔야
합니다.

섬김을 습관화하는 사람

막 10:45

인자가 온 것은 섬김을 받으려 함이 아니라 도리어 섬기려
하고 자기 목숨을 많은 사람의 대속물로 주려 함이니라.

For even the Son of Man did not come to be served, but to
serve, and to give his life as a ransom for many.

예수님은 섬김을 받으러 온 것이 아니라 섬기러 왔다고
말씀하셨습니다. 세상에 섬김을 받으려는 사람만 있다면
아무 일도 이뤄지지 않을 것입니다. 그런데 사람은 누구
나 섬김을 받으려고 합니다. 그래서 섬기는 사람을 만나
면 모두 그에게 마음을 열게 됩니다.

리더십은 다른 사람을 인정하고 높일 줄 알며, 자신의
잘못을 인정하고 사과할 줄 알며, 다른 사람이 잘못했을
때 밟고 올라서는 것이 아니라 덮어 주고 같이 가려 할 때
생깁니다. 10대 때부터 섬김을 습관화하십시오. 20대가
되면 사람이 따르고 30대가 되면 이미 리더가 되어 있을
것입니다.

나에게 필요한 영적 멘토

빌 2:22

디모데의 연단을 너희가 아나니 자식이 아버지에게 함같이
나와 함께 복음을 위하여 수고하였느니라.

But you know that Timothy has proved himself, because
as a son with his father he has served with me in the work
of the gospel.

여호수아는 모세를 통해 민족을 이끌어 가는 리더십을
배웠습니다. 엘리사는 엘리야를 통해 영적 능력을 배웠습
니다. 디모데는 바울을 통해 선교와 목회를 배웠습니다.

모든 사람에게는 멘토가 필요합니다. 내가 경험하지 못
한 지혜를 알려 주고, 나의 인생을 바르게 잡아 주며 이끌
어 줄 지도자가 필요합니다. 멘토는 가만히 앉아서 기다
린다고 나에게 찾아오지 않습니다. 살다 보면 언젠가 어
디에선가 운명적으로 만나게 될 것이라는 기대는 접는 것
이 좋습니다. 나를 이끌어 줄 만남은 스스로 찾아야 합니
다. 주변을 한번 둘러보십시오. 주변에 어떤 사람들이 있
습니까? 자세를 낮추고 배움의 자세를 가지십시오. 좋은
친구, 좋은 선생님, 좋은 선후배를 만날 수 있도록 기도하
십시오.

"주님, 저에게 만남의 복을 허락하소서."

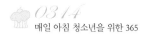

쉬어야 할 때

왕상 19:7

여호와의 천사가 또다시 와서 어루만지며 이르되 일어나 먹으라 네가 갈 길을 다 가지 못할까 하노라 하는지라.

The angel of the LORD came back a second time and touched him and said, "Get up and eat, for the journey is too much for you."

잘 쉬는 것은 열심히 공부하고 일하는 것만큼 중요합니다. 사람의 육체는 쉼 없이 운동만 계속하면 근육이 더 발달하는 것이 아니라 파괴되는 지경에 이릅니다. 개구리가 더 멀리 뛰기 위해 더 많이 움츠러드는 것처럼 우리의 생활 패턴에도 쉼이 있어야 합니다.

그러나 기억해야 할 것은 열심히 일하고 공부한 사람만이 진정한 쉼도 얻을 수 있다는 사실입니다. 항상 쉬고 노는 사람에게 쉼은 의미가 없습니다. 잘 뛰어야 잘 쉴 수 있습니다. 그리고 잘 쉬어야 잘 뛸 수 있습니다. 하나님 안에서 뛸 때와 쉴 때를 구분하는 지혜를 가지십시오.

나의 진정한 가치

벧전 2:9

그러나 너희는 택하신 족속이요 왕 같은 제사장들이요 거룩한 나라요 그의 소유가 된 백성이니.

But you are a chosen people, a royal priesthood, a holy nation, a people belonging to God.

자신을 바라볼 때 마음에 들지 않는 점은 누구나 가지고 있습니다. 그것이 성적일 수도 있고 외모일 수도 있고 목소리일 수도 있습니다. 인기 연예인, 잘나가는 스포츠 선수와 비교해서 자신이 초라하게 여겨질 수도 있습니다. 그러나 바른 자존감의 필수 조건은 절대적 기준을 바로 아는 것입니다. 절대적인 기준은 하나님입니다. 하나님이 나를 어떻게 생각하시며 어떤 가치를 두시는지를 알아야 합니다. 예수님은 우리를 위해 죽으셨습니다. 예수님은 자신의 생명보다 우리를 높게 평가하셨습니다.

내가 누구인지 올바로 알면 이 세상에서 겁먹지 않고 살수 있습니다. 나는 하나님이 만드신 그분의 자녀이고, 하나님이 사랑하시는 왕의 자녀입니다.

남과 비교할 수 없는 나

고전 12:21-22

눈이 손더러 내가 너를 쓸데가 없다 하거나 또한 머리가 발
더러 내가 너를 쓸데가 없다 하지 못하리라 그뿐 아니라 더
약하게 보이는 몸의 지체가 도리어 요긴하고.

The eye cannot say to the hand, "I don't need you!" And
the head cannot say to the feet, "I don't need you!" On the
contrary, those parts of the body that seem to be weaker
are indispensable.

비교하지 마십시오. 사탄이 아담과 하와를 유혹할 때
도 비교하면서 유혹했습니다. 비교하면서 기쁨을 얻는 것
은 어리석은 일입니다. 만약 어떤 친구와 비교했을 때 만
족이 있다면 한심한 것이고, 또 나에게 없는 것을 친구가
가졌다고 열등의식을 갖는다면 불쌍한 일입니다. 잘난 척
도 못난 척도 다 어리석은 일입니다. 우리는 모두 하나님
앞에서 가능성을 가진 존재이기 때문입니다. 자신을 바로
보십시오. 여러분은 비교 불가능한 하나님의 형상입니다.

077
우울할 때 드리는 고백

왕상 19:4

한 로뎀나무 아래에 앉아서 자기가 죽기를 원하여 이르되 여호와여 넉넉하오니 지금 내 생명을 거두시옵소서 나는 내 조상들보다 낫지 못하니이다 하고.

He came to a broom tree, sat down under it and prayed that he might die. "I have had enough, LORD," he said. "Take my life; I am no better than my ancestors."

누구든 인생을 살아가면서 항상 좋을 수만은 없습니다. 항상 기쁠 수도 없습니다. 하늘에서 불을 내린 엘리야에게도 우울하고 힘든 시절이 있었습니다. 인간은 누구나 로뎀나무 아래의 엘리야처럼 외롭고 우울할 때가 있습니다.

기도는 "우울하지 않게 해 주세요"라고 하기보다는 "하나님, 저 우울해요"라고 고백하는 것에 더 가깝습니다. 솔직한 고백은 상대의 마음을 움직이는 법입니다. 하나님께 우울하다고, 슬프고 외롭다고 고백하는 순간, 나를 엄청나게 사랑하시는 하나님의 놀라운 위로와 돌보심을 느낄 수 있습니다. 하나님께 있는 모습 그대로 솔직하게 고백하십시오.

실패하지 않으시는 주님

렘 29:11

여호와의 말씀이니라 너희를 향한 나의 생각을 내가 아나니
평안이요 재앙이 아니니라 너희에게 미래와 희망을 주는 것
이니라.

For I know the plans I have for you, declares the LORD,
"plans to prosper you and not to harm you, plans to give
you hope and a future."

"나는 안 돼"라는 말을 쉽게 하면 안 됩니다. 왜 나만 안
되겠습니까? 말이 되지 않습니다. 너도 되고 나도 되고 다
됩니다. 하지만 그만한 노력이 있어야 하고, 실패했을 때
극복할 수 있는 '깡'이 있어야 합니다. 실패하면 사람들이
우습게 여길 수도 있습니다. 대우를 안 하기도 합니다. 그
때 깡으로 버티십시오. 버티면 기회는 또 옵니다.

지금 실패했다고, 내가 원하는 것을 얻지 못했다고 인생
이 끝난 것은 아닙니다. 하나님과 함께하는 인생은 그 자체
가 성공입니다. 잊지 마십시오. 하나님은 우리를 향한 놀라
운 계획을 가지고 계십니다. 결코 실패하지 않으십니다.

죄책감을 벗고 회개를

살전 5:21-22

범사에 헤아려 좋은 것을 취하고 악은 어떤 모양이라도 버리라.

Test everything. Hold on to the good. Avoid every kind of
evil.

죄를 안 지으려면 죄의 장소에 가지 않아야 합니다. 음
란물을 틀어 놓고 그 앞에서 기도한다고 이겨 낼 수 있는
것은 아닙니다. 친구들과 술집에 가서 잔에 술을 따랐을
때는 이미 늦었는지도 모릅니다. 죄와 대면해서 이기는
것보다는 죄의 장소나 유혹의 자리에 아예 안 가는 것이
현명합니다. 죄의 장소와 유혹하는 친구를 끊으십시오.

죄를 지어서는 안 되지만, 죄를 짓게 되었다면 빨리 회
개하고 돌아와야 합니다. 죄책감은 예수님의 십자가를 무
시하는 일입니다. 죄책감에 시달리지 말고 빨리 회개해야
합니다. 그리고 이제는 죄에 민감해져야 합니다. 죄에 질
질 끌려 다니지 마십시오. 회개하고 새롭게 다짐하여 십
자가의 승리를 덧입으십시오.

시간의 우선순위

잠 13:4

게으른 자는 마음으로 원하여도 얻지 못하나 부지런한 자의
마음은 풍족함을 얻느니라.

The sluggard craves and gets nothing, but the desires of
the diligent are fully satisfied.

시간이 많이 남는 것도, 턱없이 모자라는 것도 다 시간
을 잘못 관리해서 생기는 문제입니다. 누구나 동일하게
24시간을 씁니다. 항상 시간에 쫓긴다면 스케줄 정리를
하고, 우선순위를 통해 할 일을 결정해야 합니다. 중요한
순서대로 시간을 관리하면 됩니다. 내 인생에서 가장 중
요한 핵심 가치에 먼저 시간을 투자하는 것입니다. 안 해
도 되는 일에는 목숨 걸 필요가 없습니다.

신중하게 계획한 하루 일과를 매일 밤 다시 평가하십시
오. 우선순위가 올바른지, 어떤 문제가 있었는지 알아보
는 것입니다. 우선순위에 맞게 하루를 살았는데도 원하는
일을 다 하지 못했다면, 그것은 괜찮습니다. 가장 중요한
일은 했으니까 말입니다.

마음이 즐거운 사람

잠 17:22

마음의 즐거움은 양약이라도 심령의 근심은 뼈를 마르게 하느니라.

A cheerful heart is good medicine, but a crushed spirit dries up the bones.

잠언에서 말하는 즐거운 마음은 절망스러운 상황에서도 탱크처럼 돌파할 수 있는 힘을 가져다줍니다. 더 많은 친구, 더 좋은 친구와 사귀고 싶다면 다른 사람과 웃으며 장난할 수 있는 사람이 되십시오. 즐거운 마음을 가진 사람과 만나면 나도 행복해지고 우울한 사람과 만나면 나도 우울해집니다. 우울한 사람에게는 다음에 또 만나고 싶은 마음이 들지 않습니다. 마음을 즐겁게 하십시오. 그러면 몸도 건강해지고, 주변과의 관계 또한 건강해집니다.

바른 생활이 경쟁력

롬 16:19

*너희의 순종함이 모든 사람에게 들리는지라 그러므로 내가
너희로 말미암아 기뻐하노니 너희가 선한 데 지혜롭고 악한
데 미련하기를 원하노라.*

Everyone has heard about your obedience, so I am full
of joy over you; but I want you to be wise about what is
good, and innocent about what is evil.

뉴스를 볼 때마다 한숨이 절로 나옵니다. 다들 사고는
치지만 자기 잘못이 아니라고 하기 때문입니다. 우리는
아무도 책임을 지지 않는 시대에 살고 있습니다. 학력을
위조해 놓고 학력 중심의 사회라고 뻔뻔스럽게 말합니다.
자신의 잘못에 대해 책임을 지지 못하는 사회는 병든 사
회입니다.

깨끗함을 유지하기는 쉽지 않지만, 깨끗함은 결정적인
순간에 나를 지켜 줄 실력이 됩니다. 예수 믿는 사람은
도덕적이고 윤리적인 면에서 사회의 기수가 되어야 합니
다. 예수를 믿는다는 것, 예수님의 제자로 산다는 것은
그리스도인으로 이름값을 하며 산다는 것입니다. 예수를
믿습니까? 그렇다면 천연 암반수같이 깨끗한 사람이 되
십시오.

돈에 목숨 걸지않기

딤전 6:10

돈을 사랑함이 일만 악의 뿌리가 되나니 이것을 탐내는 자들은
미혹을 받아 믿음에서 떠나 많은 근심으로써 자기를 찔렀도다.

For the love of money is a root of all kinds of evil. Some
people, eager for money, have wandered from the faith
and pierced themselves with many griefs.

돈으로 아파트는 살 수 있지만 행복한 가정을 살 수는
없습니다. 돈으로 병원에서 좋은 의사를 만날 수는 있지
만, 돈으로 건강을 살 수 없고 진정한 우정이나 사랑도 살
수 없습니다. 돈으로는 인간을 진정으로 만족시키는 어떤
것도 살 수 없습니다.

돈은 인생의 목표가 될 수 없습니다. 돈이 행복을 만들
지는 않습니다. 우리의 부족함을 채워 주지도 않습니다.
돈에 목숨 거는 인생을 살면 안 됩니다.

인생에서 돈보다 중요한 목표와 꿈을 먼저 찾기를 바랍
니다. 돈의 노예가 아닌 돈의 주인으로 살고, 돈을 쫓지
말고 돈을 누리면서 사십시오.

당당하게 나를 표현하기

행 4:20

우리는 보고 들은 것을 말하지 아니할수 없다 하니.

For we cannot help speaking about what we have seen and heard.

요즘 대학이나 기업체에서 가장 중요시하는 것 가운데 하나는 프레젠테이션입니다. 사람들 앞에서 발표를 잘하는 사람이 쓰임받는 시대가 되었다는 뜻입니다. 나의 생각과 마음을 당당하게 나타내고 알리는 것이 중요한 시대인 것입니다.

사람들 앞에 서는 것을 두려워하지 마십시오. 사람들 앞에 서는 기회를 거절하지 마십시오. 처음부터 잘하는 사람은 없습니다. 처음에는 말을 더듬고 실수하여 웃음거리가 된다 할지라도 분명 그 시간은 나에게 도움이 될 것입니다.

예수님도 거친 로마 군인들 앞에서 그들의 질문에 조리 있게 응수하셨습니다. 또한 수많은 사람 앞에서 자신의 마음을 전달하고 표현하셨습니다. 오늘부터 자신이 생각하는 것을 똑똑히 전달하십시오. 내 생각과 마음을 전달하는 연습을 하십시오.

예수님을 위한 고난

벧전 4:16

만일 그리스도인으로 고난을 받으면 부끄러워하지 말고 도리어 그 이름으로 하나님께 영광을 돌리라.

However, if you suffer as a Christian, do not be ashamed, but praise God that you bear that name.

학교에서 대놓고 식사기도를 하는 청소년을 보고 싶습니다. 대부분은 창피해서 못하는 실정입니다.

우리는 언제 예수님을 위해 어려움을 당할까요? 언제 주님을 위해 고난 받는 자리에 나아갈까요? 누군가 예수님 때문에 손가락질을 당할 때 그 옆에서 꿋꿋하게 손을 잡아 주는 사람을 보고 싶습니다. 모두가 성적을 걱정하여 주일에 학원에 갈 때 성경책을 손에 들고 교회로 오는 사람을 보고 싶습니다. 다들 조금 잘되려고 부정한 방법을 사용하며 자기합리화를 할 때 정직하게 손해 보는 청소년을 보고 싶습니다. 이런 사람이 바로 이 시대의 순교자입니다.

그리스도인의 열정

사 40:31

오직 여호와를 앙망하는 자는 새 힘을 얻으리니 독수리가 날
개 치며 올라감 같을 것이요 달음박질하여도 곤비하지 아니
하겠고 걸어가도 피곤하지 아니하리로다.

but those who hope in the LORD will renew their strength.
They will soar on wings like eagles; they will run and not
grow weary, they will walk and not be faint.

열정적으로 사십시오. 열정을 갖고 공부하고 일하십시
오. 그러면 자신도 모르는 사이에 실력이 쌓이고 영향력
이 생겨서, 결과적으로 자신이 선택한 대로 살 수 있게 됩
니다. 남의 선택 때문에 눈물 흘리지 않아도 됩니다. 어떤
생각과 마음을 갖고 일하느냐에 따라 결과도 엄청나게 달
라집니다. 말로 떠드는 인생이 아니라 자신만의 실력으로
중요한 시기마다 빛나는 10대가 되기를 바랍니다.

세상에 빛이 되라고 하신 예수님은 세상에 관심이 많으
십니다. 여러분이 교회에서만 빛나는 청소년이 되는 것
은 결코 하나님의 뜻이 아닙니다. 세상을 향해 뻗어 나가
야 합니다. 실력은 세상에서 빛으로 살아가기 위해 꼭 필
요한 것입니다. 언제 누구에게 선택당할까 고민하지 말고
자신의 실력으로 선택하며 살아가십시오.

진정한 친구

요 15:13

사람이 친구를 위하여 자기 목숨을 버리면 이보다 더 큰 사랑이 없나니.

Greater love has no one than this, that he lay down his life for his friends.

진정한 친구를 사귀려면 먼저 다가가는 것이 중요합니다. 먼저 다가간다는 것은 나 중심이 아니라 상대방 중심으로 움직이는 것을 말합니다. 이기적인 사람은 절대로 좋은 친구를 사귀지 못합니다. 내가 친구에게 주는 것을 손해라고 여기면 벌써 그 친구와의 관계는 끝난 셈입니다. 아무도 나를 믿어 주지 않을 때 나를 믿어 줄 친구가 필요합니다. 힘들고 삭막한 세상 속에서 나를 위로해 줄 친구, 내 편이 되어 줄 친구를 만드십시오.

평생 함께할 만한 친구가 있다면 오늘 그 친구와 내일에 대한 약속을 하며 우정을 나누기를 바랍니다. 친구를 기다리는 시간은 헛되지 않습니다. 그 친구가 여러분이 어려울 때 기댈 수 있는 가장 든든한 버팀목이 되어 줄 것입니다.

예배하는 삶

요 4:24

하나님은 영이시니 예배하는 자가 영과 진리로 예배할지니라.

God is spirit, and his worshipers must worship in spirit and in truth.

하나님께 최고의 예배자가 되겠다고 기도하고 약속하십시오. 예배는 능력입니다. 그리스도인은 예배를 통해 놀라운 능력을 얻습니다. 이는 한 주간 세상에서 승리할 수 있는 원동력이 됩니다. 예배에 집중할 수 있도록 기도하십시오.

수련회나 특별 집회에서만 은혜 받는 것이 아닙니다. 먼저 주일예배에 집중하고 은혜 받는 것이 필요합니다. 토요일 밤에는 가급적 일찍 자고, 사모하는 마음으로 주일 아침 교회로 향하십시오. 예배에 온 마음을 쏟으면 삶이 달라집니다.

089
헌금도 예배

말 3:10

너희의 온전한 십일조를 … 그것으로 나를 시험하여 내가 하늘 문을 열고 너희에게 복을 쌓을 곳이 없도록 붓지 아니하나 보라.

Test me in this, … "and see if I will not throw open the floodgates of heaven and pour out so much blessing that you will not have room enough for it."

하나님 앞에 드리는 헌금도 예배입니다. 감사의 표시이며, 하나님의 주권을 인정하는 마음의 표현입니다. 용돈에서 십일조를 헌금으로 드리십시오. 헌금을 부모님께 타서 내지 말고 다만 얼마라도 자신의 용돈에서 내십시오. 헌금봉투를 교회에서 가져와 미리 준비하고 새 돈으로 헌금하십시오. 이런 준비가 여러분을 더 좋은 예배자로 세울 것입니다.

성경에 하나님을 시험하지 말라는 말이 수없이 나오는데, 하나님을 시험해 보라는 구절이 단 한 군데 나옵니다. 바로 십일조에 관한 말씀입니다. 하나님의 주권을 인정하고, 하나님이 내게 주신 것들 중 십분의 일을 구별하여 드리면 하나님이 쌓을 곳이 없을 정도로 복을 내려 주겠다고 약속하셨습니다. 이 약속을 믿고 온전한 십일조를 드리십시오.

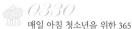

구체적인 기도

렘 29:12-13

너희가 내게 부르짖으며 내게 와서 기도하면 내가 너희들의
기도를 들을 것이요 너희가 온 마음으로 나를 구하면 나를
찾을 것이요 나를 만나리라.

Then you will call upon me and come and pray to me, and
I will listen to you. You will seek me and find me when
you seek me with all your heart.

하나님의 살아 계심을 체험하고 싶으면 기도하십시오.
기도 응답의 체험이 있어야 하나님이 살아 계신 것을 확
신하지 않겠습니까? 기도할 때는 구체적으로 확신을 가
지고 해야 합니다. 뜬구름 잡듯 기도하지 말고, 구체적으
로 하나님께 아뢰고 간구해야 합니다. 구체적인 기도를
하면 하나님이 응답하신다는 사실을 알게 될 것입니다.
부모님이나 가족이 신앙생활을 하고 있지 않다면 이는 당
연히 기도 제목 아닙니까? 기도 리스트를 만들어서 기도
하십시오. 기도가 쌓이면 능력이 됩니다.

그리스도인의 영적 체험

골 3:17

또 무엇을 하든지 말에나 일에나 다 주 예수의 이름으로 하고 그를 힘입어 하나님 아버지께 감사하라.

And whatever you do, whether in word or deed, do it all in the name of the Lord Jesus, giving thanks to God the Father through him.

이 세상에 하나님의 놀라우심을 알리는 일이 그리스도인의 일입니다. 그 일을 해 나갈 수 있도록 깊은 영적 체험을 간구해야 합니다. 하나님이 주시는 은사를 사모하고 열정적으로 구하십시오. 하나님이 여러분에게 꼭 필요한 은사를 주실 것입니다. 그 능력으로 오늘도 세상과 맞장을 뜹시다.

예배와 묵상을 통해 구체적으로 기도하고, 매일 매일 말씀을 적용할 때 일어난 일들이 영적 체험입니다. 육적인 세상에서 영을 붙잡고 살아가는 것이 얼마나 귀한 일인지 모릅니다. 오늘도 마음을 굳게 하고, 하나님이 부어 주시는 영적 능력을 체험하십시오.

하나님께 쓰임 받는 삶

딤전 1:11

that conforms to the glorious gospel of the blessed God, which he entrusted to me.

어느 누구도 그냥 잘되는 사람은 없습니다. 존경받고 능력 있는 사람이 되고 싶다면 갈 길을 정하고, 뜻을 정했으면 앞으로 달려가야 합니다. 앞날을 위한 투자에 게으르지 말고, 자신을 포기하려는 나약함에 빠지지 말고, 정신 차려 부지런하게 행동해야 합니다.

하나님은 하나님을 영광 되게 하는 사람을 꼭 들어서 사용하십니다. 공부도 하나님의 영광을 위해 하십시오. 하나님을 나의 성공에 이용하는 것이 아니라, 나의 삶을 드려 하나님의 영광을 위해 쓰임 받는 인생이 되십시오.

성공을 만드는 성실함

잠 28:18

성실하게 행하는 자는 구원을 받을 것이나 굽은 길로 행하는
자는 곧 넘어지리라.

He whose walk is blameless is kept safe, but he whose
ways are perverse will suddenly fall.

게으른 사람은 끝까지 노력하지 않습니다. 조금만 힘들
면 때려치웁니다. "이건 아닌 것 같아요." 항상 이런 식으
로 말하고 자신이 잘할 수 있는 다른 일을 찾겠다고 합니
다. 모든 일이 처음에는 쉬우나 계속해서 쉽지는 않습니
다. 지금 내 앞에 놓인 일에 충실하십시오.

쉽게, 한번에, 운이 좋아서 되는 일은 없습니다. 귀하고
의미 있고 아름다운 일일수록 높은 산에 오르는 산악인처
럼 갖은 고통을 감내해야 합니다. 그 누구도 성실함을 이
길 수는 없습니다. 성공은 성실의 땀방울로 만든 호수라
고 할 수 있습니다. 하나님은 우리에게 감당할 수 있는 일
만 허락하십니다. 힘든 길을 갈 때 하나님이 우리를 안고
굽이굽이 건너가심을 삶 속에서 체험하십시오. 이런 체험
들이 나의 간증이 될 때 믿음도 강해집니다.

하나님의 부르심

롬 11:29

하나님의 은사와 부르심에는 후회하심이 없느니라.

For God's gifts and his call are irrevocable.

무슨 직업을 가져야 할지 모르겠다고 말하지 마십시오. 비전과 직업은 다릅니다. 믿음을 통해 비전을 갖게 되면 직업은 하나님이 주신 달란트를 찾아서 결정하면 됩니다. 내가 무엇을 잘하는지 아직 모른다고 기죽으면 안 됩니다. 아무리 생각해도 나는 잘하는 것이 없는 것 같아도 실망하면 안 됩니다. 잘하는 것을 못 찾은 것이지 없는 게 아닙니다. 쓸모없는 인생이란 없습니다. 하나님은 완벽하신 분입니다. 하나님은 우리를 이 땅에 보낼 때 빈틈없는 계획을 세우셨고, 우리가 그 계획을 잘 수행할 수 있도록 달란트도 주셨습니다. 하나님의 일을 감당할 미래를 기대하는 마음으로 꿈을 꾸십시오.

그리스도인의 영적 싸움

엡 6:12

우리의 씨름은 혈과 육을 상대하는 것이 아니요 통치자들과 권세들과 이 어둠의 세상 주관자들과 하늘에 있는 악의 영들을 상대함이라.

For our struggle is not against flesh and blood, but against the rulers, against the authorities, ⋯ against the spiritual forces of evil in the heavenly realms.

이유 없이 친구나 선생님이나 부모님을 향해 화가 나고 짜증나는 감정이 올라올 때가 있습니다. 어리석은 사람은 바로 짜증을 내고, 상대와 싸움을 벌입니다. 그러나 현명한 사람은 자신의 감정을 그런 방식으로 표출하지 않습니다. 사탄이 우리의 감정을 이용해서 친구와 다투게 만들고, 부모님과 선생님께 반항하게 만들어 우리의 관계를 깨뜨리려 한다는 것을 알고 있기 때문입니다. 우리의 진정한 싸움은 눈에 보이지 않는 곳에서부터 시작된다는 것을 기억해야 합니다. 늘 깨어 있어서 영적 어둠의 세력에 맞서 싸우고 승리하십시오!

진짜를 찾는 삶

잠 1:7

여호와를 경외하는 것이 지식의 근본이거늘 미련한 자는 지혜와 훈계를 멸시하느니라.

The fear of the LORD is the beginning of knowledge, but fools despise wisdom and discipline.

우리는 가짜가 판을 치는 세상에 살고 있습니다. 가짜 시계, 가짜 신발, 가짜 브랜드가 판을 칩니다. 그러나 사람들은 모두 진짜의 가치를 압니다. 그래서 가짜보다 진짜를 원하고 찾습니다. 가짜 사랑, 가짜 희망, 가짜 기쁨, 가짜 행복… 세상의 가짜를 쫓아다니지 마십시오. 진짜를 찾아서 진짜를 살아야 합니다. 변치 않는 진짜 말씀을 따라 살아야 합니다. 그러면 세상의 변화 속에서 진짜 살아가야 할 길을 발견할 수 있을 것입니다.

오늘을 마지막 날인 것처럼

전 12:1

너는 청년의 때에 너의 창조주를 기억하라 곧 곤고한 날이
이르기 전에, 나는 아무 낙이 없다고 할 해들이 가깝기 전에.

Remember your Creator in the days of your youth, before
the days of trouble come and the years approach when you
will say, "I find no pleasure in them."

10대 시절의 대부분을 보내는 중·고등학교 생활은 6년
밖에 안 된다는 것을 잊지 마십시오. 절대 긴 세월이 아닙
니다. 시간을 우습게 여기는 자는 실패합니다. 우리는 대
단한 내일을 꿈꾸지만 오늘에 대해서는 너무나 소극적입
니다. 어제에 대한 미련을 버리십시오. 위대한 비전의 사
람은 오늘을 온전하고 성실하게 살아갑니다. 내일을 향한
꿈을 꾸고 오늘 나에게 임재하시는 성령님의 인도를 따라
살아갑니다. 아침에 일어나면 자신에게 외치십시오. "오
늘은 내 인생 최고의 날이다!" 열심히 노력한 하루를 마치
고 잠자리에 들었을 때 느끼는 만족감으로 보상받을 것입
니다.

하나님께 올인 하는 삶

딤후 2:4

병사로 복무하는 자는 자기 생활에 얽매이는 자가 하나도 없
나니 이는 병사로 모집한 자를 기쁘게 하려 함이라.

No one serving as a soldier gets involved in civilian affairs
- he wants to please his commanding officer.

　'올인'은 말 그대로 자신의 모든 것을 투자하는 것입니
다. 시간과 정성, 땀과 노력, 이 모든 것을 의미합니다. 무
슨 일을 할 때에 누구도 처음부터 끝까지 좋을 수만은 없
습니다. 힘든 고비가 많습니다. 그때마다 올인 하는 자세
를 놓치지 말아야 합니다.

　여러 가지 일을 다 잘하고 싶은 마음은 누구에게나 있
습니다. 하지만 가장 훌륭한 사람, 이 시대가 필요로 하는
사람은 자신의 분야에 올인 하는 사람입니다. 뒤돌아보지
말고, 다른 사람과 비교하지 말고, 자신의 모든 것을 던지
는 자세가 중요합니다. 지금 자신보다 앞선 사람이 있다
고 포기할 필요 없습니다. 하나님은 공평하게 우리에게
할 일을 나눠 주셨습니다. 내가 할 일은 꼭 있습니다. 그
일에 올인 하십시오!

끝까지 도전하는 삶

빌 4:13

내게 능력 주시는 자 안에서 내가 모든 것을 할 수 있느니라.

I can do everything through him who gives me strength.

아무것도 할 수 없다는 부정적인 생각은 의미 있는 일에 힘쓰지 못하게 합니다. 사탄이 원하는 것은 우리가 아무 것도 안 하는 것입니다. 어떤 일에 실패해도 배우는 것이 있습니다. 하지만 아무것도 안 하는 사람은 아무것도 못 배웁니다.

자신이 할 수 없다고 생각하는 사람은 우선 하나님께 전적으로 의지하는 것부터 배우십시오. 하나님을 믿고 자신의 능력은 믿지 마십시오. 자신이 싫고 능력 없음이 부끄러울 때, 그때가 하나님께 가까이 갈 수 있는 기회입니다. 하나님을 붙잡으십시오. 그때부터 자신감이 회복되는 경험을 할 것입니다.

나라를 위한 기도

대하 7:14

내 이름으로 일컫는 내 백성이 그들의 악한 길에서 떠나 스스로 낮추고 기도하여 내 얼굴을 찾으면 내가 하늘에서 듣고.

If my people, who are called by my name, will humble themselves and pray and seek my face and turn from their wicked ways, then will I hear from heaven….

우리나라의 유일한 경쟁력은 청소년입니다. 청소년들이 어떤 인생을 사느냐에 따라 이 나라의 미래가 정해집니다. 민족을 사랑하십시오. 민족을 가슴에 품고 모든 일을 결정하고 생각하십시오. 나만을 생각하는 사람은 나를 위한 인생을 살 것이고, 가정을 생각하는 사람은 가족을 위한 인생을 살 것이며, 나라를 생각하는 사람은 이 세상에 꼭 필요한 사람이 될 것입니다. 민족의 지도자가 되게 해 달라고 기도하십시오. 대한민국을 가슴에 품고 기도하십시오. 청소년들의 조국을 향한 기도가 이 나라의 미래를 좌우합니다.

담대한 그리스도인

삼하 10:12

너는 담대하라 우리가 우리 백성과 우리 하나님의 성읍들을
위하여 담대히 하자 여호와께서 선히 여기시는 대로 행하시
기를 원하노라 하고.

Be strong and let us fight bravely for our people and the
cities of our God. The LORD will do what is good in his
sight.

때때로 두려움에 사로잡힐 때가 있습니다. 공부에 대한
두려움, 사람에 대한 두려움, 영적 존재에 대한 두려움….
혹시 지금 이 순간 용기가 없어 도전하지 못하고, 용기가
없어 아무것도 하지 않고 있습니까? 힘든 상황은 누구나
다 경험합니다. 자신의 상황만 어렵다고 생각하지 마십시
오. 나의 삶에 담대함이 채워지도록 무릎을 꿇으십시오.
마땅히 해야 할 일을 하고 주저하지 않게 해 달라고 간구
하십시오. 하나님이 우리와 함께하십니다. 하나님이 함께
하시면 모든 일이 가능합니다.

재능보다 중요한 인내

롬 5:3-4

다만 이뿐 아니라 우리가 환난 중에도 즐거워하나니 이는 환난은 인내를, 인내는 연단을, 연단은 소망을 이루는 줄 앎이로다.

Not only so, but we also rejoice in our sufferings, because we know that suffering produces perseverance; perseverance, character; and character, hope.

요즘 10대들의 가장 큰 문제는 인내가 없다는 것입니다. 인스턴트 음식을 먹고 연애도 두세 달 만에 끝냅니다. 뭐든지 급하고 짧습니다. 그래서 시대를 이끌어 갈 인재가 나오지 않는 것입니다. 참고 기다리는 것을 배워야 합니다. 인내는 재능보다 중요합니다. 믿음은 하나님을 기다리는 것입니다. 아무리 용기 있는 사람도 인내가 없으면 쓸모없습니다. 실패했어도 인내하면 기회는 다시 옵니다. 잘못할 수도 있습니다. 그러나 인내하고 다시 시작하면 기회는 반드시 찾아옵니다. 참는 것을 연습하십시오. 인내는 반드시 달콤한 열매를 맺습니다.

우리 앞에 놓인 위대한 인생

롬 12:2

너희는 이 세대를 본받지 말고 오직 마음을 새롭게 함으로
변화를 받아 하나님의 선하시고 기뻐하시고 온전하신 뜻이
무엇인지 분별하도록 하라.

Do not conform any longer to the pattern of this world, but
be transformed by the renewing of your mind. Then you
will be able to test and approve what God's will is - his
good, pleasing and perfect will.

사탄이 우리 손에 있는 것을 빼앗으려 할 때 대신 쥐어
주는 것은 최악의 것은 아닙니다. 어느 정도는 좋은 것입니
다. 우리가 위대한 인생을 살지 못하는 것도 어느 정도
좋은 인생에 만족하기 때문입니다. 위대한 인생을 비전으
로 삼고, 어느 정도만 하면 된다는 생각은 버리십시오. 대
충 중간 정도만 하면 된다는 생각은 위대한 인생을 살지
못하게 하는 걸림돌입니다. 하나님이 놀랍고 위대한 인생
을 약속하셨는데 그저 그렇게 살기로 마음먹는다면 그것
은 불순종입니다. 지금도 훌륭하다고 거짓말하는 사탄의
속임수에 넘어가면 안 됩니다. 'Good'에 머무르지 말고
'Great'까지 나아가십시오.

주의 일에 힘쓰는 자

고전 15:58

그러므로 내 사랑하는 형제들아 견실하며 흔들리지 말고 항상 주의 일에 더욱 힘쓰는 자들이 되라.

Therefore, my dear brothers, stand firm. Let nothing move you. Always give yourselves fully to the work of the Lord.

한국에는 이상한 풍토가 있습니다. 고3이 되면 교회도 잘 안 나오고, 모든 훈련과 교회 봉사에서 제외됩니다. 그러나 오히려 고3 시기가 하나님 앞에서 가장 열심을 가져야 할 때입니다.

하나님께 시간을 드리십시오! 하나님께 마음을 드리십시오! 우리 하나님은 가만히 계시는 분이 아닙니다. 엄청난 축복으로 책임져 주십니다. 인생은 마라톤입니다. 대학에 들어가는 것은 마라톤의 시작일 뿐입니다. 대학을 인생의 목표로 삼지 말고, 큰 인생의 그림을 가지고 실력을 쌓는 데 집중하십시오! 하나님 나라의 일꾼이 되기 위해 봉사하고 훈련하고 공부할 때 하나님의 놀라운 지혜와 능력이 함께할 것입니다.

우리가 섬길 오직 한 분

마 4:10

이에 예수께서 말씀하시되 사탄아 물러가라 기록되었으되
주 너의 하나님께 경배하고 다만 그를 섬기라 하였느니라.

Jesus said to him, "Away from me, Satan! For it is written:
'Worship the Lord your God, and serve him only.'"

전구의 빛이 아무리 밝아도 그것은 태양이 아닙니다.
전구와 태양을 교환하자고 하면 누가 그것을 바꾸겠습니
까? 그것이 진짜와 모조품의 가치 차이입니다. 하나님과
다른 잡신과의 차이가 이러합니다. 잡신이 아무리 하나님
을 흉내 내어 사람들을 속이려고 해도 지혜 있는 사람은
압니다. 태양과 전구의 비교할 수 없는 가치 차이를 말입
니다.

세상의 모조품들을 너무 좋아하지 마십시오. 세상이 주
는 쾌락과 자극은 잠깐입니다. 그 뒤에는 허탈감이 몰려
옵니다. 하나님이 주시는 진짜 행복을 찾고 누리십시오.
그것은 영원하고, 그것의 가치는 세상의 그 무엇과도 비
교할 수 없습니다.

말씀에 목숨 거는 삶

시 119:105

주의 말씀은 내 발에 등이요 내 길에 빛이니이다.

Your word is a lamp to my feet and a light for my path.

요즘은 아이들이 예배 시간에도 문자를 보냅니다. 그리고 휴대전화가 없으면 뭔가 잊어버린 듯 안절부절 어쩔 줄을 모릅니다. 그런 아이들이 이성 친구라도 생기게 되면 문자에 대한 집착은 더욱 커집니다. 문자를 보내고 확인하는 데 그치는 것이 아니라, 이미 확인한 문자를 보고 또 보면서 묵상합니다. 이쯤 되면 친구가, 이성이, 문자가 내 발에 등이요 내 길에 빛이라고 해도 별문제가 없을 지경입니다.

문자에 목숨 걸지 말고 말씀에 목숨 걸어야 합니다. 말씀을 이성 친구의 문자를 보듯이 읽고 또 읽으십시오. 하나님은 말씀을 통해 우리에게 찾아오십니다. 말씀을 통해 길을 인도하시고, 말씀을 통해 역사하십니다. 말씀은 우리의 발에 등이 되어 우리의 마땅히 가야 할 길을 알려 줍니다.

세상을 주도하는 그리스도인

롬 12:1

그러므로 형제들아 내가 하나님의 모든 자비하심으로 너희를 권하노니 너희 몸을 하나님이 기뻐하시는 거룩한 산 제물로 드리라 이는 너희가 드릴 영적 예배니라.

Therefore, I urge you, brothers, in view of God's mercy, to offer your bodies as living sacrifices, holy and pleasing to God - this is your spiritual act of worship.

세상의 트렌드를 좇는 사람이 아니라 트렌드를 주도하는 '트렌드 메이커'가 되어야 합니다. 세상의 유행에 붙잡혀 사는 무력한 그리스도인이 되어서는 안 됩니다. 우리의 삶을 하나님께 산 제물로 드릴 때 나의 능력을 뛰어넘어 하나님의 능력으로 살아갈 수 있게 됩니다. 하나님이 우리에게 바라시는 모습은 무기력하게 세상에 끌려가는 것이 아니라, 하나님의 방법으로 세상을 주도하고 변화시키는 것입니다.

우리가 하나님께 산 제물로 드려지면 그때부터 하나님이 일하십니다. 하나님께 산 제물로 드려진 인생은 하나님이 어떤 분이신지를 이 땅에 알리는 인생이 됩니다. 세상 것에 넘어지지 마십시오. 우리는 위대한 비전을 품은 하나님의 사람들입니다.

주님과 더불어 교제하기

고전 1:9

너희를 불러 그의 아들 예수 그리스도 우리 주와 더불어 교
제하게 하시는 하나님은 미쁘시도다.

God, who has called you into fellowship with his Son
Jesus Christ our Lord, is faithful.

주변을 보면 꼭 이상한 사람들이 있습니다. 말하는 게
귀에 거슬리고 행동이 눈에 거슬립니다. 그 사람 때문에
계속 힘들어지다가 차라리 내 눈앞에서 사라졌으면 하는
생각도 듭니다. 안타까운 사실은 그런 사람이 교회 안에
도 있다는 것입니다. 내 힘으로는 그들과 어울릴 수 없습
니다. 그래서 주님과 함께해야 합니다. 먹기 싫은 약도 물
이나 사탕과 더불어 먹으면 삼킬 수 있듯이 허다한 죄를
사랑으로 덮으시는 주님과 더불어 사귀면 이상한 사람도
충분히 사랑할 수 있습니다. 이상한 사람에게 초점을 맞
추지 말고 그 옆에 계시는 주님을 보십시오.

악을 이기는 선

롬 12:21

악에게 지지 말고 선으로 악을 이기라.

Do not be overcome by evil, but overcome evil with good.

세상은 힘들고 삭막합니다. 이런 세상에서 살아남기 위해 그리스도인들마저 더 지독한 방법을 쓰려고 하는 모습을 볼 때 마음이 너무 안타깝습니다. 우리는 세상에 지지 않아야 할 뿐 아니라 그 도구와 방법이 '선'이 되어야 한다는 것을 잊지 말아야 합니다.

군대에서는 되지 않으면 '악과 깡으로' 하라고 합니다. 그러나 우리는 무슨 일이 있어도 악으로 일을 행하거나 사람에게 악을 품지 말아야 합니다. 어떤 상황에서도 선을 선택해야 합니다. 결국에는 선이 악을 이길 것입니다.

그리스도의 종

고전 7:23

너희는 값으로 사신 것이니 사람들의 종이 되지 말라.

You were bought at a price; do not become slaves of men.

많은 그리스도인이 말로는 예수님을 믿는다고 하면서 사실은 세상 사람들의 눈치를 봅니다. 물론 우리는 사람들을 섬기고 사랑해야 합니다. 그러나 우리가 겸손해지고 낮아져야 할 기준점은 사람이 아닙니다. 우리의 기준은 예수님입니다. 십자가에서 값을 대신 치르신 예수님이 우리의 기준입니다.

어릴 때 허구한 날 친구 말만 듣고 친구만 따라다녔더니 어머니가 "친구가 지옥 가자면 너도 갈래?"라고 말씀하셨던 생각이 납니다. 유치하지만 뼈가 있는 말입니다. 오늘 내가 진정 따르는 것은 돈과 자존심과 주변 사람은 아닌지 돌아보십시오. 사람의 종이 되지 말고, 그리스도의 종으로 살아야 합니다.

하나님의 위로

고후 1:4

우리의 모든 환난 중에서 우리를 위로하사 우리로 하여금 하나님께 받는 위로로써 모든 환난 중에 있는 자들을 능히 위로하게 하시는 이시로다.

who comforts us in all our troubles, so that we can comfort those in any trouble with the comfort we ourselves have received from God.

여름 장마철마다 커다란 파도가 밀려와 방파제에 부딪히는 장면을 뉴스에서 보게 됩니다. 만약 바닷가에 방파제가 없다면 파도가 마을을 덮쳤을 것입니다. 마찬가지로 우리의 인생에 환난과 어려움이 파도같이 덮쳐 올 때 하나님의 위로는 방파제 같은 역할을 합니다. 위로는 환난을 견디게 해 줍니다. 더 감사한 것은 나 또한 누군가에게 위로가 된다는 것입니다. 오늘 여러분의 축 처진 어깨를 토닥이시는 하나님의 따스한 위로가 있을 것입니다. 그리고 여러분의 위로 역시 누군가에게 방파제 같은 위로가 될 것입니다.

고집을 내려놓는 믿음

롬 10:17

그러므로 믿음은 들음에서 나며 들음은 그리스도의 말씀으로 말미암았느니라.

Consequently, faith comes from hearing the message, and the message is heard through the word of Christ.

믿음은 하나님께 주인 자리를 내놓는 것입니다. 더 이상 내가 주인이 아니기 때문에 믿음의 사람들은 수동적입니다. 모든 것을 하나님이 직접 해결하시기 때문입니다. 다만 우리가 해야 할 일은 주인이 말씀하시는 것을 잘 듣는 것입니다. 오늘 하나님이 내게 뭐라고 말씀하시는지 귀기울여 듣고 있습니까? 기도에서 가장 중요한 것은 열성적으로 조르는 것이 아닙니다. 하나님 말씀에 귀 기울이고 잘 듣는 것입니다. 듣는 것이 믿음의 기초입니다. 자기 고집을 내려놓고 잘 듣는 사람이 믿음 좋은 사람입니다.

113

눈물의 투자

시 126:5

눈물을 흘리며 씨를 뿌리는 자는 기쁨으로 거두리로다.

Those who sow in tears will reap with songs of joy.

　지금 먹을 양식도 없는데 농부들은 농사를 지어야 했습니다. 농부는 배고픔을 참고 씨를 뿌리러 갔습니다. 그래서 울며 씨를 뿌린 것입니다. 힘들더라도 지금의 만족이 아니라 미래를 볼 줄 알아야 합니다. 눈물을 흘리며 미래를 향해 씨를 뿌리면 기쁨으로 열매를 맺을 수 있습니다.

　믿음은 고통 가운데서도 그 너머의 미래를 보는 것입니다. 반드시 하나님의 시간이 옵니다. 고통은 사라지고 지금 내가 뿌린 씨들이 결실을 맺는 시간이 옵니다. 지금의 즐거움과 안정에 취하지 마십시오. 믿음으로 미래를 향해 노력하십시오. 눈물의 투자를 지금 쏟아 부으십시오. 그러면 기쁨으로 단을 거둘 것입니다.

어둠의 자녀에서 빛의 자녀로

엡 5:8

너희가 전에는 어둠이더니 이제는 주 안에서 빛이라 빛의 자녀들처럼 행하라.

For you were once darkness, but now you are light in the Lord. Live as children of light.

어떤 사람은 교회에 다니면서도 믿음이 없는 사람처럼 행동합니다. 어떤 사람은 죄가 끊어지게 해 달라고 기도해 놓고 응답을 못 받은 사람처럼 행동합니다. 자신이 안 변했다고 믿는 것입니다. 여전히 죄를 이길 수 없다고 철석같이 믿는 것입니다.

믿음은 이미 이뤄진 것처럼 행동하는 것입니다. 자신이 변했음을 믿고 그렇게 행동해야 합니다. 내가 만일 믿음이 좋은 사람이라면 어떻게 행동했을지 유추해 보고 그렇게 행동하면 됩니다. 오늘 당장 어둠의 자녀가 아니라 빛의 자녀처럼 행동하십시오.

선한 일을 위해 지음 받은 자

엡 2:10

우리는 그가 만드신 바라 그리스도 예수 안에서 선한 일을
위하여 지으심을 받은 자니 이 일은 하나님이 전에 예비하사
우리로 그 가운데서 행하게 하려 하심이니라.

For we are God's workmanship, created in Christ Jesus to do
good works, which God prepared in advance for us to do.

누군가 선한 일을 하면 착한척한다며 질책하는 모습을
보게 됩니다. 그러나 우리는 원래 착한 일을 위해 만들어
졌습니다. 가능한 한 착한 일을 해야 합니다.

오늘 착한 일을 계획해 보십시오. 오늘 안에 실천할 수
있는 좋은 일, 착한 일이 얼마든지 있습니다. 괜히 나쁜
척해서 강해 보이려는 허세를 버리십시오. 오늘, 하나님
이 예비해 놓으신 착한 일들이 준비되어 있습니다. 어서
착한 일을 하러 갑시다!

내 목마름을 채우실 분

요 7:37

명절 끝 날 곧 큰 날에 예수께서 서서 외쳐 이르시되 누구든지 목마르거든 내게로 와서 마시라.

On the last and greatest day of the Feast, Jesus stood and said in a loud voice, "If anyone is thirsty, let him come to me and drink."

햇볕이 작렬하는 무더운 여름, 길거리를 헤매다 집에 들어와서 시원한 생수 한 잔을 마셔 본 적 있습니까? 다른 것은 필요 없으니 오직 생수 한 잔만 마실 수 있다면 좋겠다고 생각할 만큼 뜨거운 갈증을 느껴 본 적이 있습니까?

믿음은 예수님에 대한 갈증을 느끼는 것입니다. 누구도 내 목마름을 채울 수 없습니다. 학벌도 능력도 친구도 즐거움도 나를 잠깐은 만족시키는 듯하지만, 목마를 때 마시는 콜라처럼 더한 갈증을 일으킬 뿐입니다. 오늘 예수님께 나아가십시오. 타는 목마름으로 예수님을 불러 보십시오. 주님이 흘러넘치도록 채우실 것입니다.

하나님이 주신 가장 귀한 것

롬 8:32

자기 아들을 아끼지 아니하시고 우리 모든 사람을 위하여 내 주신 이가 어찌 그 아들과 함께 모든 것을 우리에게 주시지 아니하겠느냐.

He who did not spare his own Son, but gave him up for us all - how will he not also, along with him, graciously give us all things?

조금 힘들다고 나도 모르게 어깨를 움츠리고 자신감을 잃을 때가 있습니다. 이런 부족한 나를 하나님이라고 도우실 수 있을지 의심이 생깁니다. 내 눈앞의 문제는 한없이 커 보이고 그 앞에 서 있는 나는 한없이 작아 보입니다. 그러나 하나님이 우리에게 가장 귀한 것을 주셨음을 잊지 말아야 합니다. 하나뿐인 독생자를 우리에게 주셨는데 이 까짓 문제를 해결 못하실 리가 없습니다. 전능하신 하나님이 예수님을 우리에게 주신 것은 모든 것을 주셨다는 것을 의미합니다. 예수님도 주셨는데 이까짓 문제 하나 도우시지 못할 리가 없습니다. 내 안에 있는 예수님을 믿고 어깨를 펴십시오.

우리를 세상에 보내신 이유

롬 10:15

보내심을 받지 아니하였으면 어찌 전파하리요 기록된바 아름답도다 좋은 소식을 전하는 자들의 발이여 함과 같으니라.
And how can they preach unless they are sent? As it is written, "How beautiful are the feet of those who bring good news!"

하나님은 우리를 세상에 보내셨습니다. 각 가정과 학교와 지역으로 보내셨습니다. 우리를 보내신 목적은 우리가 하나님을 전하게 하는 것입니다. 그래서 전도가 중요한 사명인 것입니다.

하나님은 전도왕만 사랑하시는 것이 아닙니다. 좋은 소식을 전하는 발걸음을 좋게 보십니다. 우리가 누군가에게 하나님의 사랑을 전하는 행위와 과정 자체를 기뻐하십니다. 누군가에게 다가가 용기를 내어 전도하십시오. 당신에게서 흘러넘치는 하나님의 사랑을 이야기하십시오. 당신을 향해 웃으시는 하나님의 웃음소리가 귓전에 들려올 것입니다.

남의 일에도 기뻐하는 마음

빌 2:17

만일 너희 믿음의 제물과 섬김 위에 내가 나를 전제로 드릴
지라도 나는 기뻐하고 너희 무리와 함께 기뻐하리니.

But even if I am being poured out like a drink offering on
the sacrifice and service coming from your faith, I am glad
and rejoice with all of you.

세상이 워낙 이기적이다 보니 기뻐할 만한 일은 오직 내
가 잘되었을 때뿐인 줄로 알고 있습니다. 그러나 그리스
도인은 남의 일로 기뻐하는 사람입니다. 세상은 사촌이
땅을 사면 배 아파하며 시기하고 질투합니다. 그러나 그
리스도인은 남이 잘되는 것을 보면서 진심으로 축하하고
기뻐합니다.

예수 그리스도의 마음을 품으십시오. 내가 더 잘돼야지
하는 경쟁의 마음을 버리십시오. 하나님 안에서는 나도
잘되고 저 사람도 잘될 수 있습니다. 남이 잘되면 자기 일
처럼 기뻐할 줄 아는 멋진 그리스도인이 되기 바랍니다.

예수님을 위한 대가

빌 3:8

또한 모든 것을 해로 여김은 내 주 그리스도 예수를 아는 지식이 가장 고상하기 때문이라.

What is more, I consider everything a loss compared to the surpassing greatness of knowing Christ Jesus my Lord.

사람은 누구나 자신이 관심 가진 대상에 대한 호기심이 있습니다. 그래서 관심이 생기면 그 분야에 대해 박사가 됩니다. 영국의 프리미어 리그에 어떤 선수가 있는지 알 수 있고, 새로 나온 휴대전화에 어떤 기능이 있는지 알 수 있습니다. 멋진 남학생의 연락처를 알아내기 위해 어떤 대가도 치를 수 있고, 대학에 가기 위해 새벽까지 공부할 수 있습니다.

바울은 자신의 모든 걸 버리고 예수님에 대한 지식을 얻었습니다. 그것이 가장 귀한 것임을 알고 믿었기 때문입니다. 여러분에게 예수님에 대한 지식은 몇 순위입니까? 예수님을 알기 위해 어떤 대가를 치르고 있습니까?

121

가장 큰 용서

골 3:13

누가 누구에게 불만이 있거든 서로 용납하여 피차 용서하되
주께서 너희를 용서하신 것같이 너희도 그리하고.
Bear with each other and forgive whatever grievances you
may have against one another. Forgive as the Lord forgave
you.

　예수님을 믿는다는 것은 말할 수 없이 커다란 용서를 경
험하는 것입니다. 죽을 수밖에 없는 나를 위해 대신 죽으
신 예수님을 영접할 때, 내가 얼마나 큰 죄인인지 깨닫게
되고, 하나님이 나를 용서하셨다는 사실에 감격하게 됩니
다. 그래서 우리는 누구든지 용서할 수 있습니다. 우리가
그 용서를 받기 때문입니다. 세상 누구도 나보다 더 큰
용서를 받은 사람은 없습니다. 그러니 작은 잘못에 대해
내가 어찌 분노하며 악을 품고 살 수 있겠습니까. 주님이
하신 것처럼 우리는 누군가를 용서해야 합니다.

항상 기뻐하는 삶

시 97:11

의인을 위하여 빛을 뿌리고 마음이 정직한 자를 위하여 기쁨을 뿌리시는도다.

Light is shed upon the righteous and joy on the upright in heart.

성령의 열매 중에 희락이 있습니다. 하나님을 믿는 사람은 즐겁다는 뜻입니다. 하나님은 우리게 기쁨을 주시고 즐거움을 주시는 분입니다. 기쁨과 즐거움을 주셨기 때문에 우리가 늘 그것을 누리기를 원하십니다. 어떤 이유에서든 우울한 것은 하나님의 뜻이 아닙니다.

기쁨은 우리에게 명령에 가깝습니다. 어떤 상황이든 하나님이 우리를 이기게 하시기 때문입니다. 기뻐하십시오. 하나님이 승리하게 하십니다. 상황은 역전되고 문제는 해결될 것입니다. 그러니 항상 기뻐하십시오.

남을 판단하지 않는 삶

약 4:11

형제들아 서로 비방하지 말라 형제를 비방하는 자나 형제를
판단하는 자는 곧 율법을 비방하고 율법을 판단하는 것이라.

Brothers, do not slander one another. Anyone who speaks
against his brother or judges him speaks against the law
and judges it.

어떤 부인이 공항에서 비행기 탑승을 기다리면서 과자
한 봉지를 샀습니다. 그리고 의자에 앉아 탑승을 기다리
는데 옆에 있던 남자가 과자를 먹고 있었습니다. 잘 살펴
보니 자기가 산 과자봉지를 뜯어서 먹고 있는 것이었습니
다. 부인은 너무 화가 나서 과자를 하나만 남겨 놓고 몽땅
먹었습니다. 그러자 남자는 웃으며 마지막 과자를 꺼내
반으로 잘라 부인에게 주었습니다. 부인은 상종하고 싶지
않아 책이라도 읽으려고 가방을 연 순간 깜짝 놀랐습니
다. 자신의 과자가 가방 안에 들어 있었던 것입니다.

황당한 이야기지만 있을 수 있는 상황입니다. 갈등이 생
겼을 때, 나의 주관적인 생각이 옳다는 편견과 선입견을
버려야 합니다. 우리는 늘 틀리기 때문입니다. 그래서 하
나님은 어느 누구에게도 판단할 권한을 주시지 않았습니
다. 남을 판단하지 말고, 오직 사랑만 하십시오.

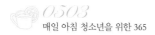

주님만 붙드는 믿음

벧전 2:5

너희도 산돌같이 신령한 집으로 세워지고 예수 그리스도로
말미암아 하나님이 기쁘게 받으실 신령한 제사를 드릴 거룩
한 제사장이 될지니라.

you also, like living stones, are being built into a spiritual
house to be a holy priesthood, offering spiritual sacrifices
acceptable to God through Jesus Christ.

왜 이토록 많은 예배를 드리고 수련회에서 은혜를 받는
데도 우리의 삶은 변하지 않는 것일까요? 세상의 것을 아
무 여과 없이 따라하고 본받기 때문입니다. 마음을 새롭
게 하기 위한 첫 번째 단계는 이 세대를 본받지 않는 것입
니다.

세상에서 좋아하는 가치가 그대로 우리에게 적용되는
것은 아닙니다. 우리는 세상 흐름의 강물에 떠내려가는
통나무가 아닙니다. 거슬러 오르는 연어가 되어야 합니
다. 세상에 순응하지 마십시오. 길들여지지 마십시오. 오
직 하나님을 붙드는 믿음의 고집쟁이가 되어야 합니다.

성경은 인생의 지침서

사 44:24

나는 만물을 지은 여호와라 홀로 하늘을 폈으며 나와 함께한
자 없이 땅을 펼쳤고.

I am the LORD, who has made all things, who alone
stretched out the heavens, who spread out the earth by
myself.

수많은 사람들이 왜 사는지에 대해 질문을 해 왔고 지금
도 하고 있지만 그 답을 알고 있는 사람은 없습니다. 어떤
철학자도, 문학자도 그 답을 알지 못합니다.

이 세상에 존재하는 모든 것에는 존재의 이유가 있습니
다. 아주 작은 미생물이라도 모두 자신이 존재하는 이유
를 갖고 있습니다. 그러면 왜 많은 사람들이 자신이 이 땅
에 존재하는 이유를 찾지 못하고 살아갈까요? 존재 이유
를 자기 자신에게서 찾으려고 하기 때문입니다.

성경은 인생이 무엇인지, 인생을 어떻게 살아야 하는지
말해 줍니다. 성경을 보지 않고는 그 누구도 인생을 알 수
없습니다. 하나님은 우리의 삶의 목적이 무엇인지, 왜 우
리를 이 땅에 존재하게 하셨는지 분명하게 말씀하십니다.
인생의 지침서인 성경을 읽고 성경대로 산 사람은 모두
행복하게 살았습니다.

우주 만물을 만드신 분

시 14:1

어리석은 자는 그의 마음에 이르기를 하나님이 없다 하는도다.

The fool says in his heart, "There is no God."

손목시계의 시침, 분침, 초침, 그리고 그 안에 있는 모든 톱니바퀴를 다 분리해서 원심분리기 안에 넣어 10년 혹은 100년 동안 돌렸다고 칩시다. 그랬을 때 지금 손목에 있는 시계처럼 완벽하게 만들어져서 1분에 정확하게 60을 돈다고 하면 과연 누가 믿을까요?

그런데 원심분리기 안에 100억 년 있다가 나왔다고 말하면 믿는 사람이 있습니다. 참으로 어리석은 자입니다. 이 작은 시계 하나도 누군가가 만들고 맞추어야 1분에 한 바퀴씩 돕니다. 하물며 이 거대한 지구가 우연히 정확하게 하루에 한 바퀴씩 돌 수는 없습니다. 그런데 어떤 사람은 지구가 100억 년 만에 만들어져서 하루에 한 바퀴씩 돈다고 말하면 믿습니다. 아무리 긴 시간을 준다고 해도 지구가 저절로 하루에 한 바퀴씩 돌 수는 없습니다. 반드시 지구를 만들고 돌리게 한 존재가 있습니다. 우리가 사는 이 지구와 온 우주가 저절로 존재한다고 말하는 사람은 참으로 어리석은 사람입니다.

세상의 미련한 자들

잠 8:5

어리석은 자들아 너희는 명철할지니라 미련한 자들아 너희
는 마음이 밝을지니라.

You who are simple, gain prudence; you who are foolish,
gain understanding.

이솝우화 가운데 이런 이야기가 있습니다. 토끼가 야자
나무 아래서 낮잠을 자고 있었습니다. 그런데 어디선가
갑자기 우르릉 쾅 하는 소리가 났습니다. 무르익은 야자
열매가 나무에서 떨어지는 소리였습니다. 토끼는 무슨 영
문인지 알아보려고도 하지 않고 세상에 종말이 왔나 보다
생각하고 필사적으로 도망쳤습니다. 토끼가 달리는 것을
보던 여우도 영문을 모른 채 달리기 시작했고, 사슴과 원
숭이도 뒤따랐습니다. 그리하여 산짐승 모두가 토끼 뒤를
따라 죽을힘을 다해 달렸다는 이야기입니다. 이것은 그저
우스개 이야기입니다. 하지만 오늘날 수많은 사람이 이처
럼 생각 없이 어리석게 살고 있습니다.

두려움을 이기는 믿음

디모후 1:7

하나님이 우리에게 주신 것은 두려워하는 마음이 아니요 오
직 능력과 사랑과 절제하는 마음이니.

For God did not give us a spirit of timidity, but a spirit of
power, of love and of self-discipline.

성경에 가장 많이 기록된 말씀은 "사랑하라" "겸손하라"
가 아니고 "두려워하지 말라"는 말씀입니다. 성경에는 두
려워하지 말라는 말씀이 366번이나 기록되어 있습니다.
하나님은 우리가 두려움으로 인생을 살도록 창조하지 않
으셨습니다. 우리가 이 세상에서 기뻐하고 감사하고 기도
하며 살도록 창조하셨습니다. 두려움 속에 사는 것은 하
나님의 뜻이 아닙니다. 두려움으로 인생을 사는 자는 자
신의 제한된 능력과 지혜로 사는 자입니다.

두려움과 반대되는 말은 믿음입니다. 길을 가다 외나무
다리를 건널 때 그 나무가 부서질 것 같은 생각이 들면 두
려움이 밀려옵니다. 그러나 그 나무 안에 강한 철근이 박
혀 있는 것을 보고 그 나무에 대한 믿음이 생기면 아무런
두려움 없이 다리를 건널 수 있습니다. 두려움을 물리치
는 것은 하나님에 대한 전적인 믿음입니다. 믿음으로 사
는 사람은 내일을 두려워하지 않습니다.

영원을 위해 사는 사람

빌 3:20

그러나 우리의 시민권은 하늘에 있는지라.

But our citizenship is in heaven.

만일 죽음 뒤의 길을 준비하지 않고 산다면 정말 불쌍한 인생입니다. 우리가 지금 이 땅에 존재하는 것은 영원을 준비하기 위한 것입니다. 이 사실을 아는 사람은 지금과는 다른 인생을 살기 시작할 것입니다.

우리가 태어나서 이 땅에서 행한 모든 것은 종이 위에 있는 한 점에 불과합니다. 우리는 영원 속에 있는 한 점을 위해 살지 않습니다. 우리는 영원을 위해 사는 자입니다.

죽음은 결코 끝이 아닙니다. 새로운 시작이요, 천국 문을 여는 열쇠입니다. 믿음의 선배들은 모두 죽음을 두려워하지 않았습니다. 영원한 천국을 바라봤기 때문입니다. 영원을 준비하며 사는 자는 분명 죽음 뒤에 천국에 갈 것입니다. 하지만 영원을 준비하지 않고 아무렇게나 사는 자는 죽음 뒤에 지옥에 갈 것입니다. 지옥에 가기 위해서는 이 세상에서 준비해야 할 것이 없습니다. 그냥 아무렇게나 살면 저절로 지옥에 가게 되어 있습니다. 여러분은 영원을 어디에서 보내려고 합니까?

천국의 아름다움

요 14:3

가서 너희를 위하여 거처를 예비하면 내가 다시 와서 너희를
내게로 영접하여 나 있는 곳에 너희도 있게 하리라.

And if I go and prepare a place for you, I will come back
and take you to be with me that you also may be where I
am.

성경에는 천국에 대한 자세한 소개가 없습니다. 이것은
하나님의 계획이며 하나님의 뜻입니다. 우리가 이 땅에서
사는 동안 천국에 대해 잘 모르는 것이 하나님의 뜻입니
다. 천국은 우리가 상상하는 것보다 훨씬 더 좋은 곳입니
다. 인간의 머리로는 상상할 수 없는 곳입니다. 이 세상에
아무리 아름다운 곳이 있다 해도 천국과는 비교할 수 없
습니다. 하나님과 영원히 함께 살 그곳은 너무나 신비롭
고 아름답고 기쁨이 넘치는 곳입니다. 기쁨과 감사가 있
는 곳이고, 하나님과 대화가 저절로 되는 곳입니다. 눈물
이 없고 슬픔이 없고 아픔도 없는 곳(계 21:4)입니다. 그곳
은 영원한 하나님의 임재가 있는 곳입니다.

은밀한 중에 보시는 주님

시 139:1

여호와여 주께서 나를 살펴보셨으므로 나를 아시나이다.

O LORD, you have searched me and you know me.

이 세상에 태어난 모든 사람은 동일한 질문을 합니다.

"삶이란 무엇인가?"

수많은 철학자들과 문학자들이 이 질문을 해 왔지만 아직도 그 답을 찾지 못하고 있습니다. 어떤 사람은 삶이란 사랑이라고 말하면서 사랑을 찾아 여기저기 방황합니다. 어떤 사람은 삶이란 허무라고 하면서 인생을 아무렇게나 삽니다. 그러나 성경은 인생이란 하나님 앞에서 사는 것이라고 말합니다.

하나님은 우리의 모든 것을 보고 계십니다. 우리가 무슨 말을 했는지, 아무도 없는 장소에서 어떤 행동을 하는지 다 보고 계십니다. 우리가 아무도 없는 장소에서 컴퓨터를 하면서 무엇을 클릭하는지 다 보고 계십니다. 아무도 모르는 장소에서 하는 통화 내용까지도 다 듣고 계십니다. 하나님은 우리의 모든 것을 은밀한 중에 보고 계십니다.

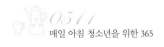

하나님을 의식하는 삶

미 4:5

만민이 각각 자기의 신의 이름을 의지하여 행하되 오직 우리는
우리 하나님 여호와의 이름을 의지하여 영원히 행하리로다.

All the nations may walk in the name of their gods; we
will walk in the name of the LORD our God for ever and
ever.

윈스턴 처칠은 동료 국회의원에게 공격을 받으면서도
왜 고통스러워하지 않느냐는 질문을 받았을 때 이렇게 대
답했습니다.

"내게는 단 한 분의 청중밖에는 없습니다."

참 위대한 고백입니다. 만일 우리가 이렇게 살아간다면
위대한 인생을 살 것입니다. 스코틀랜드의 종교개혁가로
유명한 존 낙스 목사님의 무덤에는 이런 묘비가 쓰여 있
습니다.

"여기 하나님을 두려워했으므로 사람을 두려워하지 않
는 사람이 누워 있다."

큰 인물들은 무언가 다른 점이 있습니다. 그들은 모두
사람을 의식하기보다는 하나님을 의식하며 살았습니다.
하나님이 모든 것을 보고 계심을 기억하고, 매사에 하나
님을 의식하고 사는 자는 위대한 인생을 살게 됩니다.

그리스도인의 변화된 삶

히 11:10

이는 그가 하나님이 계획하시고 지으실 터가 있는 성을 바랐음이라.

For he was looking forward to the city with foundations,
whose architect and builder is God.

스웨덴의 화학자인 알프레드 노벨은 다이너마이트를 발명하여 큰 부자가 되었습니다. 어느 날 그는 신문을 읽다가 자신에 대한 평가가 형편없다는 것을 알았습니다. 프랑스의 한 신문 편집장이 노벨과 그의 형을 혼돈하여 오보를 했습니다. 신문의 표제는 "죽음의 상인 노벨이 죽다"였습니다. 노벨을 사람들이 서로 죽이는 데 도움을 주어 큰 부자가 된 사람으로 묘사한 것입니다.

노벨은 죽음의 상인이라는 평가에 충격을 받고 자신이 인생을 잘못 살았음을 깨달았습니다. 천국에 가면 하나님 앞에서 어떤 심판을 받게 될지 두려웠습니다. 그는 이제라도 새로운 삶을 살겠다고 결심했습니다. 잠시 있는 이 땅에 가치를 두지 않고 영원한 천국에 가치를 두고 살기로 했습니다. 그는 자신이 모은 모든 재산을 하나님과 사람들을 위해 사용했습니다. 그리고 그의 유언에 따라 1901년부터 노벨상이 지급되고 있습니다.

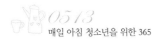

기쁨이 넘치는 삶

빌 4:4

주 안에서 항상 기뻐하라 내가 다시 말하노니 기뻐하라.

Rejoice in the Lord always. I will say it again: Rejoice!

많은 사람이 하나님의 뜻이 무엇인지 물어봅니다. 하나님의 가장 큰 뜻은 항상 기뻐하는 것입니다. 무슨 일을 할 때 기쁨이 차단되면 그것은 하나님의 뜻이 아닐 확률이 큽니다. 하나님은 우리가 기뻐하는 것을 원하십니다. 그러므로 우리는 기쁨이 넘치는 일을 해야 합니다. 어떤 일을 할 때 불안과 두려움이 밀려온다면 그 일은 하지 않는 것이 좋습니다.

부모가 아기를 보며 기뻐하는 것처럼 하나님은 우리를 보면서 그냥 기뻐하십니다. 하나님은 우리 때문에 기쁨을 이기지 못한다고 말씀하십니다. 이 사실을 믿으면 결코 자학이나 우울함에 빠지지 않을 것입니다.

135

삶이 곧 예배

히 11:6

믿음이 없이는 하나님을 기쁘시게 하지 못하나니 하나님께 나아가는 자는 반드시 그가 계신 것과 또한 그가 자기를 찾는 자들에게 상 주시는 이심을 믿어야 할지니라.

And without faith it is impossible to please God, because anyone who comes to him must believe that he exists and that he rewards those who earnestly seek him.

예배는 내가 무엇을 얻는 것이 아니라 나를 드리는 것입니다. 예배는 묵도하고, 찬송하고, 기도하고, 설교를 듣고, 헌금하는 것만이 아닙니다. 평소 우리가 생각하는 것보다 훨씬 더 많은 것을 포함합니다. 우리는 삶의 예배를 드려야 합니다.

예배란 하나님께 초점이 맞춰진 삶을 말합니다. 하나님께 기쁨을 드리는 모든 행동이 예배인 것입니다. 말 한마디도 하나님께 기쁨을 드리는 말은 예배가 됩니다. 행동 하나도 하나님께 기쁨을 드린다면 그것이 바로 예배입니다. 예배는 곧 삶입니다. 하나님은 이런 예배를 드리는 자를 찾고 계십니다.

예수를 주인으로 모시는 삶

벧전 4:10

각각 은사를 받은 대로 하나님의 여러 가지 은혜를 맡은 선한 청지기같이 서로 봉사하라.

Each one should use whatever gift he has received to serve others, faithfully administering God's grace in its various forms.

"이 진주를 사고 싶은데 가격이 얼마입니까?"

"매우 비싼데요." 상인이 말했습니다.

"도대체 얼마입니까?"

"당신이 소유한 모든 것을 내야 합니다."

"좋습니다. 내가 사겠습니다."

"이제 당신 것은 모두 내 것이 되었습니다. 잘 들으십시오. 당신이 잠깐 동안 이 모든 것을 사용하도록 해 주겠습니다. 그러나 그것들은 당신이 나의 것이듯 모두 내 것임을 잊어서는 안 됩니다. 이제 내가 주인이기 때문에 내가 필요하다고 할 때는 언제든지 그것들을 포기해야 합니다."

예수 그리스도를 우리 주인으로 모신다는 것은 바로 이런 것입니다.

그리스도인의 보장된 승리

시 20:5

우리가 너의 승리로 말미암아 개가를 부르며 우리 하나님의 이름으로 우리의 깃발을 세우리니 여호와께서 네 모든 기도를 이루어 주시기를 원하노라.

We will shout for joy when you are victorious and will lift up our banners in the name of our God. May the LORD grant all your requests.

영화 〈벤허〉를 촬영하는 동안 찰턴 헤스턴은 마차 타는 것을 배우는 데 매우 어려움을 겪었다고 합니다. 그는 많은 연습을 거듭한 뒤에 마침내 마차를 끌 수 있게 되었습니다. 그러나 여전히 의심이 들어 영화감독에게 이렇게 말했습니다.

"이제 나는 마차를 탈 수 있습니다. 하지만 내가 경주에서 이길지는 모르겠습니다."

그러자 감독이 대답했습니다.

"당신은 단지 경기만 하면 됩니다. 그러면 당신이 이기게 해 줄 겁니다."

우리 인생의 감독자는 하나님이십니다. 그분을 신뢰하고 따르기만 하면 인생의 승리는 보장되어 있습니다.

하나님과의 대화의 끈

시 62:8

백성들아 시시로 그를 의지하고 그의 앞에 마음을 토하라 하
나님은 우리의 피난처시로다(셀라).

Trust in him at all times, O people; pour out your hearts to
him, for God is our refuge. Selah.

성경은 "쉬지 말고 기도하라"(살전 5:17)고 말합니다. 아
침에 눈을 뜨면 그분과 대화를 하고, 차를 타면 그분과 대
화를 하고, 학교에 도착해서도 대화를 하고, 어떤 장소에
서든지 그분과 대화해야 합니다. 그분과의 대화는 습관이
되어야 합니다.

하나님과 끊임없이 대화하는 사람은 하늘로부터 오는
지혜가 있습니다. 하나님과 대화하는 자는 결코 실패하지
않습니다. 아기가 어머니의 손을 놓치는 순간 위험해지듯
이 우리가 하나님과의 대화의 끈을 놓는 순간 위험이 기
다리고 있습니다. 세상과 짝하지 마십시오. 5분 이상 예수
님을 잊지 마십시오.

하나님을 찾는 사람

시 68:19

날마다 우리 짐을 지시는 주 곧 우리의 구원이신 하나님을
찬송할지로다(셀라).

Praise be to the Lord, to God our Savior, who daily bears
our burdens. Selah.

허드슨 테일러는 중국 선교에 일생을 바친 영국 선교사
입니다. 그는 사람들로부터 "당신은 어떻게 일생을 사역
자로 보낼 수 있었습니까? 그러면서도 행복한 비결은 무
엇입니까?"라는 질문을 받았습니다. 그의 대답은 이렇습
니다.

"제 행복의 비결은 하루를 어떻게 시작하느냐에 달려 있
습니다. 연주자는 음악회가 시작되기 전에 악기를 조율합
니다. 음악회가 끝난 뒤에 조율한다면 어리석은 사람이겠
지요. 저는 아침에 일어나면 하나님의 뜻과 맞추는 일부
터 합니다. 그러면 인생이 보람 있습니다."

우리도 매일 그분과 대화를 하고 그분의 음성을 듣는다
면 성공하는 인생을 살 수 있습니다. 인생을 살다 보면 크
고 작은 걱정거리가 생깁니다. 그 걱정거리를 기도 목록
으로 바꾸십시오. 기도를 즐기는 사람은 큰사람이 됩니
다. 하나님을 간절히 찾는 자가 하나님을 만납니다.

감사가 습관인 사람

딤후 3:2

사람들이 자기를 사랑하며 돈을 사랑하며 자랑하며 교만하며 비방하며 부모를 거역하며 감사하지 아니하며 거룩하지 아니하며.

People will be lovers of themselves, lovers of money, boastful, proud, abusive, disobedient to their parents, ungrateful, unholy.

오늘날 현대인들은 감사하기보다는 불평을 터트립니다. 이것은 이 시대가 낳은 악한 유물입니다. 성경은 지금 시대가 말세이기에 감사가 없다고 합니다. 우리 입술에서 감사가 흘러넘치게 하려면 노력해야 합니다.

편의점에서 계산하려고 줄을 서서 기다릴 때 사람이 너무 많으면 일반적으로 불평을 합니다. "오늘은 왜 이리 사람이 많은 거야." "이 가게는 왜 카운터가 한두 개뿐이야." 그러나 감사를 잘 하는 자는 그런 시간에도 감사거리를 찾습니다.

"줄이 길어져서 하나님과 대화할 수 있는 시간이 생겨 감사합니다. 추운 겨울에 밖에서 기다리려면 덜덜 떨어야 하는데 이런 따뜻한 장소를 주셔서 감사합니다."

감사가 습관인 사람은 무엇을 해도 감사가 넘칩니다.

감사를 부르는 감사

시 106:1

할렐루야 여호와께 감사하라 그는 선하시며 그 인자하심이
영원함이로다.

Praise the LORD. Give thanks to the LORD, for he is
good; his love endures forever.

미국의 한 교사가 여름휴가를 산중에서 보내고 있었습
니다. 교감실에서 다음 학기의 교과 과정에 대한 계획표
를 내고 회의에 참석해 달라는 공문을 보냈지만 그녀는
받지 못했습니다. 휴가가 끝난 뒤 그녀가 회의에 참석하
자 그녀의 지위는 다른 사람에게로 넘어갔습니다.

그녀는 범사에 감사해야 한다는 말씀을 믿고 이 환경이
하나님의 말씀을 시험해 볼 좋은 기회라고 생각했습니다.
밀려오는 불평과 원망을 이기고, 직장을 잃었음에도 하나
님을 찬양하고, 감사를 드렸습니다. 절망에 빠져 들 것 같
은 유혹과 싸워 가면서 이틀 동안 찬양을 하며 지냈습니
다. 다음 날 이웃 사람이 그녀에게 제안을 해 왔습니다.

"당신은 정말 그리스도인이군요. 당신 같은 사람이 그리
스도인 학교에서 학생들을 가르쳐야 합니다. 내 아들이 다
니는 학교의 교장선생님을 소개해 줄 테니 만나 보세요."

감사는 더 큰 감사가 들어오는 문을 엽니다.

먼저 사랑해야 할 사람, 가족

요일 4:8

사랑하지 아니하는 자는 하나님을 알지 못하나니 이는 하나님은 사랑이심이라.

Whoever does not love does not know God, because God is love.

이 세상에서 가장 중요한 주제는 사랑입니다. 전 인류를 울게 하고 웃게 하는 것이 사랑입니다. 사랑이 있으면 지옥 같은 장소에서도 천국을 경험하고, 사랑이 없으면 천국 같은 환경에서도 지옥을 경험합니다. 사랑하지 않고 행복할 사람은 아무도 없습니다.

사람을 사랑하는 일에서 가장 먼저 사랑해야 하는 대상은 가족입니다. 사람은 태어나면 제일 먼저 가족을 만납니다. 부모와 형제는 하나님이 주신 최고의 선물입니다. 가족을 사랑하지 않는 사람은 죽을 때 후회하게 됩니다. 많은 사람이 죽을 때 가족을 더 사랑하지 못한 것을 후회합니다.

노벨 평화상을 받은 테레사 수녀는 "어떻게 하면 세계에 평화가 오겠습니까?"라는 질문에 "가정으로 돌아가서 당신의 가족을 사랑하세요"라고 답했습니다.

사랑한 만큼 부요해지는 인생

요일 4:11

사랑하는 자들아 하나님이 이같이 우리를 사랑하셨은즉 우
리도 서로 사랑하는 것이 마땅하도다.

Dear friends, since God so loved us, we also ought to love
one another.

내 주위에 사랑할 만한 사람이 가득합니다. 나의 사랑을
기다리는 자들이 가득합니다. 나를 미워하는 자는 나의
사랑을 간절히 기다리는 자입니다. 내 눈에 보이는 모든
자들은 사랑하라고 보내 주신 하나님의 천사들입니다. 우
리가 사랑한 만큼 인생은 더 부요해집니다.

우리가 인생을 성공적으로 살기 위해 필요한 것은 돈도
아니며 건물도 아닙니다. 우리에게 필요한 것은 사람을
사랑하는 것입니다. 건물은 시간이 지나면 허물어지고 기
계도 낡아집니다. 하지만 사람을 사랑한 것은 영원히 남
습니다. 우리의 작은 사랑도 하나님은 다 기억하십니다.

많은 사람이 베푼 만큼 받으려고 하기에 상처를 받습니
다. 사랑은 아무런 대가도 바라지 않고 주는 것입니다.

교회에 가야 하는 이유

히 3:13

오직 오늘이라 일컫는 동안에 매일 피차 권면하여 너희 중에
누구든지 죄의 유혹으로 완고하게 되지 않도록 하라.

But encourage one another daily, as long as it is called
Today, so that none of you may be hardened by sin's
deceitfulness.

교회는 우리의 영혼을 성숙하게 하는 곳입니다. 사람은
혼자서는 신앙을 잘 지킬 수 없습니다. 누군가 나를 진단
해 주고 격려해 줘야 건강하게 성숙할 수 있습니다. 혼자
서는 거룩해질 수 없습니다. 모든 그리스도인에게는 넘어
졌을 때 일으켜 세워 주고 붙잡아 주는 공동체가 필요합
니다. 사람은 혼자 있으면 넘어집니다. 그러나 서로를 붙
잡아 주는 끈이 있는 사람은 결코 넘어지지 않습니다. 교
회는 적군으로부터 우리를 보호해 주는 군대입니다.

추운 겨울날이 다가오면 기러기들은 따뜻한 곳을 찾아
V자형으로 날아갑니다. 조류학자들은 함께 날아가면 혼
자 날아가는 것보다 71%나 더 멀리 날아갈 수 있다고 말
합니다. 우리에게도 서로 돕는 영적인 가족이 있어야 합
니다. 인생이라는 길은 멀고도 힘든 여행길입니다. 이 여
행을 잘 하려면 함께하는 동역자들이 있어야 합니다.

145
격려와 위로의 힘

고전 14:3

그러나 예언하는 자는 사람에게 말하여 덕을 세우며 권면하
며 위로하는 것이요.

But everyone who prophesies speaks to men for their
strengthening, encouragement and comfort.

미국의 16대 대통령인 링컨은 노예 제도를 폐지하려다
가 심한 중상모략을 당했습니다. 당시 언론으로부터 엄청
난 비난을 받았습니다. 그가 대통령이 되자 노예제도 폐
지를 반대하던 남부 사람들이 전쟁을 일으켜 남북전쟁이
일어났습니다. 그리고 링컨은 56세에 남부 청년에게 암살
을 당했습니다.

워싱턴에 가면 스미소니언이라는 유명한 박물관이 있
는데, 그곳에는 링컨이 암살당했던 날 그의 호주머니에서
발견된 물건이 전시되어 있습니다. 그것은 링컨의 이름을
수놓은 작은 손수건 한 장과 낡은 신문 조각입니다. 그 신
문 기사에는 이런 글이 있었습니다.

"링컨은 최고의 정치인 중 한 사람이다."

링컨은 수많은 비난 속에서 이 격려의 글을 붙잡고 그의
길을 걸어간 것입니다.

146
경청하는 자세

살전 5:14

또 형제들아 너희를 권면하노니 게으른 자들을 권계하며 마음이 약한 자들을 격려하고 힘이 없는 자들을 붙들어 주며 모든 사람에게 오래 참으라.

And we urge you, brothers, warn those who are idle, encourage the timid, help the weak, be patient with everyone.

사람은 자신의 말을 잘 들어 주는 자를 좋아합니다. 내가 하는 말을 잘 들어 준다는 것은 나에게 관심이 있다는 것이며 나를 사랑한다는 것입니다.

어느 농촌에 목사님이 새로 부임했습니다. 목사님은 교회 모임에 사사건건 시비를 거는 고집스러운 할머니를 찾아갔습니다. 할머니는 젊은 목사를 앉혀 놓고 4시간 동안 교회를 비판했습니다. 그는 그 긴 시간 동안 지루해하지 않고 할머니의 말을 잘 들었습니다. 다음 주에 그 할머니가 교회에 나와서 예배를 드렸습니다. 모든 교인이 놀랐습니다. "어떻게 저 할머니가 교회에 오셨지!" 곳곳에서 수군거렸습니다. 할머니는 "내 얘기를 4시간이나 들어 준 양반의 얘기를 나도 들어 봐야 하지 않겠나"라고 했습니다.

경청은 상대방의 얘기를 듣는 자세에서 시작됩니다.

비판하지 않는 삶

엡 4:29

무릇 더러운 말은 너희 입 밖에도 내지 말고 오직 덕을 세우는 데 소용되는 대로 선한 말을 하여.

Do not let any unwholesome talk come out of your mouths, but only what is helpful for building others up according to their needs.

우리는 하루에도 수많은 말을 하고 삽니다. 우리의 입술은 하나님의 도구가 될 수도 있고 사탄의 도구가 될 수도 있습니다. 우리는 누구를 만나든지 남을 비난하고 비판하는 것을 조심해야 합니다. 소그룹 공동체에 가면 자칫 남을 비판하는 말을 하기 쉽습니다. 그렇게 되면 그 공동체는 사탄이 역사하는 공동체가 됩니다. 우리는 남을 비판하기 전에 먼저 비판하는 버릇부터 없애야 합니다.

예수님은 비판받지 않는 방법을 알려 주셨습니다.

"비판을 받지 아니하려거든 비판하지 말라"(마 7:1).

이것이 예수님의 말씀입니다. 남에게 비판받는 것을 좋아할 자는 아무도 없습니다. 그렇다면 나도 남을 비판하지 말아야 합니다.

용서하는 기쁨

눅 6:27

그러나 너희 듣는 자에게 내가 이르노니 너희 원수를 사랑하
며 너희를 미워하는 자를 선대하며.

But I tell you who hear me: Love your enemies, do good
to those who hate you.

다윗은 자신에게 화살을 던지는 사울을 죽이려고 화살
을 잡지 않았습니다. 우리는 할 수만 있다면 모든 사람과
평화롭게 살아야 합니다. 나에게 화살을 던진 원수에게
복수하지 않고 용서를 선택할 때 하늘로부터 기쁨이 쏟아
집니다. 복수는 인간이 가진 죄의 본능이지만 용서는 성
령의 능력입니다. 용서할수록 더 큰 용서를 하게 됩니다.

세상에 있는 모든 해변에는 하루에 한 번씩 썰물과 밀물
이 밀려옵니다. 우리도 하루에 적어도 두 번은 우리 마음
에 있는 더러운 것들을 예수의 피로 씻어 내야 합니다.

세상을 지옥처럼 살 수 있는 방법은 나에게 날아오는 모
든 화살에 반응하는 것이며, 세상을 천국처럼 살 수 있는
비결은 복수의 화살을 쥐지 않고 기쁨으로 길을 가는 것
입니다.

예수님처럼 사는 인생

롬 8:29

하나님이 미리 아신 자들을 또한 그 아들의 형상을 본받게
하기 위하여 미리 정하셨으니 이는 그로 많은 형제 중에서
맏아들이 되게 하려 하심이니라.

For those God foreknew he also predestined to be
conformed to the likeness of his Son, that he might be the
firstborn among many brothers.

사람은 하나님의 형상대로 만들어졌습니다. 아담과 하
와가 죄를 지어 하나님의 거룩한 형상을 잃어버렸으나,
하나님은 사람들이 다시 그 형상을 찾도록 예수님을 보내
주셨습니다. 예수님을 믿는 자는 누구든지 새로운 피조물
입니다.

죄로 인해 하나님의 형상을 잃어버린 사람이 하나님의
형상을 닮는다는 것은 어려울 수 있습니다. 그래서 하나
님은 우리에게 모델을 보여 주셨습니다. 그 모델이 바로
예수님입니다. 하나님이 우리에게 가장 원하시는 것은 예
수님을 닮는 것입니다. 예수님은 삶의 원형이십니다. 우
리가 이 세상에서 예수님처럼 사는 것이 하나님의 뜻입니
다. 우리 삶의 목표는 예수님입니다. 이 세상에서 가장 인
생을 잘 산 사람은 예수님처럼 살고자 한 사람입니다.

내 인생의 주인이신 분

엡 4:23-24

오직 너희의 심령이 새롭게 되어 하나님을 따라 의와 진리의
거룩함으로 지으심을 받은 새사람을 입으라.

to be made new in the attitude of your minds; and to put on
the new self, created to be like God in true righteousness
and holiness.

예수를 믿는다는 것은 주인을 바꾼다는 것입니다. 이
전에는 내가 내 인생의 주인이었는데 예수님을 내 인생
의 주인으로 모시게 되는 것입니다. 진정한 구원은 나 중
심, 내 소유로부터 자유하게 되는 것입니다. 내 모든 것이
그분의 것이 될 때 진짜 구원이 이뤄집니다. 내가 내 인생
의 주인이 되어 사는 것은 아무런 소망도, 행복도 없습니
다. 예수님이 내 인생의 주인이 되시면 그분이 내 인생을
인도하십니다. 그분이 내 미래를 책임지십니다. 혹시 아
직도 예수님을 주인으로 모시지 않은 분이 있다면 이렇게
기도하십시오.

"주 예수님, 저는 지금까지 제가 제 인생의 주인이 되어
살았습니다. 이 모든 것이 죄임을 고백합니다. 저는 예수
님이 저의 죄를 위해 십자가에서 죽으시고 부활하신 것을
믿습니다. 이제 예수님을 저의 구세주로 영접합니다. 이
제부터 저의 주인이 되어 주십시오."

성경을 읽는 유익

마 4:4

사람이 떡으로만 살 것이 아니요 하나님의 입으로부터 나오는 모든 말씀으로 살 것이라.

Man does not live on bread alone, but on every word that comes from the mouth of God.

성경을 읽지 않으면 우리의 영혼이 죽습니다. 하나님의 말씀은 우리 영혼의 주식입니다. 말씀을 먹지 않으면 신앙이 자라지 않습니다. 영적으로 성숙할 수 없습니다.

성경을 처음 읽는 분은 요한복음부터 읽으면 좋습니다. 신자라 해도 요한복음을 하루에 한 장씩 세 번 정도 정독하면 예수님을 만나게 됩니다. 성경 66권은 가능하면 한 권씩 한 장소에서 한 번에 읽는 것이 좋습니다. 예를 들어 마태복음을 읽는다면 매일 세 장씩 읽는 것보다 총 28장을 한 번에 다 읽는 것이 좋습니다. 로마서를 읽는다면 16개의 장을 한 번에 읽어야 합니다. 그리고 다시 두 번을 더 읽으면 로마서의 전체 구조와 내용이 머리에 쏙 들어옵니다.

성경은 한 구절을 보고 이해하려면 많은 설명이 필요합니다. 그러나 성경 전체 속에서 한 구절을 보면 그 구절이 쉽게 이해됩니다. 특별한 설명이 필요 없게 됩니다. 이것이 성경 전체를 읽는 유익입니다.

152
시편과 잠언 묵상하기

시 119:15-16

내가 주의 법도들을 작은 소리로 읊조리며 주의 길들에 주의
하며 주의 율례들을 즐거워하며 주의 말씀을 잊지 아니하리
이다.

I meditate on your precepts and consider your ways. I
delight in your decrees; I will not neglect your word.

　시편과 잠언은 조금 다르게 묵상하는 것이 좋습니다. 시
편은 총 150편으로 되어 있는데 하루에 한 장을 편하게 읽
으면 5개월이면 다 읽습니다. 그러면 일 년에 적어도 두
번은 읽게 됩니다. 시편은 그냥 시를 읽듯 하루에 한 장씩
읽으면 좋습니다.
　잠언은 수많은 격언이 들어 있는 엄청난 보물창고입니
다. 그렇기 때문에 잠언을 한 번 읽고 끝내면 너무나 많은
보화를 놓치고 맙니다. 잠언에 있는 무궁무진한 보화를
캐내려면 평생 읽어도 부족합니다. 잠언은 총 31장으로
되어 있으므로 하루에 한 장씩 읽으면 한 달에 한 번은 읽
을 수 있습니다. 잠언을 읽는 좋은 방법이 있습니다. 그날
날짜와 같은 장을 읽는 것입니다. 오늘이 1일이면 1장을
읽고 오늘이 10일이면 10장을 읽는 것입니다. 이렇게 잠
언은 평생 읽을 수 있습니다.

목자의 음성을 따르는 삶

요 10:27

내 양은 내 음성을 들으며 나는 그들을 알며 그들은 나를 따르느니라.

My sheep listen to my voice; I know them, and they follow me.

수년 전에 〈타임〉지에 헤드라인으로 "신은 죽었다"라는 글이 실렸습니다. 다음 날 〈타임〉지 기자는 미국에서 가장 존경받는 빌리 그래함 목사님에게 전화를 해서 "목사님, 신이 죽었습니까?"라고 물었습니다. 그러자 목사님은 이렇게 대답했습니다. "농담하십니까? 전 방금 그분과 말씀을 나눴습니다."

예수님을 나의 주인으로 모신 자는 예수님의 음성을 듣습니다. 예수님은 모든 그리스도인에게 말씀하십니다. 그분의 음성은 성령의 감동으로 들립니다.

예수님과 우리의 관계는 목자와 양의 관계입니다. 양은 반드시 목자의 음성을 듣고 따라야 합니다. 목자의 음성을 듣지 않는 양은 길을 잃은 양이거나 주인을 모르는 양입니다.

내 생각보다 큰 하나님의 생각

사 55:8

이는 내 생각이 너희의 생각과 다르며 내 길은 너희의 길과
다름이니라 여호와의 말씀이니라.

"For my thoughts are not your thoughts, neither are your
ways my ways," declares the LORD.

이 세상에는 우리가 이해하지 못할 일이 너무나 많습니다. 이 세상에서 일어나는 일의 99.9%는 우리가 이해할 수 없는 것들입니다. 사람의 체온은 왜 36.5도입니까? 철새의 체온은 왜 42도입니까? 왜 내 심장은 하루에 10만 번 뜁니까? 바닷물이 왜 짭니까? 바람이 어디에서 옵니까? 매일 세포가 생기는 이유는 뭡니까? 우리는 자연계의 질서를 다 이해할 수 없습니다. 사람이 아는 것은 고작 0.01%도 안 됩니다. 그렇다면 내가 모르는 모든 것에 대해 겸손해야 합니다. 이해할 수 없는 일들을 만날 때 우리의 이해 너머에 계시는 하나님을 바라봐야 합니다.

아무리 기도해도 응답되지 않는 것이 있다면 그 안에는 우리가 모르는 하나님의 비밀이 있을 것입니다. 하나님의 생각은 우리의 생각보다 큽니다. 우리의 인생에는 수많은 위기가 다가옵니다. 고난은 하나님이 우리를 부르시는 음성입니다.

155
활기찬 삶의 비결

시 50:15

환난 날에 나를 부르라 내가 너를 건지리니 네가 나를 영화
롭게 하리로다.

and call upon me in the day of trouble; I will deliver you,
and you will honor me.

런던 어시장에 유명한 청어잡이 어부가 있었습니다. 그
어부가 유명한 것은 항상 청어를 산 채로 어시장에 가지
고 오기 때문입니다. 북대서양 청어시장에서 런던까지는
여러 날이 걸리기 때문에 청어를 산 채로 싣고 올 수 없습
니다. 그런데 이 어부만은 꼭 산 청어를 한 배씩 가져와서
재미를 보곤 했습니다. 이 어부의 비결은 메기 몇 마리에
있었습니다. 그는 청어 배에 있는 고기 탱크에 산 메기를
몇 마리 넣어 둔다고 했습니다.

"물론 메기가 청어를 잡아먹지요. 하지만 몇 마리만 먹
으면 더 못 먹게 되요. 그 결과 다른 청어들은 메기에게 잡
히지 않으려고 사력을 다해 피해 다닙니다. 살겠다고 기
를 쓰는 가운데 싱싱하게 살아 있게 됩니다."

한 마리의 메기로 인해 청어들의 생명이 유지되듯이 육
체적, 정신적 아픔이 우리의 삶을 더 활기차게 만들어 줍
니다.

그리스도인의 삶

딤후 4:5

그러나 너는 모든 일에 신중하여 고난을 받으며 전도자의 일을 하며 네 직무를 다하라.

But you, keep your head in all situations, endure hardship, do the work of an evangelist, discharge all the duties of your ministry.

A.D. 1,500년경 독일에 헨리 수소라는 그리스도인이 있었습니다. 어느 날 그는 자기 집 문을 두드리는 소리를 들었습니다. 나가 보니 한 여인이 아무 말도 없이 아기를 놓고 가 버렸습니다. 헨리 수소는 그 동네에서 성자로 불리면서 살았지만, 그 아이를 키우면서 그에 대한 나쁜 소문이 돌기 시작했습니다. 그는 자신의 결백을 입증할 수 없어서 하나님께 엎드렸습니다. 그때 주님이 그의 마음에 이런 음성을 들려주셨습니다.

"내가 행한 것처럼 행하라. 남의 죄를 위해 고난 당하고 아무것도 말하지 마라."

그는 고통스러운 길을 아무 말 없이 걸어갔습니다. 그 아이를 자신의 아들인 양 돌보고 키웠고, 자신의 결백을 표현하는 말을 하지 않았습니다. 수년이 지난 뒤 그 여인이 돌아와 헨리 수소의 결백을 밝혔습니다. 그 뒤 그는 더 유명해졌고 하나님이 더 크게 사용하셨습니다.

선을 행하는 삶

시 37:3

여호와를 의뢰하고 선을 행하라 땅에 머무는 동안 그의 성실을 먹을거리로 삼을지어다.

Trust in the LORD and do good; dwell in the land and enjoy safe pasture.

하나님은 아름다운 지구를 만드시고, 각양각색의 짐승과 채소와 과목을 만드시고, 제일 나중에 사람을 만드셨습니다. 그리고 사람에게 하나님이 만드신 모든 것을 다 스리라고 하셨습니다.

하나님은 아담과 하와가 아무것도 하지 않고 그냥 편하게 즐기다가 천국에 오라고 하지 않으셨습니다. 지구에 있는 모든 것을 섬기기를 원하셨습니다. 테레사 수녀도 "하나님은 나를 사용해서 이 세상을 사랑하신다"는 말을 남겼습니다. 사람은 소비하기 위해서가 아니라 섬기기 위해서 이 세상에 존재하는 것입니다.

존 웨슬리는 이런 말을 했습니다.

"할 수 있는 모든 선을 행하라. 할 수 있는 모든 수단을 동원하여, 할 수 있는 모든 방법을 동원하여, 할 수 있는 모든 곳에서, 할 수 있는 모든 시간에, 할 수 있는 모든 사람에게, 할 수 있는 한 언제까지라도 선을 행하라."

은사에 맞는 삶

빌 2:13

너희 안에서 행하시는 이는 하나님이시니 자기의 기쁘신 뜻을 위하여 너희에게 소원을 두고 행하게 하시나니.

for it is God who works in you to will and to act according to his good purpose.

하나님은 우리에게 각자 다른 영적 은사를 주셨습니다. 은사는 하나님이 주신 선물입니다. 하나님은 우리가 각기 다른 은사를 통해 서로 돕기를 원하십니다.

사람마다 관심 있는 분야가 다릅니다. 음악에 관심 있는 사람이 있는가 하면 미술에 관심 있는 사람이 있습니다. 일에 관심 있는 사람이 있는가 하면 사람에게 관심 있는 사람이 있습니다. 어린이에게 관심 있는 사람이 있고 노인에게 관심 있는 사람이 있습니다. 관심이 다르므로 열정도 각각 다릅니다. 자신이 관심 있는 분야에 시간을 투자하면 열정이 생깁니다.

이 세상에 사는 65억 명의 사람은 각기 다른 능력을 가지고 태어났습니다. 이것은 하나님이 존재하신다는 증거입니다. 신이 아니고서는 이렇게 각기 다른 은사를 가지고 태어나게 할 수 없습니다. 사람은 하나님이 주신 은사에 맞게 살 때 가장 행복합니다. 하나님이 나에게 주신 은사를 가지고 하나님을 영화롭게 해 드려야 합니다.

두 갈래 길

마 7:14

생명으로 인도하는 문은 좁고 길이 협착하여 찾는 자가 적음
이라.

But small is the gate and narrow the road that leads to life,
and only a few find it.

두 갈래 길이 있습니다. 한 길은 끝없는 평지가 있는 길이고, 또 한 길은 많은 호수와 산이 있는 길입니다. 대부분의 사람들은 끝없이 평지만 있는 길로 가지 않고 호수와 산이 있는 길로 들어섭니다. 평지는 그냥 덥고 지루한데 반해 호수와 산이 있는 길에는 기온의 변화도 있고 아름다운 꽃과 짐승과 새가 있기 때문입니다.

평범하고 아무런 고난이 없는 자에게는 은혜의 단비가 내리지 않고 은혜도 필요하지 않습니다. 하지만 고난의 깊은 골짜기가 있는 곳에는 은혜의 단비가 필요합니다. 그곳에 은혜의 단비가 내리면 은혜의 호수가 생깁니다. 고난과 역경을 거친 자에게 임하는 그 풍성한 은혜의 호수를 보기 위해 많은 사람이 몰려듭니다.

내가 경험한 고난이나 아픔은 하나님 안에 있을 때 다 좋은 재료가 됩니다.

나만의 달란트

마 25:25

두려워하여 나가서 당신의 달란트를 땅에 감추어 두었었나
이다 보소서 당신의 것을 가지셨나이다.

So I was afraid and went out and hid your talent in the
ground. See, here is what belongs to you.

벤자민 프랭클린은 "달란트를 숨겨 두지 마라. 달란트는
쓰기 위해 주어진 것이다"라고 말했습니다. 여러분은 하나
님이 주신 달란트를 하나님을 위해 잘 사용하고 있습니까?
한 달란트를 받은 자의 실수는 무엇입니까? 그는 주인
이 완고한 사람이라고 생각했습니다. 하나님은 이 땅에
있는 모든 사람에게 달란트를 주신 사랑의 주님입니다.
우리가 믿는 하나님은 두려움의 대상이 아닙니다.
또한 그는 자신이 받은 한 달란트가 대수롭지 않다고 생
각했습니다. 귀하고 소중하다고 생각하지 않았습니다. 많
은 사람이 자신이 가지고 있는 달란트, 즉 재능이나 은사
를 대수롭지 않게 여기거나 나에겐 좋은 재능이 없다고
비관하고 포기합니다. 이것은 하나님이 베풀어 주신 재능
과 은사를 잘못 생각하는 것입니다. '나에게 주신 달란트
가 작다'라고 생각하는 사람은 아무런 시도도 하지 않습니
다. 지금 나에게 있는 재능을 개발시켜야 합니다.

열등감을 극복하는 삶

마 25:21

잘하였도다 착하고 충성된 종아 네가 적은 일에 충성하였으
매 내가 많은 것을 네게 맡기리니 네 주인의 즐거움에 참여
할지어다.

Well done, good and faithful servant! You have been
faithful with a few things; I will put you in charge of many
things. Come and share your master's happiness!

열등감은 겉으로 드러나진 않지만 좌절과 절망을 줍니
다. 하나님이 우리에게 주신 인생을 비관하게 합니다. 그
러나 이 세상에 쓸데없이 존재하는 사람은 없습니다.

헬렌 켈러는 어릴 때 시각과 청각을 잃었습니다. 그러나
그녀는 모든 열등감을 이기고 오히려 사람들에게 용기와
격려를 주는 말을 했습니다.

"세상에서 가장 불행한 사람은 시력을 가졌으나 비전을
가지지 않은 사람입니다."

세계적으로 존경받는 위대한 지도자 300명 중 50%는 형
편이 어렵거나 문제 있는 가정에서 태어났습니다. 그러나
그들은 환경에 긍정적으로 반응하여 결국 존경받는 인물
이 되었습니다. 성공한 사람들의 공통점은 약점이 있으나
결코 절망하지 않고 최선을 다한다는 것입니다.

나눔의 축복

고후 9:6

이것이 곧 적게 심는 자는 적게 거두고 많이 심는 자는 많이 거둔다 하는 말이로다.

Remember this: Whoever sows sparingly will also reap sparingly, and whoever sows generously will also reap generously.

하나님이 나에게 주신 축복을 사람들에게 베풀면 그 축복이 배가 됩니다. 아주 작은 축복이라도 베풀면 더 풍성한 삶을 살게 됩니다. 먼저 베풀어야 하나님이 우리의 문제를 도와주십니다. 남을 윤택하게 하면 내가 윤택해진다는 것이 하나님의 불변의 진리입니다.

일본의 유명 여류 작가 미우라 아야꼬는 결혼 후 집에 조그마한 구멍가게를 열고 살았습니다. 그 가게에 손님이 너무 많이 오자 맞은편 가게가 장사가 잘 안 되었습니다. 그녀는 맞은편 집을 위해 일부러 일찍 문을 닫고는 몇 시 후에는 맞은편 집으로 가라고 손님들을 안내했습니다. 그리고 얼마 뒤에 놀라운 일이 일어났습니다. 아사히신문사의 장편소설 공모전에 그녀가 쓴 『빙점』이 당선된 것입니다.

베풀 때 좋은 일이 일어납니다. 내가 남에게 기쁨으로 베풀면 하나님이 큰 축복을 부어 주십니다.

은밀하게 돕는 손

마 6:3-4

너는 구제할 때에 오른손이 하는 것을 왼손이 모르게 하여
네 구제함을 은밀하게 하라.

But when you give to the needy, do not let your left hand
know what your right hand is doing, so that your giving
may be in secret.

예수님은 누군가를 도울 때는 은밀하게 하라고 말씀하셨
습니다. 누군가를 도운 뒤에 관계가 더 어려워지는 경우가
있습니다. 이것은 은밀히 행하지 않아서 생기는 일입니다.
나를 드러내서 누군가를 도우면 그 관계는 깨지고 맙니다.

한 세탁소에 불이 나서 모든 게 타 버렸습니다. 잿더미로
변한 모습을 본 부부는 절망에 빠졌습니다. 그때 한 노인
이 찾아와서 1억 원을 주고 갔습니다. 그 부부는 깜짝 놀라
명함이라도 주고 가시라고 했습니다. 그러자 노인은 "성경
에 나오는 선한 사마리아인을 아십니까?" 하고 말하고는 그
냥 사라져 버렸습니다. 그 부부는 두고두고 그 일을 가슴에
새기고 주위 사람들을 은밀하게 섬기기 시작했습니다.

남을 도운 뒤에 자신의 이름을 남기지 않는 자는 하나
님을 의식하는 믿음의 사람입니다. 이것이 진정한 섬김의
영성입니다. 하나님은 우리의 모든 것을 보고 계십니다.

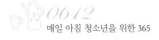

생색내지 않는 사랑

눅 17:10

우리는 무익한 종이라 우리가 하여야 할 일을 한 것뿐이라.

We are unworthy servants; we have only done our duty.

『카네기 성공론』에 이런 글이 나옵니다.

"나는 뉴욕에 사는 어떤 부인을 알고 있는데 그녀는 언제나 외롭다고 불평하고는 했다. 그녀의 친척들도 아무도 그녀를 찾아가지 않았다. 그것은 당연한 일이다. 그녀는 누가 찾아가기만 하면 자기가 어린 조카들에게 어떤 은혜를 베풀었는가에 대해 몇 시간이고 장황하게 늘어놓았다. 조카들이 수두나 감기에 걸렸을 때 정성을 다해 간호해 주었다거나 몇 년 동안이나 그들 뒷바라지를 해 주었으며, 그중 한 아이의 학비를 대 주기도 했고 또 한 아이는 결혼할 때까지 보살펴 주었으며 등등…"

테레사 수녀는 자신이 정성을 다해 섬긴 자들이 아무런 갚음 없이 죽어 버렸다고 해서 그 일에 허무를 느끼고 중단하지 않았습니다. 사랑은 베풀고 잊는 것입니다. 돌아올 대접을 생각하고 베푸는 것은 사랑이 아닙니다. 정말 감동을 주는 사랑은 돌아올 것을 생각지 않고 무조건적으로 베푸는 사랑입니다.

세계를 품는 그리스도인

합 2:14

이는 물이 바다를 덮음같이 여호와의 영광을 인정하는 것이
세상에 가득함이니라.

For the earth will be filled with the knowledge of the glory
of the LORD, as the waters cover the sea.

복음을 전하는 것은 우리 그리스도인의 사명입니다. 우리가 복음을 전하는 방법에는 근거리 전도법과 원거리 전도법이 있습니다. 내 주위에 있는 자들에게 복음을 전하는 것은 말보다는 감동을 주는 삶이 있을 때 가능합니다. 친절은 불신자의 마음문을 열게 하는 강력한 도구입니다. 예수 그리스도의 이름으로 선을 행하는 것은 간접적으로 예수를 전하는 것입니다.

삶으로 보여 주는 전도법도 아주 중요하지만, 원거리 전도법도 중요합니다. 가족을 넘고 지역을 넘고 국가를 넘어 온 세계에 복음을 전해야 합니다. 모든 그리스도인은 자기 주변의 사람에게 복음을 전할 뿐 아니라 동시에 온 세계에 복음을 전해야 합니다. 이것이 주님의 명령이기 때문입니다. 예수님은 모든 족속에게 복음을 전하기를 원하셨습니다. 전 세계를 가슴에 품는 그리스도인이 되는 것이 하나님의 뜻입니다.

연약함을 도우시는 성령님

롬 8:26

이와 같이 성령도 우리의 연약함을 도우시나니 우리는 마땅히 기도할 바를 알지 못하나 오직 성령이 말할 수 없는 탄식으로 우리를 위하여 친히 간구하시느니라.

In the same way, the Spirit helps us in our weakness. We do not know what we ought to pray for, but the Spirit himself intercedes for us with groans that words cannot express.

　수많은 그리스도인이 자신 안에 성령의 엄청난 능력이 있다는 것을 모른 채 살아가고 있습니다. 새로운 하루가 열려도 성령의 능력을 모르는 자는 자신의 힘으로만 비참하게 살아갑니다. 예수를 구세주로 믿는 자는 누구나 그 안에 성령님이 계십니다. 성령님의 도움을 구하며 사는 자가 가장 탁월한 삶을 살게 됩니다.

　사람은 연약한 존재입니다. 누군가 험한 말 한마디만 툭 던져도 밤새 잠도 못 자는 연약한 존재입니다. 그러면 왜 하나님은 우리를 이렇게 약하게 지으셨을까요? 하나님에겐 특별한 계획이 있었습니다. 연약한 사람이 성령 하나님을 의지하며 살도록 하신 것입니다. 우리가 매 순간 성령하나님을 의지한다면 누구보다 강해질 수 있습니다. 성령님이 우리의 연약함을 도우신다는 사실을 잊지 마십시오.

자학이라는 거짓말

사 43:1

너는 두려워하지 말라 내가 너를 구속하였고 내가 너를 지명
하여 불렀나니 너는 내 것이라.

Fear not, for I have redeemed you; I have summoned you
by name; you are mine.

자학은 죄입니다. 하나님이 주신 소중한 시간을 낭비하
는 것입니다. 자학은 최고의 걸작품을 만드신 하나님을
비난하는 것입니다.

"나는 쓸데없는 사람이야." "나는 버림 받은 사람이야." "나
는 실패자야." "나는 되는 일이 없어." "나는 매력이 없어."

이런 사탄의 속삭임은 다 거짓말입니다. 하나님은 우리
에게 이렇게 말씀하십니다.

"너는 보기에 좋다."(창 1:31) "너는 내 것이다."(사 43:1)
"너는 내 아들이다."(엡 1:5) "너는 내 동역자다."(고전 3:9)
"너는 세상의 빛이다."(마 5:14) "너는 왕 같은 제사장이다."
(벧전 2:9)

사탄의 속삭임을 듣고 좌절 속에 살 것인지, 하나님의
음성을 듣고 자존감 넘치는 삶을 살 것인지는 스스로
선택해야 합니다. 나는 하나님이 세상에서 가장 사랑하시는
자라는 확신을 가지면 상상 이상의 미래가 펼쳐질 것입니
다. 하나님은 세상에서 여러분을 가장 사랑하십니다.

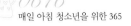

하나님과의 새벽 만남

시 63:6

내가 나의 침상에서 주를 기억하며 새벽에 주의 말씀을 작은 소리로 읊조릴 때에 하오리니.

On my bed I remember you; I think of you through the watches of the night.

묵상은 하나님을 만나는 것입니다. 이른 시간에 일어나 사람을 만나기 전에 하나님의 말씀을 펴 놓고 조용히 하나님을 만나는 것입니다. 말씀을 펴 놓고 하나님을 생각한다면 그 자체가 바로 묵상입니다. 많은 사람이 하나님을 만나기보다는 사람들 만나기를 좋아하고, 하나님과 대화하기보다는 사람들과 대화하기를 즐깁니다. 그러나 우리 그리스도인들은 하나님 만나는 것을 가장 기뻐해야 합니다. 만나야 할 사람이 많고 해야 할 일이 많지만, 하나님을 만나는 일보다 중요한 것은 없습니다.

매일 이른 새벽에 하나님을 만나다 보면 그 만남이 주는 기쁨이 얼마나 큰지 새벽에 하나님을 만나지 않고는 견딜 수 없게 될 것입니다. 하나님과의 새벽 만남은 처음에는 다소 어려운 점이 있겠지만 곧 익숙해지고 기다려질 것입니다. 매일 새벽이나 아침에 말씀을 펴서 하나님의 얘기를 듣는 사람이 진정 위대한 지도자가 될 것입니다.

보석같은 말씀

시 90:14

아침에 주의 인자하심이 우리를 만족하게 하사 우리를 일생
동안 즐겁고 기쁘게 하소서.

Satisfy us in the morning with your unfailing love, that we
may sing for joy and be glad all our days.

어떤 사람이 여행을 하고 있었습니다. 하루는 길을 잃어
마을 사람에게 길을 물었습니다. 사람들이 이렇게 일러
주었습니다.

"길을 가다 보면 강이 나오고 그 옆에는 돌이 가득할 것
입니다. 그 돌을 있는 대로 주워 가십시오. 그러면 그 돌
들이 당신이 여행하는 데 큰 도움을 줄 것입니다. 그런데
그 길은 한번 지나가면 다시는 돌아올 수 없습니다."

그는 사람들이 말한 대로 강을 만났고 강 옆에서 돌을
발견하고는 한두 개를 주머니에 넣었습니다. 아침에 해가
떠오를 때 주머니에 있는 돌을 꺼내 봤더니 보석으로 변
해 있었습니다. 그 순간 이런 생각을 했습니다. '이 돌이
이렇게 귀한 보석인 줄 알았다면 더 많이 주웠을 텐데….'

우리는 아침마다 일어나면 오늘이라는 시간의 강을 만
납니다. 이 강을 건너기 전에 말씀이라는 보석을 손에 넣
게 되면 큰 힘이 될 것입니다. 하루를 시작하기 전에 가장
먼저 하나님의 말씀을 지녀야 합니다.

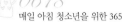

나를 변화시키는 말씀

시 119:112

내가 주의 율례들을 영원히 행하려고 내 마음을 기울였나이다.

My heart is set on keeping your decrees to the very end.

혼자 있을 때는 찬송도 하지 않고 기도도 하지 않는 교인이 많습니다. 또 일주일 내내 성경 말씀을 한 구절도 읽지 않는 교인도 많습니다. 교회에 있을 때만 신앙인으로 행동하는 것입니다. 혼자 있을 때는 말씀을 보지도 않고 기도도 하지 않는다면 스스로 먹이를 찾아 먹는 힘을 상실한 것입니다. 스스로 하나님의 말씀을 들으십시오. 그럴 때 비로소 성숙한 그리스도인이 됩니다.

스스로 하나님의 말씀을 읽고 개인적으로 하나님의 음성을 듣는 묵상을 매일 한다면 정말 놀라운 변화가 일어날 것입니다. 그러나 스스로 말씀을 읽고 오늘 하나님이 들려주시는 음성을 듣지 않는다면 평생 영적 기갈 속에서 살아야 할 것입니다.

마음을 깨끗하게 하는 말씀

시 119:6

내가 주의 모든 계명에 주의할 때에는 부끄럽지 아니하리이다.

Then I would not be put to shame when I consider all your commands.

하나님의 말씀을 많이 묵상하면 마음이 깨끗해집니다. 묵상이라는 것은 마음에 있는 더러운 생각이나 불필요한 생각을 제거하고 하나님의 말씀으로 정결케 하는 것입니다. 사람의 마음은 더러운 생각이 가득하면 깨끗한 생각이 들어올 수 없습니다. 그러므로 묵상을 온전히 하려면 더럽고 추한 생각을 버리고 마음을 깨끗하게 해야 합니다. 마음을 깨끗하게 하려면 스스로 결단이나 노력을 하기보다는 하나님의 말씀을 마음에 채워야 합니다. 그러면 저절로 깨끗하게 됩니다. 우리의 마음을 깨끗하게 하는 가장 좋은 방법은 하나님의 말씀을 마음에 채우는 것입니다.

묵상의 시간

막 1:35

새벽 아직도 밝기 전에 예수께서 일어나 나가 한적한 곳으로
가사 거기서 기도하시더니.

Very early in the morning, while it was still dark, Jesus got
up, left the house and went off to a solitary place, where
he prayed.

예수님도 시간을 정해 묵상을 하셨습니다. 예수님은 공
생애 사역을 시작하신 뒤에 많은 일들을 하셨습니다. 사
람들이 너무나 많이 찾아왔기에 잠시도 쉬실 틈이 없었습
니다. 주님은 지칠 대로 지치셨습니다. 그런데 이렇게 피
곤하신 예수님이 이른 새벽 한적한 곳에 가서 하나님과
대화하셨습니다.

예수님같이 위대하신 분도 매일 이른 새벽에 하나님과
만나신 것을 보면서 우리도 묵상 시간을 정해 묵상해야겠
다는 도전을 받습니다. 하루에 30분씩 지속적으로 묵상한
다면 언젠가 자신도 모르게 예수님을 닮아가고 있을 것입
니다. 사람은 매일 만나는 사람을 닮아 갑니다. 매일 말씀
으로 하나님과 교제하는 사람은 가는 곳마다 기적을 일으
킬 것입니다. 광야에서도 꽃이 필 것이며 사막에도 길과
강이 생길 것입니다.

하루의 시작과 끝을 말씀으로

시 119:11

내가 주께 범죄하지 아니하려 하여 주의 말씀을 내 마음에 두었나이다.

I have hidden your word in my heart that I might not sin against you.

이런 말이 있습니다.

"No QT, No breakfast."

묵상하지 않으면 아침을 먹지 않겠다는 말입니다.

자기 전에 하나님의 말씀을 읽고 자면 좋습니다. 잠자기 전에 TV나 비디오를 보면 꿈에 그 영상이 나타나는 경우가 있습니다. 또 우리의 잠재의식 속에 영상이 남아 있을지도 모릅니다.

잠자는 시간은 꽤 긴 시간입니다. 그 시간을 잘 보내려면 잠자기 전에 하나님의 말씀을 읽는 것이 좋습니다. 네비게이토를 창설한 도슨 트로트먼은 이렇게 말했습니다.

"하나님의 말씀으로 하루를 열고 하나님의 말씀으로 하루를 닫자."

성경 암송의 축복

시 1:1-2

복 있는 사람은 … 오직 여호와의 율법을 즐거워하여 그의
율법을 주야로 묵상하는도다.

Blessed is the man … But his delight is in the law of the
LORD, and on his law he meditates day and night.

평소 성경 말씀을 암송하고 있으면 하나님이 주시는 사
인에 금방 반응할 수 있습니다. 그러나 그 마음에 성경 말
씀이 없으면 아무리 하나님이 말씀하셔도 알 수 없습니다.

사람의 뇌 세포는 사용하면 할수록 더 계발됩니다. 사람
들은 대부분 뇌를 15% 정도밖에 사용하지 못하고 죽는다
고 합니다. 아무리 나이가 많아도 하려고만 하면 암송 능
력은 더욱더 향상될 것입니다.

공산주의 치하에 살던 어떤 성도가 이런 간증을 했습니
다. 동네에 들어온 공산군이 성도들의 성경책을 압수하고
불태웠습니다. 성도들은 모두 한자리에 모여 마지막으로
남은 성경책 한 권을 한 장씩 나눠 가지고 외웠습니다. 그
성경 한 장이 그들의 신앙을 평생 지켜 줬다고 합니다.

하나님의 말씀을 묵상하면, 위기를 만났을 때 주님이 그
말씀을 생각나게 하십니다.

왜 사느냐에 대한 고민

전 12:13

일의 결국을 다 들었으니 하나님을 경외하고 그의 명령들을
지킬지어다 이것이 모든 사람의 본분이니라.

Now all has been heard; here is the conclusion of the
matter: Fear God and keep his commandments, for this is
the whole duty of man.

사람은 왜 사느냐의 문제를 분명히 해야 합니다. 그러나
대부분의 사람은 이 문제를 심각하게 생각하지 않습니다.
동물은 의식주 문제만 해결되면 만족하지만 사람은 의식
주가 해결된다고 만족하는 존재가 아닙니다. 지적인 욕구
가 채워져도 만족하지 않습니다. 파스칼은 이런 말을 했
습니다.

"사람에게는 하나님만이 메우실 수 있는 빈 공간이 있다."

사람은 하나님이 만드셨기에 하나님과 대화하고 교제
해야 만족할 수 있습니다. 사람이라면 누구나 '왜 사느냐'
의 문제를 가지고 고민해야 합니다.

꿈이 있는 사람

빌 3:14

푯대를 향하여 그리스도 예수 안에서 하나님이 위에서 부르
신 부름의 상을 위하여 달려가노라.

I press on toward the goal to win the prize for which God
has called me heavenward in Christ Jesus.

인생에서 비전만큼 중요한 것도 없습니다. 세상에서 가장 가난하게 사는 사람은 새해가 되어도 새날이 와도 비전이 없는 사람입니다. 세상에서 가장 행복한 사람은 어떤 사람입니까? 돈 많은 사람입니까? 건강한 사람입니까? 젊은 사람입니까? 꼭 그렇지만은 않습니다. 세상에서 가장 행복한 사람은 자신의 꿈을 펼치며 사는 사람입니다. 가장 불행한 사람은 꿈을 상실한 사람입니다. 비전이 없는 인생은 시간의 파도에 휩쓸려 표류하는 낙엽과 같습니다. 개는 꿈이 없습니다. 고양이는 비전이 없습니다. 그러나 사람은 비전이 있어야 합니다. 비전이 없으면 혼란과 무질서와 방종에 빠집니다. 비전이 있는 사람은 환경을 이기는 힘이 있지만 평범한 사람은 어려운 환경 앞에서 자신의 초라한 모습을 보고 쉽게 좌절합니다.

영적 감동이 있는 사람

잠 16:26

고되게 일하는 자는 식욕으로 말미암아 애쓰나니 이는 그의
입이 자기를 독촉함이니라.

The laborer's appetite works for him; his hunger drives
him on.

사람이 건강한지 병들었는지를 알 수 있는 척도는 식욕
입니다. 밥맛이 없는 사람은 어딘가 병이 든 것입니다. 설
교 말씀이 좋고 성경 읽는 것이 좋다면 영적으로 건강하
다는 증거입니다. 그러나 설교가 지루하고 성경을 읽으면
잠이 오는 사람은 영적으로 병들어 가고 있는 것입니다.
찬송을 부르고 싶은 마음이 없고, 기도를 해도 잠만 오는
사람은 영이 병들어 가고 있다는 것을 알아야 합니다.

이성 친구랑 헤어지면 슬픔 때문에 교회에 잘 나오지 않
는 사람들이 있습니다. 사귀던 친구가 떠나도 이렇게 고
민하고 슬퍼합니다. 하물며 나에게 성령의 감동이 없는
것은 얼마나 슬픈 일입니까? 말씀을 보고 기도를 해도 아
무런 감동이나 느낌이 없는데도 고민하지 않는 사람은 영
적으로 중환자입니다. 우리는 우리의 허물어진 성전을 보
고 고민해야 합니다.

나의 자존감의 근원

시 139:13

주께서 내 내장을 지으시며 나의 모태에서 나를 만드셨나이다.

For you created my inmost being; you knit me together in my mother's womb.

하나님은 내가 모태에 있을 때 이미 나를 조직하고 디자인하셨습니다. 이것이 나의 자존감입니다. 나의 자존감의 이유는 내가 공부를 잘하거나 외모가 잘생기거나 돈이 많아서가 아니라, 하나님이 나를 만드셨고 "보기에 좋다"고 하셨고 지금도 나를 사랑하시기 때문입니다. 하나님이 나를 이 세상에 보내신 것은 나를 통해 하나님의 일을 하시겠다는 것이며 나를 사랑하신다는 것입니다. 나는 하나님이 귀히 여기시는 소중한 사람입니다.

왜 하늘에 별이 많습니까? 하나님은 나를 위해 하늘에 별을 달으셨습니다. 내가 지금 여기 앉아 있다는 것이 하나님의 사랑입니다. 하나님이 나를 사랑하신다는 것이 나의 자존감입니다.

고난이 주는 유익

시 119:71

고난 당한 것이 내게 유익이라 이로 말미암아 내가 주의 율례들을 배우게 되었나이다.

It was good for me to be afflicted so that I might learn your decrees.

태풍은 우리에게 많은 피해를 주지만 동시에 많은 유익을 줍니다. 태풍은 바다 건너편에서 많은 양의 비를 가지고 옵니다. 이 비를 지상에 내려서 사람에게 필요한 물의 70% 이상을 공급합니다. 또한 태풍은 하늘에 있는 공기를 맑게 해 줍니다. 공기 중에 있는 모든 나쁜 물질을 다 청소해 줍니다.

우리 인생도 날씨와 비슷합니다. 날씨가 맑을 때도 있지만 먹구름이 몰려올 때가 있고 비가 올 때가 있고 태풍이 불 때도 있습니다. 비나 태풍이 주는 유익이 있듯이 우리의 인생에 다가오는 어려움에도 많은 유익이 있습니다. 고난을 좋아할 사람은 아무도 없습니다. 그러나 고난은 우리에게 엄청난 유익을 줍니다.

하나님은 왜 고난을 허락하실까요? 우리는 그 이유를 정확하게 알 수 없지만 고난에는 반드시 하나님이 뜻하신 비밀이 있습니다.

나의 고난을 사용하시는 주

시 140:12

내가 알거니와 여호와는 고난 당하는 자를 변호해 주시며 궁
핍한 자에게 정의를 베푸시리이다.

I know that the LORD secures justice for the poor and
upholds the cause of the needy.

　고통 받고 있다고 해서 하나님이 나를 사랑하시지 않는
다고 말하지 마십시오. 하나님은 우리를 훈련시켜서 더
큰 인물로 만들기 원하십니다. 모세는 광야에서 40년 동
안 보잘것없는 인생을 살았습니다. 그러나 40년 동안 광
야에 있었기에 나중에 40년 동안 이스라엘 백성을 광야에
서 인도할 수 있었습니다.

　고통이 있습니까? 하나님이 나를 사용하기 원하신다는
신호입니다. 고통은 받을 때는 아프지만 그냥 고통으로
끝나지 않습니다. 우리를 더 큰 인물로 만들어 놓습니다.
고통 없이 큰 재목이 되는 나무는 없습니다. 기름진 토양
에서 자란 나무는 큰 나무가 될 수는 있지만 태풍이 불면
쉽게 넘어집니다. 그러나 거친 토양에서 자란 나무는 크
지는 않지만 바람이 불어도 쉽게 쓰러지지 않습니다.

나의 약함이 오히려 자랑이니

고후 12:9

그러므로 도리어 크게 기뻐함으로 나의 여러 약한 것들에 대하여 자랑하리니 이는 그리스도의 능력이 내게 머물게 하려 함이라.

Therefore I will boast all the more gladly about my weaknesses, so that Christ's power may rest on me.

바울은 우리가 깨지기 쉬운 질그릇 같다고 말했습니다. 중요한 것은 깨지기 쉬운 질그릇인 우리가 아니라 그 안에 있는 보배인 예수님입니다. 하나님은 위대한 보배를 깨지기 쉬운 질그릇에 담아 놓으셨습니다. 그래서 우리가 연약할수록 하나님의 능력은 더 강하게 나타납니다.

자신의 약함 때문에 자포자기하거나 타인을 원망하지는 않습니까? 자신의 건강이 좋지 않다고, 집안 배경이 좋지 않다고 부모나 가족에게 불평을 쏟아 붓는 사람도 있습니다. 그러나 내게 약점이 있음을 하나님께 감사하십시오.

우리의 연약함을 드러내면 하나님의 능력을 더 깊이 경험하게 됩니다. 성경은 우리의 연약함을 숨기지 말고 자랑하라고 합니다. 자신의 약점을 자랑하십시오. 마치 아무 약점도 없는 듯이 위장하지 말고 약점을 드러내야 합니다. 그러면 하나님을 더 깊이 경험하게 됩니다.

성령으로 부드러워지는 마음

겔 36:26

또 새 영을 너희 속에 두고 새 마음을 너희에게 주되 너희 육
신에서 굳은 마음을 제거하고 부드러운 마음을 줄 것이며.

I will give you a new heart and put a new spirit in you; I
will remove from you your heart of stone and give you a
heart of flesh.

현대 심리학에서는 용서를 기적이라고 합니다. 그러나
성령의 사람에게는 용서가 자연스러운 일입니다. 용서하
지 못하는 것 때문에 고민하고 있다면, 성령 충만을 위해
기도하십시오. 성령님이 용서의 마음을 부어 주실 것입니
다. 성령님이 임하시면 목이 곧은 사람이 부드러운 사람
으로 바뀝니다. 오늘날에는 악하고 강한 사람이 너무나
많습니다. 이런 사람을 마음이 강퍅한 사람이라고 말합니
다. '성령 충만한 사람' 하면 강하고 큰 소리로 말하는 사
람을 생각하기 쉬우나, 성경은 성령이 임하면 마음이 부
드러워진다고 합니다. 우리는 성령이 임하여 부드러워진
사람이 되어야 합니다.

슬픔이 은혜로

시 30:11

주께서 나의 슬픔이 변하여 내게 춤이 되게 하시며 나의 베옷을 벗기고 기쁨으로 띠 띠우셨나이다.

You turned my wailing into dancing; you removed my sackcloth and clothed me with joy.

세상 사람이 슬픈 일을 만나면 그냥 슬픔으로 끝나지만, 우리 믿음의 사람들이 슬픈 일을 당하면 그것은 하나님을 만나는 기회가 됩니다. 대부분의 사람은 슬픔이라는 지푸라기를 태우고 난 뒤에 남은 '검은 재'를 뒤집어쓰고 인생을 포기한 채 탄식하지만, 우리는 오히려 '찬송의 옷'을 입고 하나님의 임재 속으로 들어갑니다.

슬픔이 다가올 때 하나님 앞에 나아가서 엎드리십시오. 슬픔의 감정이 여러분을 짓누르지 못하게 하십시오. 그 슬픔의 자리에 하나님의 은혜가 가득하게 되기를 바랍니다. 육신의 질병, 마음의 고독, 일의 실패 등은 우리를 힘들게 하지만 오히려 그 슬픔이 우리 영혼의 땅을 비옥하게 하는 경우가 많습니다. 어려운 일이 닥쳐올 때 하나님을 알 수 있는 더 좋은 기회인 줄로 여기고 하나님을 더 신뢰하십시오.

하나님 곁에 사는 인생

시 62:5

나의 영혼아 잠잠히 하나님만 바라라 무릇 나의 소망이 그로부터 나오는도다.

Find rest, O my soul, in God alone; my hope comes from him.

정보의 홍수 시대에 사는 여러분, 틈만 나면 세상의 잡동사니를 머리에 쏟아 부으려 하지 말고 그분 가까이로 조용히 나아가십시오. 그분 곁에 서면 거룩함을 느끼게 되고 비전의 사람이 됩니다. 요즘 세상에는 신문과 잡지가 얼마나 많습니까? 인터넷에는 얼마나 많은 정보가 있습니까? 세상의 그 모든 정보를 다 알려고 하면 세속적인 욕망만 생깁니다. 하나님 곁에 가서 하나님의 비전을 가지십시오. 하나님 곁에 가지 않으면 탁월한 인생을 살 수 없습니다. 하나님의 생각만이 탁월한 생각이고 하나님의 비전만이 우리를 살리는 비전입니다. 현대인들은 하나님 곁에 갈 시간이 없다고 말합니다. 그러나 하나님이 쓰신 사람들은 모두 하나님 앞에 조용히 서는 시간을 가졌습니다.

185
나는 죄인입니다

여호와여 나의 죄악이 크오니 주의 이름으로 말미암아 사하소서.

For the sake of your name, O LORD, forgive my iniquity, though it is great.

하나님을 만났다고 하면서 자신의 죄를 보지 못하는 사람은 하나님을 만난 것이 아닙니다. 여러분은 최근에 "나는 죄인입니다" 하고 고백해 본 적이 있습니까?

바울은 세상적으로 완벽하고 훌륭한 사람이었습니다. 그런 그도 다메섹에서 예수님을 만난 뒤 "나는 죄인 중에 괴수"라고 말했습니다. 이사야는 유다의 선지자였습니다. 이스라엘 사람 중에서 가장 깨끗한 입술을 가진 자였습니다. 그런 그가 하나님 앞에 섰을 때 "나는 입술이 부정한 사람이라"고 고백했습니다. 하나님께 가까이 가면 갈수록, 성령 충만하면 할수록 까맣게 잊고 있던 죄까지 다 드러납니다. 하나님 앞에서 내가 얼마나 엄청난 죄인인지를 알게 될 때 저절로 겸손해지는 것입니다.

0704
매일 아침 청소년을 위한 365

주님의 지혜

잠 3:18

지혜는 그 얻은 자에게 생명나무라 지혜를 가진 자는 복되도다.

She is a tree of life to those who embrace her; those who
lay hold of her will be blessed.

다니엘이 80세의 고령이 되기까지 계속해서 귀한 사람
으로 쓰임 받은 이유는 무엇일까요? 다니엘의 마음이 민
첩하여 총리들과 방백들 위에 뛰어나므로 왕이 그를 세워
전국을 다스리게 했던 것입니다. 마음이 민첩하다는 것은
지혜롭고 판단력이 뛰어나다는 뜻입니다. 다니엘의 이런
상태를 요즘 표현으로 말하면 '성령 충만'입니다. 10대 때
이미 거룩하게 살겠다고 결단했던 다니엘은 이방 땅에서
산 지 60~70년이 지날 때까지도 여전히 이방 문화에 동화
되지 않은 성령 충만한 사람이었습니다. 하나님의 영으로
충만한 사람은 언제나 하나님이 주시는 지혜가 있기에 어
떤 환경에서도 뛰어남을 보입니다.

나의 마지막 끈, 하나님

시 46:1

하나님은 우리의 피난처시요 힘이시니 환난 중에 만날 큰 도움이시라.

God is our refuge and strength, an ever-present help in trouble.

19세기의 천재 바이올리니스트 파가니니가 오케스트라와 함께 연주를 하던 중 갑자기 바이올린 줄 하나가 끊어졌습니다. 그는 갑작스러운 상황에 당황했지만 그냥 계속 연주했습니다. 그러다 얼마 못 가서 둘째 줄이 끊어졌고 셋째 줄마저 끊어지고 말았습니다. 그러나 그는 남아 있는 한 줄을 가지고 연주를 끝까지 해냈습니다. 남은 단 한 개의 줄, 이것은 파가니니의 불굴의 용기였습니다. 우리의 마지막 한 줄은 사람도 아니고 돈도 아니고 하나님입니다. 세상 사람들이 볼 때 우리가 가지고 있는 모든 줄이 다 끊어진 것처럼 보여도 우리에게는 아직 한 개의 줄이 남아 있는 것입니다. 그 줄이 바로 하나님입니다.

두렵지않은 인생

시 27:1

여호와는 나의 빛이요 나의 구원이시니 내가 누구를 두려워
하리요 여호와는 내 생명의 능력이시니 내가 누구를 무서워
하리요.

The LORD is my light and my salvation - whom shall I
fear? The LORD is the stronghold of my life - of whom
shall I be afraid?

우리는 문제를 만나면 하나님의 말씀을 잊어버리고 두
려움에 사로잡히곤 합니다. 그러나 우리가 기억해야 할
것은 하나님이 우리의 도움이시라는 사실입니다. 많은 사
람이 문제를 만나면 하나님은 잊어버리고 그 문제에만 집
착하는데, 믿음의 사람은 당면한 문제보다 하나님을 바라
봐야 합니다. 우리는 하나님의 것이기에 하나님이 우리를
책임지십니다.

지금 두려움이 가득하다면 하나님을 신뢰하십시오. 내
안에 두려움이 있는 것은 하나님을 믿지 않기 때문입니
다. 하나님을 신뢰하며 사는 인생은 위대한 인생이 될 것
입니다. 우리가 위대한 것이 아니라 우리 안에 계신 하나
님이 위대하기 때문입니다.

시기심의 늪

잠 14:30

평온한 마음은 육신의 생명이나 시기는 뼈를 썩게 하느니라.
A heart at peace gives life to the body, but envy rots the bones.

어느 날 한 수도사를 공격하기 위해 사탄들이 모여 집중 회의를 했습니다. 이 수도사는 영적으로 아주 성숙한 자였습니다. 그는 한 번도 유혹에 넘어간 적이 없었고 많은 사람에게 존경을 받는 자였습니다. 이런 수도사를 넘어뜨리기 위해 사탄이 온갖 수단과 방법을 다 사용했으나 그는 결코 넘어가지 않았습니다. 사탄이 마지막으로 그의 귀에 대고 이렇게 말했습니다.

"이보게, 자네 친구는 대주교가 되었다네."

이 말에 어떤 유혹에도 변함없던 수도사의 굳건한 마음도 무너지고 말았습니다.

우리는 시기심의 늪에서 빠져나와야 합니다. 우리는 예수를 전하는 소리로 만족해야 합니다. 세상의 책망과 칭찬을 버렸던 조지 뮬러는 오직 하나님의 인정을 받는 것만을 연구했다고 합니다.

격려의 힘

잠 16:24

선한 말은 꿀송이 같아서 마음에 달고 뼈에 양약이 되느니라.

Pleasant words are a honeycomb, sweet to the soul and
healing to the bones.

격려하는 사람은 죽어 가는 사람을 살리고 절망 중에 있
는 자에게 소망을 심어 주고 지친 자에게 쉼을 줍니다. 비
전이 없는 사람에게 비전을 갖게 하기도 합니다. 살아가
면서 해야 할 말이 많겠지만 격려의 말이 그 어떤 말보다
우선시되어야 합니다. 가정에 가장 큰 안정과 평안을 주
는 사람은 돈을 많이 벌어 오는 사람이 아니라 따뜻한 마
음으로 격려의 말을 하는 사람입니다. 격려하는 사람 주
위에는 늘 사람이 몰려듭니다. 격려하는 사람은 자신의
실력이나 돈을 드러내는 교만한 사람이 아니라, 상대방의
말을 들어 주고 상대방을 귀히 여기는 겸손의 마음을 가
진 사람입니다.

남을 위해 주는 인생

잠 28:27

가난한 자를 구제하는 자는 궁핍하지 아니하려니와 못 본 체하는 자에게는 저주가 크리라.

He who gives to the poor will lack nothing, but he who closes his eyes to them receives many curses.

2차 세계대전 직후 유럽은 엉망이 되었습니다. 도시마다 전쟁고아들이 넘쳤습니다.

어느 추운 겨울날 아침, 한 미국 병사가 런던의 군 기지로 돌아오고 있었습니다. 지프를 몰고 길모퉁이를 막 돌아서 나왔을 때 한 어린 소년이 빵가게 앞에 코를 대고 있었습니다. 그 병사는 차를 세우고 소리 없이 소년 곁으로 다가갔습니다. 그리고 아이를 빵집으로 데리고 들어가 빵을 사 줬습니다. 이제 돌아가려는데 소년이 병사의 옷을 잡아당기며 이렇게 나지막이 묻는 것이었습니다.

"아저씨, 아저씨는 하나님이신가요?"

우리가 남을 위해 무엇인가를 줄 때보다 더 하나님과 비슷해질 때는 없습니다. 행복한 삶의 비결은 주는 데 있습니다. 주는 자로 살 때 참리더가 되고 하나님이 쓰시는 사람이 됩니다.

게으름의 죄

롬 12:11

부지런하여 게으르지 말고 열심을 품고 주를 섬기라.

Never be lacking in zeal, but keep your spiritual fervor, serving the Lord.

지금 익숙한 상태로 계속 지내면 변할 수 없습니다. 변화하려면 익숙한 것에서 떠나야 합니다. 낡은 습관을 버리고 좋은 습관을 습득해야 합니다. 현재와 다른 탁월한 인생을 살기 원한다면 지금 바꿔야 할 익숙한 것이 무엇인지 생각해 보십시오. 게으른 것, 기도하지 않는 것, 말씀 보지 않는 것, 무작정 유행을 따르는 것 등이 있겠지요.

특히 게으른 사람 중에 탁월한 인생을 산 사람은 없습니다. 거대한 산맥이나 강줄기는 결코 게으름을 용납하지 않습니다. 영적 거장이 된 사람 가운데도 게으른 사람은 아무도 없습니다. 게으름은 죄악입니다. 파멸에 이르는 습관입니다.

실패가 두렵지 않은 인생

잠 3:25

너는 갑작스러운 두려움도 악인에게 닥치는 멸망도 두려워
하지 말라.

Have no fear of sudden disaster or of the ruin that
overtakes the wicked.

실패 없이 성공한 사람은 아무도 없습니다. 농구 황제
마이클 조던은 이런 말을 했습니다.

"나는 9,000개 이상의 슛에 실패했고, 거의 300게임에
서 패배했다. 나는 살아오면서 수많은 실패를 거듭했다.
그러나 그것이 바로 내가 성공할 수 있었던 이유다."

실패하지 않는 유일한 사람은 무덤에 있는 죽은 사람뿐
입니다. 살아 있는 사람은 다 실패를 경험합니다. 실패는
사람에게 겸손을 주고 지혜와 기회를 줍니다. 실패는 두
려워할 대상이 아닙니다. 성숙의 과정에 나타나는 손님일
뿐입니다. 믿는 이들에게 실패란 불행이라는 가면을 쓴
축복입니다.

입술의 권세

잠 18:21

죽고 사는 것이 혀의 힘에 달렸나니 혀를 쓰기 좋아하는 자는 혀의 열매를 먹으리라.

The tongue has the power of life and death, and those who love it will eat its fruit.

하나님의 말씀에는 능력이 있습니다. 하나님의 형상을 닮은 사람의 말에도 권세와 능력이 있습니다. 우리가 날마다 하는 말은 정말 중요합니다. 성경에도 말의 중요성이 종종 언급됩니다. "사람은 입의 열매로 인하여 복록을 누리거니와"(잠 13:2)라는 말씀은, 말하는 입술의 열매로 복을 받는다는 뜻입니다. 심은 대로 거두는 것은 분명한 자연의 법칙입니다. 말도 자연의 법칙을 따릅니다. 사람은 말한 대로 그 말이 씨가 되어 이뤄집니다. 이렇듯 말에는 과학적으로 설명할 수 없는 힘이 있습니다. 말로 저주를 하면 저주가 전달되고, 말로 축복을 하면 축복이 전달됩니다.

말한 대로 되는 인생

욥 3:25

나의 두려워하는 그것이 내게 임하고 내가 무서워하는 그것이 내 몸에 미쳤구나.

What I feared has come upon me; what I dreaded has happened to me.

자신의 미래에 대해 좋은 말을 하고 미래가 좋아지리라는 믿음을 가지십시오. 두려움을 가지면 사탄이 활동하고 믿음을 가지면 하나님이 역사하십니다. 하나님은 우리의 죄악을 따라 벌하지 않으시고 계속 기회를 주며 도와주기를 원하십니다. 자책, 죄책감, 자학, 자기 연민은 하나님에게서 온 것이 아닙니다. 사탄은 우리가 실수하면 우리에게 다가와 끊임없이 자학하라고 부추깁니다. 자신에 대해 결코 나쁜 말을 하지 마십시오.

"나는 되는 일이 없어." "나는 망가졌어." "내게는 비상구가 없어." "나는 끝이야."

이런 말들은 우리 인생에서 완전히 사라져야 합니다. 이런 말들을 버리십시오. 사람은 말한 대로 됩니다. 자신에게 좋은 말을 하는 자에게는 탁월한 인생이 기다리고 있습니다.

나를 강하게 만드는 고난

고후 12:10

그러므로 내가 그리스도를 위하여 약한 것들과 능욕과 궁핍과
박해와 곤고를 기뻐하노니 이는 내가 약한 그때에 강함이라.

That is why, for Christ's sake, I delight in weaknesses, in
insults, in hardships, in persecutions, in difficulties. For
when I am weak, then I am strong.

바울은 자신의 모든 고난을 열거합니다. 그에게는 약
함, 능욕, 궁핍, 핍박이 있었습니다. 그러나 그는 이 모든
고난을 기뻐했습니다. 고난이 강함을 주기 때문입니다.
고난은 용광로 같아서 삶의 불순물을 제거합니다. 고난은
우리를 더욱 강하게 만들어 줍니다. 고난을 좋아하는 사
람은 없습니다. 그러나 고난을 통과하면 반드시 축복이
있습니다. 고난의 결론은 숨겨진 축복입니다.

나의 약함을 묵상하면 좌절할 수밖에 없습니다. 내 약함
을 묵상하지 말고 "약한 그때에 강함이라"는 말씀을 붙잡
으십시오. 고난은 보화가 묻힌 밭과 같습니다.

그리스도인의 삶의 방향

잠 16:9

사람이 마음으로 자기의 길을 계획할지라도 그의 걸음을 인도하시는 이는 여호와시니라.

In his heart a man plans his course, but the LORD determines his steps.

속도와 방향 중 어느 것이 더 중요할까요? 우리는 속도를 내며 삽니다. 하지만 이렇게 열심히 사는 속도보다 중요한 것이 바로 삶의 방향입니다. 얼마나 더 빨리 가느냐보다 중요한 것은 어디로 가고 있느냐는 것입니다.

많은 사람이 성공의 사다리에 오르기 위해 힘들게 살아갑니다. 한 계단씩 밟아 올라갑니다. 그러나 결국 마지막 계단을 딛고 꼭대기에 섰을 때 그들의 오른 사다리가 엉뚱한 곳에 세워졌다는 것을 알게 됩니다. 그들은 사다리에 빨리 오르는 데만 몰두하여 자신의 모든 것을 쏟아 부었습니다. 결국 방향을 잘못 잡은 것입니다. 여러분은 지금 어느 벽에 사다리를 놓고 열심히 올라가고 있습니까?

하나님이 주신 가능성

마 25:18

한 달란트 받은 자는 가서 땅을 파고 그 주인의 돈을 감추어
두었더니.

But the man who had received the one talent went off, dug
a hole in the ground and hid his master's money.

하나님은 이 세상 모든 사람에게 달란트를 주셨습니다.
사람마다 독특한 은사와 재능이 있습니다. 자신이 받은
것을 과소평가하지 마십시오. 한 달란트 받은 자가 저지
른 실수는 무엇일까요? 그는 자신이 받은 한 달란트를 소
중하게 생각하지 않았습니다. '나에게 주신 달란트가 작
다'라고 생각하는 사람은 아무런 시도도 하지 않습니다.
내가 얼마나 많은 재능을 받았는지는 중요하지 않습니다.
지금 내게 있는 것으로 최선을 다하십시오.

하나님이 우리에게 주신 최고의 선물은 '가능성'입니다.
내가 하나님께 돌려 드려야 할 선물이 있다면, 그것은 하
나님이 나에게 주신 가능성을 최대한 발휘하는 것입니다.

마음을 지키는 인생

잠 18:14

사람의 심령은 그의 병을 능히 이기려니와 심령이 상하면 그
것을 누가 일으키겠느냐.

A man's spirit sustains him in sickness, but a crushed spirit
who can bear?

이 세상 모든 사람들은 하나님의 형상을 닮았기에 엄청
난 창조력과 미처 깨닫지 못한 무한한 잠재력을 갖고 있
습니다. 헬렌 켈러는 세상에서 가장 불행한 사람은 시력
을 가졌으나 비전을 가지지 않은 사람이라고 했습니다.

성공한 사람들의 공통점은, 약점이 있으나 결코 낙심하
거나 절망하지 않고 최선을 다한다는 것입니다. "손은 부
러져도 일할 수 있지만 마음이 부서지면 아무것도 못한다"
는 속담이 있습니다. 열등감의 늪에서 빠져나오십시오.

유혹을 거절하는 용기

히 11:25

도리어 하나님의 백성과 함께 고난 받기를 잠시 죄악의 낙을
누리는 것보다 더 좋아하고.

He chose to be mistreated along with the people of God
rather than to enjoy the pleasures of sin for a short time.

죄는 순간의 즐거움을 줍니다. 만약 죄가 순간의 기쁨을
주지 않고 지루하다면 아무도 그것을 누리려고 하지 않을
것입니다. 그러나 죄악은 순간의 기쁨만을 줄 뿐 영원한
즐거움을 주지는 못합니다. 청년의 시기에 쾌락을 거절하
는 것은 쉬운 일이 아닙니다. 그러나 주님이 내 안에 계시
면 쾌락을 이길 수 있습니다.

어떤 남자가 집에 혼자 있는데 누군가가 초인종을 눌렀
습니다. 벨을 누른 사람이 누군가 보니 문밖에는 너무나
매력적인 여인이 서 있었습니다. 그는 순간 당황해서 어
떻게 할까 고민하다가 주님에게 물었습니다.

"주님, 어떻게 할까요?"

그때 주님이 대답하셨습니다.

"너 대신 내가 나가마."

그렇습니다. 유혹의 자리에 가지 않는 것이 우리를 깨끗
하게 지키는 비결입니다.

홀로 서는 훈련

전 7:14

형통한 날에는 기뻐하고 곤고한 날에는 되돌아보아라.

When times are good, be happy; but when times are bad,
consider.

좋은 리더가 되려면 홀로 있는 시간을 잘 보낼 줄 알아야 합니다. 홀로 광야의 시간을 보내야 한다면 슬퍼하지 말고 기뻐하십시오. 그 시간은 당신 자신을 진단할 수 있는 시간입니다. 그 시간은 주님을 만날 수 있는 시간이며, 우리 영혼을 살찌우는 시간입니다. 홀로 있는 시간에 주님과 대화하면서 인생의 방향을 바로잡을 수 있습니다. 홀로 있을 때 주님을 찬양하십시오. 기도하십시오. 홀로 있는 시간은 외로운 시간이 아니고 하나님을 만나는 시간입니다. 지금 홀로 있습니까? 친구들이 떠났습니까? 외롭습니까? 하나님 곁으로 가십시오. 그 시간은 하나님이 우리를 하나님의 존전으로 초대하시는 시간입니다.

끝까지 기도하는 사람

눅 18:7

하물며 하나님께서 그 밤낮 부르짖는 택하신 자들의 원한을
풀어 주지 아니하시겠느냐 그들에게 오래 참으시겠느냐.

And will not God bring about justice for his chosen ones,
who cry out to him day and night? Will he keep putting
them off?

어떤 사람이 계속 대문을 두드립니까? 집안에 사람이
있다는 확신이 있는 사람만 계속 문을 두드릴 것입니다.
그러나 집안에 사람이 있다는 확신이 없는 사람은 한두
번 두드리다가 포기할 것입니다. 기도할 때 가장 중요한
태도는 응답이 없어 보여도 계속적으로 기도하는 것입니
다. 수많은 그리스도인이 기도를 하지만 지속적으로 기도
하는 사람은 많지 않습니다. 계속적으로 기도하는 사람이
하나님을 경험합니다.

1858년에 찰스 피니의 설교를 통해 수십만 명의 사람이
주님께로 돌아왔습니다. 찰스 피니 뒤에는 두 장로님이
계셨습니다. 두 분은 찰스 피니가 설교하러 가는 지역마
다 따라가서 교회 지하실에서 예배를 위해 중보기도를 했
다고 합니다. 아무리 좋은 에어컨이나 히터가 있어도 전
원을 꽂지 않으면 작동하지 않습니다. 우리는 기도로 하
나님의 능력에 접속되어야 합니다.

나를 가장 사랑하시는 분

요 13:1

예수께서 … 세상에 있는 자기 사람들을 사랑하시되 끝까지
사랑하시니라.

Having loved his own who were in the world, he now
showed them the full extent of his love.

하나님은 우리를 위해 대신 죽으셨습니다. 하나님은 우리가 어디를 가나 항상 함께하십니다. 우리가 실패의 구렁텅이에 빠져 아무도 만나지 않고 절망 중에 있어도 함께하십니다. 병들어 자포자기하면서 우울증에 빠져 있어도 함께하십니다. 우리가 고통 중에 있을 때 부모보다 더 안타까워하며 다가오는 분이 하나님이십니다. 하나님은 우리의 아주 작은 신음 소리에도 다가오십니다. 하나님은 우리를 사랑하십니다. 우리를 포기하지 않으십니다.

우리는 죄를 지으면 하나님과 멀어지고, 하나님이 나를 버리셨을까 봐 두려워합니다. 그러나 그것은 사탄이 주는 생각입니다. 나는 나를 포기할 수 있어도 하나님은 나를 포기하지 않으십니다. 나보다 나를 더 사랑하는 분이 바로 하나님이십니다. 하나님이 나를 사랑하신다는 확신을 버리지 마십시오.

가장 위대한 사랑

사 49:15

여인이 어찌 그 젖 먹는 자식을 잊겠으며 자기 태에서 난 아들을 긍휼히 여기지 않겠느냐 그들은 혹시 잊을지라도 나는 너를 잊지 아니할 것이라.

Can a mother forget the baby at her breast and have no compassion on the child she has borne? Though she may forget, I will not forget you!

　아기를 낳은 여인은 자기 자식을 버릴 수 없습니다. 어머니의 진한 사랑은 언제 들어도 감동적이며 눈시울을 젖게 합니다. 어머니의 사랑은 너무나 깊어서 자식이 죄를 지어 감옥에 들어가면 그 감옥이 아무리 멀어도 찾아갑니다. 아무리 추운 겨울이라 해도 찾아가는 것이 어머니의 사랑입니다. 어머니는 결혼한 아들이 교통사고를 당해 식물인간이 되어 며느리마저 떠난다 해도 아들을 떠나지 않고 그 곁에서 아들이 죽을 때까지 수발을 합니다. 이것이 어머니의 사랑입니다.

　어찌 여인이 젖먹이 자식을 버리겠습니까? 혹시 그렇다 해도 결코 우리를 버리지 않는 분이 계십니다. 그분이 바로 하나님이십니다. 하나님의 사랑은 어머니의 사랑보다 더 깊고 넓고 위대합니다.

모든 것이 하나님의 사랑

마 3:17

하늘로부터 소리가 있어 말씀하시되 이는 내 사랑하는 아들
이요 내 기뻐하는 자라 하시니라.

And a voice from heaven said, "This is my Son, whom I
love; with him I am well pleased."

주위를 보십시오. 우리 주위에 있는 모든 것이 하나님의
사랑입니다. 우리 주위에 있는 사람들이 다 하나님의 사
랑입니다. 가족, 친구, 이웃, 태양, 공기, 물, 산과 바다가
다 하나님의 사랑입니다.

하나님이 우리에게 가장 많이 하시는 말씀이 무엇입니
까? 부모가 자녀에게 가장 많이 하는 말은 사랑한다는 말
입니다. 하나님은 부모보다 더 많이 우리를 향해 사랑한
다고 말씀하십니다. 하나님이 나를 사랑하신다는 확신이
있는 자가 위대한 일을 합니다.

예수님은 공생애를 시작하실 때 요단 강물에 들어가서
세례 요한으로부터 물세례를 받으셨습니다. 그때 하늘에
서 한 음성이 들려왔습니다. 예수님에게 큰 힘을 준 것은
돈이나 권력이 아니라 사랑한다는 하나님의 음성이었습
니다.

성령의 힘

요일 4:13

그의 성령을 우리에게 주시므로 우리가 그 안에 거하고 그가
우리 안에 거하시는 줄을 아느니라.

We know that we live in him and he in us, because he has
given us of his Spirit.

　성령 충만한 사람은 세상을 바꾸는 능력을 가지게 됩니다. 베드로는 과거에 예수님을 세 번이나 부인했던 사람입니다. 성격도 급한 사람입니다. 그러나 그가 성령 충만하자 초대교회를 이끄는 영적 거장이 되었습니다. 성품이 좀 부족해도, 실수를 해도 괜찮습니다. 하나님은 성령 충만한 자를 쓰십니다. 성령 충만하면 어제까지 패잔병처럼 살던 사람이 강력한 그리스도의 군사가 됩니다.

　헨델은 56세에 병든 몸을 이끌고 초라하게 살았습니다. 그렇게 살던 그가 어느 날 친구로부터 받은 성가곡을 보는 순간 성령에 사로잡혔습니다. 그는 그날부터 24일 동안 식음을 전폐하면서 작곡에 매달렸습니다. 그 결과 260쪽의 거대한 〈메시아〉가 탄생했습니다. 헨델은 성령에 사로잡혀서 성령의 힘으로 위대한 곡을 만든 것입니다.

　우리는 한 조각의 영감만 받아도 세상을 바꾸는 인물이 됩니다.

세계를 품는 기도

막 16:15

또 이르시되 너희는 온 천하에 다니며 만민에게 복음을 전파
하라.

He said to them, "Go into all the world and preach the
good news to all creation."

모든 사람이 선교사로 갈 수는 없습니다. 그러나 지금
내가 처한 위치에서 세계 선교를 위해 기도할 수는 있습
니다. 기도의 크기는 그 사람의 크기입니다. 우리는 세계
를 놓고 기도해야 합니다. 책상 앞에 세계지도를 붙여 놓
고 기도하면 좋습니다. 세계를 위해 기도하는 사람이 세
계적인 사람이 됩니다.

아주 구체적으로 기도하는 나라가 있어야 합니다. 적어
도 3개 나라는 마음에 품고 기도하십시오. 그래야 세계를
품을 수 있습니다. 세계를 가슴에 품고 기도하는 여러분
이 되기를 바랍니다.

세계를 마음에 품고 선교 헌금을 할 수도 있습니다. 몸
으로 가지 못하는 자는 재정 후원으로 선교할 수 있습니
다. 지금 내가 처한 장소에서 선교지를 정하고 매달 조금
씩이라도 선교 후원을 하면 그 재정에 하나님이 역사하셔
서 큰일을 이루실 것입니다.

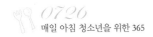

다음 세대를 위한 투자

시 127:3

보라 자식들은 여호와의 기업이요 태의 열매는 그의 상급이
로다.

Sons are a heritage from the LORD, children a reward
from him.

최근 보도에 따르면 교회에 출석하는 영국인은 3%에 불
과하다고 합니다. 영국은 과거에 존 웨슬리, 조지 뮬러,
허드슨 테일러 등 영적 거장들을 배출했던 나라입니다.
세계 곳곳에 선교사들을 파송했던 영국 교회가 왜 꺼져
가는 촛불이 되었을까요? 공간적 선교사는 많이 파송했
지만 다음 세대를 이어 갈 시간적 선교사를 키워 내지 않
았기 때문입니다.

어린이는 여호와의 기업이라고 했습니다. 예수님은 어
린이를 귀히 여기셨습니다. 다음 세대를 이끌어 갈 시간
적 선교사를 키워 내는 일은 중요한 일입니다. 모세는 여
호수아를 세웠고 엘리야는 엘리사를 세웠고 사무엘은 다
윗을 세웠고 다윗은 솔로몬을 세웠습니다. 좋은 지도자는
미래를 준비하는 자입니다. 우리는 다음 세대를 위해 투
자해야 합니다.

복음을 전하는 삶

막 8:35

누구든지 자기 목숨을 구원하고자 하면 잃을 것이요 누구든
지 나와 복음을 위하여 자기 목숨을 잃으면 구원하리라.

For whoever wants to save his life will lose it, but whoever
loses his life for me and for the gospel will save it.

빌 하이벨스 목사님의 『너무 바빠서 기도합니다』라는
책에 이런 글이 있습니다.

몇 년 전 우리 교회 찬양팀들과 함께 인도의 남부를 방문
했다. … 그곳에 도착하자 인도인 기독교 지도자 한 명이
우리를 마중 나오더니 자기 집으로 초대했다. … 그의 아버
지는 힌두교인들이 있는 곳에 가서 복음을 전했다. 그러던
어느 날 힌두교 지도자가 그의 아버지에게 찾아와 기도해
달라고 요청했다. 그의 아버지는 그 지도자와 함께 방에
들어가 무릎을 꿇고 기도하기 시작했다. 그 순간 그 힌두
교도가 품에 넣어 온 칼을 뽑아 그의 아버지를 사정없이 찔
렀다. … 그의 아버지는 임종 자리에서 아들에게 이렇게 말
했다. "그 사람에게 말해다오. 그를 용서한다고. 그리고 네
어머니를 잘 모시고 이 사역을 계속해다오. 어떤 값을 치
르더라도 사람들을 그리스도께로 인도해야 한다."

복음을 전하기 위해 사는 삶은 가장 위대한 삶입니다.

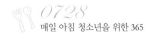

우주를 움직이시는 분

요 1:3

만물이 그로 말미암아 지은바 되었으니 지은 것이 하나도 그
가 없이는 된 것이 없느니라.

Through him all things were made; without him nothing
was made that has been made.

우리가 살고 있는 지구는 하루에 약 1,600km로 자전합
니다. 또 태양을 중심으로 1년에 한 바퀴씩 공전을 합니
다. 약 10만 7,000km라는 어마어마한 속도로 움직입니다.

만일 지구가 태양 가까이로 접근하여 공전한다면 지구
에 있는 사람들은 다 타 죽을 것입니다. 지구가 태양에서
점점 멀어져 간다면 지구에 있는 사람들은 다 얼어 죽을
것입니다. 태양과 지구 사이에 정확히 1억 5,000만km의
거리가 유지되기에 우리가 살 수 있는 것입니다.

왜 지구는 공전을 할까요? 연로도 없이 어떻게 계속 돌
수 있을까요? 우연이라면 그렇게 정확한 궤도로 정확한
시간에 돌 수 없습니다. 누군가가 돌리고 있는 것입니다.
그분이 바로 하나님이십니다.

이 우주에 있는 별들 중에 사람이 살 수 있는 곳은 지구
뿐입니다. 사람이 어느 별에 존재하려면 20만 개 이상의
조건을 갖춰야 한다고 합니다. 우리가 지구에 사는 것은
우연이 아니라 하나님의 계획이며 디자인입니다.

주의 사랑으로 행복한 인생

롬 8:37

그러나 이 모든 일에 우리를 사랑하시는 이로 말미암아 우리가 넉넉히 이기느니라.

No, in all these things we are more than conquerors through him who loved us.

태양은 왜 우리에게 따뜻함을 줍니까? 태양 자체가 열을 발산하기에 우리의 행위와 상관없이 우리에게 따뜻함을 줍니다. 마찬가지로 하나님은 사랑이시기 때문에 하나님이 사람을 사랑하시는 것은 그분의 인격입니다. 돋보기가 태양의 열을 받아들여 그 열을 모을 때 엄청난 에너지를 소유하는 것처럼, 온 우주에 쏟아지는 하나님의 사랑을 깨닫고 그 사랑을 받아들이고 사는 자는 참으로 행복한 인생을 살게 됩니다. 하나님의 사랑 때문에 내가 이 세상에 존재함을 아는 자는 인생은 고통이라고 말하지 않습니다. "인생은 축제다"라고 고백합니다.

가장 조심해야 할 돈

딤전 6:17

네가 이 세대에서 부한 자들을 명하여 마음을 높이지 말고
정함이 없는 재물에 소망을 두지 말고.

Command those who are rich in this present world not to
be arrogant nor to put their hope in wealth, which is so
uncertain.

이 세상을 살아가는 데 돈이 필요합니다. 그래서 세상
사람들은 돈에 최고의 관심을 둡니다. 돈을 많이 가지면
더 행복해지고 안전해질 것이라고 생각합니다. 이것은 세
상이 가져다준 거짓말입니다. 이 세상을 사는 데 정말 돈
이 가장 중요하다면, 예수님이 세상에 오셔서 수많은 돈
을 버시고 우리에게 자신처럼 돈을 많이 벌라고 하셨을
것입니다. 그러나 예수님은 하나님과 재물을 겸하여 섬기
지 못한다고 말씀하셨습니다(마 6:24). 돈을 의지하는 자는
하나님을 의지하지 않기 때문입니다. 또 예수님은 이 세
상의 모든 것을 가지려고 하는 탐심을 버리라고 하셨습니
다(눅 12:15).

만족과 행복은 우리를 지으신 하나님을 사랑할 때 생깁
니다. 돈이 인생의 목표이며 우상인 사람은 돈이 그의 인
생을 서서히 좀먹어 갑니다. 우리가 사랑해야 할 대상은
하나님 한 분뿐입니다.

타인의 시선에서 자유하기

잠 29:25

사람을 두려워하면 올무에 걸리게 되거니와 여호와를 의지
하는 자는 안전하리라.

Fear of man will prove to be a snare, but whoever trusts in
the LORD is kept safe.

우리는 어린 시절부터 주위에 있는 많은 사람들의 기대
속에서 살아갑니다. 우리가 무엇을 잘하면 주변 사람들이
칭찬하고 자랑스럽게 여깁니다. 그렇게 자신의 삶을 타인
의 기대에 맞춰 살도록 훈련됩니다. 성인이 된 뒤에도 여
전히 부모와 친구와 주변 사람들을 의식하며 살아갑니다.
이것은 우리의 인생을 광대로 만드는 불행한 일입니다.

우린 타인의 인정을 받기 위해 태어난 사람들이 아닙니
다. 예수님은 모든 사람의 기대에 맞추려고 하지 않으셨
습니다. 예수님의 관심은 주위에 있는 사람들이 아니라
오직 하나님이었습니다. 하나님이 기뻐하시는 일은 아무
리 주변 사람들이 반대해도 하셨고, 하나님이 기뻐하시지
않는 일은 아무리 사람들이 원해도 하지 않으셨습니다.

내가 사는 이유

마 19:16

어떤 사람이 주께 와서 이르되 선생님이여 내가 무슨 선한 일을 하여야 영생을 얻으리이까.

Now a man came up to Jesus and asked, "Teacher, what good thing must I do to get eternal life?"

잘못된 삶의 목적을 가지고 살면 무의미한 인생을 삽니다. 인생의 말미에서 "인생 헛살았다"고 탄식하게 됩니다.

일본 작가 미우라 아야꼬는 인생의 무의미에 대해 한 사람을 예로 들어 말했습니다. 그 사람은 유명 회사의 고위 직책에 있었는데 과로로 입원했습니다. 한 달간 병원에 있다가 돌아온 그는 자신이 없어도 회사가 잘 운영되는 것에 큰 충격을 받았습니다. 자신이 회사에 있으나 마나 한 존재임을 깨닫고 깊은 회의에 빠졌습니다.

모든 현대인들이 이런 고민을 하고 있습니다. 우리 인생에서 가장 큰 비극은 돈이 없는 것도 아니고, 학력이 짧은 것도 아닙니다. 삶의 의미가 없는 것입니다.

인생의 의미를 몰라 방황한 니고데모는 예수님을 만나 인생의 참의미를 깨달았습니다. 그것은 예수님을 통해 영생을 얻는 것이었습니다. 내가 이 땅에 존재하는 이유가 영원한 천국에 가기 위한 것임을 아는 자는 참으로 행복한 사람입니다.

죽음 뒤의 길

히 9:27

한번 죽는 것은 사람에게 정해진 것이요 그 후에는 심판이 있으리니.

Just as man is destined to die once, and after that to face judgment.

톨스토이는 『고백록』에서 자신의 삶의 의미와 목적을 탐구해 온 이야기를 기록했습니다. 그는 청년 시절에 인생에서 얻을 수 있는 최대의 쾌락을 얻고자 했습니다. 그러다 한 가지 질문이 그를 자살 직전으로까지 몰고 갔습니다.

"죽음이 나를 기다리고 있으며, 그 죽음을 피할 수 없다는 사실조차 소멸시키지 못하는데 내 삶에 어떤 의미가 있단 말인가?"

그는 러시아의 농부들이 기독교 신앙을 통해 이 질문에 대한 답을 찾는 것을 봤습니다. 그리고 오직 예수 그리스도 안에서만 그 답을 찾을 수 있다는 것을 깨달았습니다. 그는 이런 말을 남겼습니다.

"인간의 진정한 행복은 하나님을 안다는 것, 이 한마디에 달려 있다. 인간은 하나님을 떠나서는 결코 행복해질 수 없는 존재다."

우리가 지금 이 땅에 존재하는 것은 영원을 준비하기 위한 것입니다.

슬럼프에 대처하는 법

갈 6:9

우리가 선을 행하되 낙심하지 말지니 포기하지 아니하면 때
가 이르매 거두리라.

Let us not become weary in doing good, for at the proper
time we will reap a harvest if we do not give up.

살다 보면 언제나 슬럼프를 만날 수 있습니다. 열심히
하는데도 이렇다 할 결과나 향상이 보이지 않을 때 낙심
하기 쉽습니다. 악기를 배울 때도 그렇고 언어나 운동을
배울 때도 마찬가지입니다. 그럴 때는 어떻게 해야 할까
요? 더욱더 열심히 해야 합니다. 낙심하지 않고 포기하지
않으면 때가 이르러 열매를 맺기 때문입니다. 슬럼프의
시간은 아무런 의미 없는 시간이 아니라 실력이 쌓이는
시간입니다. 언젠가는 엄청난 위력을 발휘하게 될 것입니
다. 슬럼프의 긴 터널을 통과하면 차원이 달라질 것입니
다. 슬럼프를 만날 때 해야 할 일은, 하던 일을 계속하는
것이고 이전보다 더 열심히 하는 것입니다.

예수님께 뿌리내린 인생

히 3:1

그러므로 함께 하늘의 부르심을 받은 거룩한 형제들아 우리
가 믿는 도리의 사도이시며 대제사장이신 예수를 깊이 생각
하라.

Therefore, holy brothers, who share in the heavenly
calling, fix your thoughts on Jesus, the apostle and high
priest whom we confess.

태풍이 휩쓸고 지나간 다음 날 공원에 나가 봤습니다.
두 팔을 벌려 겨우 안을 수 있는 커다란 아름드리나무가
통째로 뽑혀 쓰러져 있었습니다. 세찬 바람을 견디지 못
한 것입니다. 쓰러진 나무들의 공통점이 있었는데, 덩치
는 크고 뿌리는 얕게 박혀 있었다는 것입니다. 그 큰 덩치
를 얕게 박혀 있는 뿌리로 지탱할 수 없었던 것이지요. 인
생도 마찬가지입니다. 깊이 뿌리내리는 것이 중요합니다.
할 일이 많으면 많을수록, 맡은 것이 많으면 많을수록 깊
게 뿌리내려야 합니다. 이것이 영성입니다. 먼저 어디에
깊이 뿌리내려야 할까요? 예수 그리스도입니다. 모든 지
혜와 힘과 능력의 주인이신 예수님께 깊이 뿌리내리면 세
찬 인생의 태풍에도 넘어지지 않습니다.

나만의 특별함

사 43:4

네가 내 눈에 보배롭고 존귀하며 내가 너를 사랑하였은즉.

Since you are precious and honored in my sight, and because I love you.

세상에 하나밖에 없는 것이 진짜 보물입니다. 그렇다면 나는 보물입니다. 세상에 나처럼 생긴 사람은 나 한 사람밖에 없기 때문입니다. 하나님은 나를 보물로 여기시고, 그래서 존귀하게 생각하며 사랑하십니다. 다르다는 것은 틀린 것이 아닙니다. 서로 다르다는 것은 각자의 가치가 있다는 것입니다. 하나님은 사람들을 서로 다르게 만드셨습니다. 목소리가 다르고, 얼굴도 다르며, 재능은 더더욱 다릅니다. 각자를 개성 있게 만드셨습니다. 저마다 독특함을 주셨습니다.

우리는 자신을 기분 좋게 받아들여야 합니다. 그러면 자신감이 생깁니다. 경쟁심이나 비교 의식 말고 하나님이 나를 보물 같은 존재로 만드셨다는 자존감에서 출발하십시오.

부모의 사랑

출 20:12

네 부모를 공경하라 그리하면 네 하나님 여호와가 네게 준
땅에서 네 생명이 길리라.

Honor your father and your mother, so that you may live
long in the land the LORD your God is giving you.

이 세상에 부모만큼 고마운 사람은 없습니다. 아버지,
어머니에게 잘 해야 합니다. 젊을 때는 이걸 몰라 함부로
하다가 나이가 들어서 한없이 후회하는 사람들을 많이 봤
습니다. 부모는 자식을 사랑합니다. 정말 사랑합니다. 자
식이 아프면 내가 대신 아팠으면 좋겠다고 생각합니다.
부모가 잠을 뒤척일 때 자식은 코를 골며 자지만, 밤새 뒤
척이는 자녀 옆에서 편하게 자는 부모는 없습니다. 아직
살아 계시다면 부모님께 잘해 드려야 합니다. 고맙다고
말해야 합니다. 자주 전화를 걸어야 합니다. 쑥스럽다고
생각하지 말고 사랑한다고 고백해야 합니다. 그리고 자신
의 부모를 창피하게 여기지 말아야 합니다. 다른 사람의
부모가 아무리 대단해도 나를 진실로 사랑하는 사람은 나
의 부모님뿐입니다.

나누는 행복

행 20:35

주 예수께서 친히 말씀하신 바 주는 것이 받는 것보다 복이
있다 하심을 기억하여야 할지니라.

remembering the words the Lord Jesus himself said: "It is
more blessed to give than to receive."

사람은 자기 손에 무언가를 움켜쥘 때에 희열을 느낍니
다. 그러나 그보다 더 큰 기쁨은 나눠 줄 때 누리는 행복입
니다. 그렇습니다. 주는 것이 받는 것보다 복이 있습니다.
우리 곁에는 도움을 기다리는 사람들이 많습니다. 먼저
그들을 볼 수 있는 눈이 있어야 합니다. 그리고 돕고 싶다
는 따뜻한 마음을 가져야 합니다. 더욱 중요한 것은 결심
한 대로 실천하는 행동입니다. 우리가 나눠 주면 그것이
하늘에 쌓입니다. 녹슬지 않는 하늘나라의 통장에 저축하
게 되는 것입니다. 고향을 떠나 이곳에서 살아가는 외국
인 이주민들, 탈북자들, 장애우들, 그리고 외로운 섬처럼
고독하게 살아가는 사람들, 먹을 것이 필요한 사람들…
그들과 나누는 사람에게 복이 있습니다.

그리스도인의 선한 결과

롬 8:28

우리가 알거니와 하나님을 사랑하는 자 곧 그의 뜻대로 부르심을 입은 자들에게는 모든 것이 합력하여 선을 이루느니라.

And we know that in all things God works for the good of those who love him, who have been called according to his purpose.

살다 보면 원하지 않은 일을 당할 때가 있습니다. 피하고 싶고, 기억하기조차 싫은 사건을 만날 때가 있습니다. 좋은 일만 겪는 사람은 아무도 없습니다. 형통한 날이 있으면 곤고한 날도 있습니다. 싫은 사람을 만나고, 힘든 상황을 겪으며, 견디기 힘든 시절을 지날 때에 반드시 기억해야 하는 하나님의 약속이 있습니다.

"모든 것이 합력하여 선을 이루느니라."

하나님을 사랑하는 사람, 곧 하나님의 뜻대로 부르심을 입은 사람은 결국 선한 결과에 이른다는 말씀입니다. 그래서 우리는 낙심해서는 안 됩니다. 하나님을 신뢰해야 합니다. 결국은 하나님이 좋은 결과를 주실 것이기 때문입니다.

가능성을 보는 지혜

슥 4:6

만군의 여호와께서 말씀하시되 이는 힘으로 되지 아니하며
능력으로 되지 아니하고 오직 나의 영으로 되느니라.
"Not by might nor by power, but by my Spirit," says the
LORD Almighty.

어떤 일을 할 때는 항상 가능한 이유와 불가능한 이유
가 있습니다. 그때에 가능성을 보는 지혜가 필요합니다.
스룹바벨은 하나님이 성전을 다시 지을 수 있도록 세우신
리더였습니다.

그러나 상황이 좋지 않았습니다. 1차 시도가 실패로 돌
아간 뒤 16년이나 지났습니다. 정치적 기반도 약하고, 경
제적 상황도 별로 좋지 않았습니다. 반대하는 사람은 여전
히 존재하고 있었습니다.

"성전 재건이 가능할까?"라는 질문 앞에 서 있는 그에게
하나님이 말씀하셨습니다.

"되느니라."

가능하다고 말씀하셨습니다. 그는 하나님 때문에 가능
성을 봤고, 시도했으며, 사명을 완수했습니다. 그렇습니
다. 현재 나의 일도 나의 힘과 능력만으로는 불가능하지만
하나님의 능력을 입으면 가능합니다.

성령 충만한 삶

엡 5:18

술 취하지 말라 이는 방탕한 것이니 오직 성령으로 충만함을
받으라.

Do not get drunk on wine, which leads to debauchery.
Instead, be filled with the Spirit.

성령 충만이란 쉽게 말해서 성령님의 지배를 받는 것입
니다. 술에 취한 것은 술의 지배를 받는 상태인 것처럼 성
령 충만은 성령님의 지배를 받는 상태입니다. 성령님의
지배를 받으면 존재 자체가 달라집니다. 생각이 달라지고
말이 달라집니다. 인생의 목표와 가치관이 달라집니다.
그래서 사람이 달라집니다.

성령님은 사람을 바꾸시는 분입니다. 이상한 사람으로
바꾸지 않고 멋있는 사람으로 바꾸십니다.

성령님의 지배를 받기 위한 필수 조건은 예수님을 믿는
것입니다. 예수님을 믿는 사람에게 성령님이 임하십니다.
그리고 또 하나의 조건은 성령님께 요청하는 것입니다.

"성령님, 나를 지배해 주세요."

화를 참는 지혜

약 1:19-20

내 사랑하는 형제들아 너희가 알지니 사람마다 듣기는 속히
하고 말하기는 더디 하며 성내기도 더디 하라 사람이 성내는
것이 하나님의 의를 이루지 못함이라.

My dear brothers, take note of this: Everyone should be
quick to listen, slow to speak and slow to become angry,
for man's anger does not bring about the righteous life that
God desires.

사람의 얼굴 중에 가장 흉한 얼굴은 화내는 얼굴입니다.
근육을 잔뜩 긴장시키니 본인도 힘들지만, 일그러진 얼굴
과 식식거리는 소리를 듣는 상대방은 더욱 힘듭니다.

화난 얼굴로 나서면 될 일도 안 됩니다. 건강에도 아주
안 좋습니다. 화내는 것은 하나님이 의롭게 여기지 않으
시고, 하나님의 의를 이루는 데 방해가 됩니다. 그래서 듣
기는 빨리 해야 하지만, 화내는 것은 천천히 하며 되도록
하지 말아야 합니다.

화낼 때는 항상 그 밑에 교만이 있습니다. '너는 틀렸고
나는 옳다'는 교만한 생각이 깔려 있는 것입니다. 나도 부
족한 사람임을 인정할 수 있다면 화를 참을 수 있습니다.
우리는 정말 부족한 사람입니다.

감사로 가득한 인생

골 2:7

그 안에 뿌리를 박으며 세움을 받아 교훈을 받은 대로 믿음
에 굳게 서서 감사함을 넘치게 하라.

rooted and built up in him, strengthened in the faith as you
were taught, and overflowing with thankfulness.

행복한 인생을 살아가게 하는 신비의 약이 있다면 그것
은 바로 감사입니다. 감사는 행복으로 통하고 불평은 불
행으로 통합니다.

오늘 하루가 감사로 가득 찼으면 좋겠습니다. 어떤 사람
을 만나도 감사, 밥을 먹어도 감사, 숨을 쉴 수 있다는 것
에 감사, 걸을 수 있다는 것에 감사, 일할 수 있다는 사실
에 감사, 사랑하고 싶은 사람이 있음에 감사, 공부할 기회
가 있어서 감사… 아침에도 감사, 점심에도 감사, 저녁에
도 감사!

사람은 빈손으로 이 세상에 옵니다. 그러므로 인생의 출
발은 빈손입니다. 우리에게 주어지는 모든 것은 하나님의
선물입니다.

웃음이 있는 인생

시 16:11

주께서 생명의 길을 내게 보이시리니 주의 앞에는 충만한 기쁨이 있고 주의 오른쪽에는 영원한 즐거움이 있나이다.

You have made known to me the path of life; you will fill me with joy in your presence, with eternal pleasures at your right hand.

마음이 기쁘고 그래서 얼굴에 웃음이 있다면 얼마나 좋을까요? 늘 긍정적이고 웃는 얼굴인 사람을 만난 적이 있습니다. 만날 때마다 느끼는 거지만 그에게는 넉넉함이 있고, 따뜻함이 있습니다. 기쁨이 있습니다. 항상 그 이유가 궁금했는데, 그가 이런 말을 했습니다.

"저는요, 아침에 일어나면 거울을 봐요. 그리고 활짝 웃습니다. 내가 나를 보고 웃어요. 이렇게 한 지가 10년이 넘습니다. 저는 본래 우울하게 살던 사람이었는데, 이렇게 매일 아침 거울에 비친 나를 보고 웃으니 인생이 달라졌습니다."

매일 매 순간 하나님을 향해, 그리고 나를 향해 활짝 웃을 수 있다면 삶에 여유와 따뜻함이 넘칠 것입니다.

숨 쉬듯 기도하는 사람

시 56:10

내가 하나님을 의지하여 그의 말씀을 찬송하며 여호와를 의
지하여 그의 말씀을 찬송하리이다.

In God, whose word I praise, in the LORD, whose word I
praise.

생각하면 내가 일하고, 기도하면 하나님이 일하십니다.
하나님이 일하시면 기가 막힌 결과가 나타납니다. 하나님
은 전능하신 분이기 때문입니다. 우리는 자주 혼자 생각
을 많이 합니다. 그래서 어떤 일을 해 보지도 않고 좌절합
니다. 생각보다 중요한 것이 기도입니다.

기도란 하나님께 부탁하는 것입니다. 하나님은 우리가
부탁하는 것을 좋아하십니다. 능력이 없다고 혼내지 않으
시고, 우리가 기도하며 간구하는 것을 칭찬하십니다.

하나님은 가끔 기도하는 것이 아니라 쉬지 않고 기도하
는 사람을 사랑하십니다. 숨을 쉬듯이 매 순간 기도하는
사람, 애쓰고 힘써야 한번 기도하는 것이 아니라 모든 순
간에 먼저 기도하는 것이 자연스러운 사람, 그런 사람을
통해 큰일을 일으키십니다.

서로를 빛나게 하는 친구

잠 27:17

철이 철을 날카롭게 하는 것같이 사람이 그의 친구의 얼굴을 빛나게 하느니라.

As iron sharpens iron, so one man sharpens another.

젊은 날에 좋은 친구를 만나는 것은 아주 중요합니다. 좋은 친구란 서로를 업그레이드시킬 수 있는 사람입니다. 쇠가 쇠를 날카롭게 만들 수 있습니다. 마찬가지로 우리는 친구의 인생을 빛나게 할 수 있습니다.

긍정적인 자극을 줄 수 있는 친구가 좋은 친구입니다. 꿈을 일깨워 주고, 열심히 살아 보겠다는 삶의 의지를 일으켜 주고, 지혜를 서로 나누고, 선의의 경쟁을 하면서도 서로를 응원할 수 있는 친구가 좋은 친구입니다.

친구는 먼 데서 만들어지지 않습니다. 가까이 있는 사람 가운데서 만들어집니다. 오늘 만나는 사람 가운데 평생을 함께하며 서로의 얼굴을 빛나게 하는 친구로 지낼 수 있는 사람이 있습니다. 그래서 오늘 만나는 사람에게 잘 해야 합니다.

상황을 받아들이는 지혜

잠 14:4

소가 없으면 구유는 깨끗하려니와 소의 힘으로 얻는 것이 많으니라.

Where there are no oxen, the manger is empty, but from the strength of an ox comes an abundant harvest.

외양간에 소가 없으면 조금은 편할 것입니다. 소가 먹을 여물을 준비할 필요가 없고, 외양간을 청소하는 수고를 하지 않아도 됩니다. 그러나 소가 없으면 소의 힘으로 얻을 수 있는 것들을 얻을 수 없습니다. 소가 있으면 약간은 힘든 면이 있지만, 소가 있기 때문에 누리는 유익이 훨씬 더 큽니다. 인생도 마찬가지입니다. 우리는 이런 생각을 합니다. '이 사람을 만나지 않았다면 좋았을 텐데.' '이곳에 오지 않았더라면 좋았을 텐데.' 그러나 그렇지 않습니다. 그 사람을 만나서 약간은 불편하고, 그곳에 있기 때문에 조금은 힘들 수 있지만 그 사람, 그곳 때문에 얻는 유익이 훨씬 더 큽니다. 우리가 만난 사람, 장소, 일들은 모두가 걸림돌이 아니라 도약판입니다. 받아들이면 좋은 일이 일어납니다.

입장 바꿔 생각하기

마 7:12

그러므로 무엇이든지 남에게 대접을 받고자 하는 대로 너희도 남을 대접하라 이것이 율법이요 선지자니라.

So in everything, do to others what you would have them do to you, for this sums up the Law and the Prophets.

사람들은 대부분 자신의 입장에서만 생각합니다. 그래서 고집스럽게 자기 자신의 생각만을 주장합니다. 그러다 보면 이야기가 통하지 않고 서운함을 느끼며, 급기야 서로의 관계가 깨지게 됩니다.

예수님은 다른 사람을 대할 때 잘해 주라고 하셨습니다. 그 원칙은 "남에게 대접을 받고자 하는 대로" 하는 것입니다. 입장을 바꿔서 내가 대우받고 싶은 대로 다른 사람을 대하라는 말씀입니다. 자녀는 부모님의 입장에서, 부모는 자녀의 입장에서 한번 생각해 보고 선생님은 학생의 입장에서, 학생은 선생님의 입장에서 헤아려 볼 수 있다면 우리의 말과 태도는 많이 달라질 것입니다.

쓸데없는 걱정

마 6:34

그러므로 내일 일을 위하여 염려하지 말라 내일 일은 내일이
염려할 것이요 한 날의 괴로움은 그날로 족하니라.

Therefore do not worry about tomorrow, for tomorrow
will worry about itself. Each day has enough trouble of its
own.

　사람을 파괴하는 무서운 것이 있는데 그것은 '염려'입니
다. 아직 오지도 않은 내일의 일들을 미리 상상해서 염려
합니다. 사람이 걱정한다고 안 될 일이 되지는 않습니다.
염려한다고 해서 키가 크거나 생명이 연장되지는 않습니
다. 오히려 해가 됩니다. 마음이 상하고, 몸의 면역력이
떨어지며, 얼굴에서 빛이 사라집니다.

　내일 무슨 일이 일어날지는 아무도 모릅니다. 그러기에
오늘 최선을 다하며 살아야 합니다. 사막에 강을 내고, 광
야에 길을 내실 수 있는 하나님을 믿으며 성실하게 오늘
을 살면 길이 열립니다. 한 길이 막히면 다른 길을 열어 주
실 것입니다.

상황보다 크신 하나님

창 1:1

태초에 하나님이 천지를 창조하시니라.

In the beginning God created the heavens and the earth.

어떤 사람은 상황에 웃고 상황에 웁니다. 조건이 좋으면 모든 것을 다 할 수 있을 것처럼 의기양양하다가도 조건이 좋지 않으면 어깨를 늘어뜨리고 풀이 죽습니다. 삶의 모든 기준이 상황입니다. 그러나 환경에 따라서 울고 웃으면 안 됩니다. 상황이 좋지 않을 때에 오히려 좋은 결과가 나타나기도 합니다. 반면에 조건이 좋다고 언제나 긍정적인 열매가 있는 것은 아닙니다. 그러므로 상황을 바라보지 말고 하나님을 바라봐야 합니다.

하나님은 천지에 있는 만물을 창조하신 분입니다. 모든 것을 만드셨기 때문에 그것들의 주인이시며, 모든 것을 움직일 권한을 가지고 계십니다. 또 고장이 나면 고치실 수도 있습니다. 하나님은 우리가 처한 상황보다 크신 분입니다.

지금까지 나를 인도하신 분

창 45:8

그런즉 나를 이리로 보낸 이는 당신들이 아니요 하나님이시라.

So then, it was not you who sent me here, but God.

인생에서 우연은 없습니다. 모든 것이 하나님의 계획입니다. 참새 한 마리가 땅에 내려앉고 날아오르는 것도 하나님이 허락하지 않으시면 일어날 수 없습니다. 하나님은 어떤 사람을 이곳에서 저곳으로 옮기시기도 합니다. 무작정 한번 옮겨 보는 것이 아니라 확실한 계획을 가지고 옮기십니다. 그래서 내가 이곳에 있다는 것은 하나님의 계획에 따른 것입니다.

요셉은 이렇게 고백합니다.

"나를 이리로 보낸 이는 당신들이 아니요 하나님이시라."

맞습니다. 하나님은 요셉을 애굽의 총리로 삼으려고, 그래서 이스라엘 백성을 살리려고 애굽으로 옮기셨습니다.

오늘 우리가 있는 바로 그 장소는 하나님이 허락하신 장소입니다. 할 일이 있기 때문에 그곳으로 옮기셨습니다.

외면하지 않는 사랑

신 22:1

네 형제의 소나 양이 길 잃은 것을 보거든 못 본 체하지 말고
너는 반드시 그것들을 끌어다가 네 형제에게 돌릴 것이요.

If you see your brother's ox or sheep straying, do not
ignore it but be sure to take it back to him.

어려운 처지에 있는 사람들을 돕는 것은 쉬운 일이 아
닙니다. 그들을 도우려면 자신의 것들을 상당 부분 포기
해야 하기 때문입니다. 시간을 내야 하고, 물질을 써야 하
며, 자신의 계획을 수정해야 합니다. 그래서 사람들은 보
고도 못 본 체합니다.

나귀나 소가 길에 넘어져 있는 것을 볼 때 못 본 체하지
말고, 혼자서 쩔쩔 매고 있는 사람을 도와서 일으켜 주라
는 것이 하나님의 말씀입니다. 도움을 필요로 하는 사람
은 우리 주위에 얼마든지 있습니다. 한마디의 위로, 작지
만 정성이 담긴 물질, 이메일 한 통, 문자 하나가 쓰러진
친구를 일으킬 수 있습니다. 관심이 사랑이고, 실천이 사
랑입니다.

진심으로 대접하는 삶

히 13:2

손님 대접하기를 잊지 말라 이로써 부지중에 천사들을 대접한 이들이 있었느니라.

Do not forget to entertain strangers, for by so doing some people have entertained angels without knowing it.

우리는 하루 동안에 수많은 사람을 만나며 살아갑니다. 이미 알고 있는 사람도 만나고, 전혀 만난 적이 없던 사람도 만납니다. 그중에는 나그네처럼 내게 다가오는 사람이 있습니다. 그 사람에게 잘해야 합니다. 그들 중에 천사가 있을지도 모릅니다.

하나님은 나그네들에게 잘하라고 말씀하십니다. 전학 온 친구들에게 잘해야 합니다. 새로 이사 온 이웃을 따뜻하게 맞아 줘야 합니다. 신입 회원에게 친절해야 합니다. 코리안 드림을 품고 고국을 떠나 우리나라로 들어온 외국인 이주민들에게 사랑을 베풀어야 합니다. 이것이 하나님의 마음입니다. 스쳐 지나가듯 사람을 대하지 말고, 처음 만난 사람을 오랜 친구처럼 대하며 살아야 합니다.

함께하시는 주님

수 1:9

내가 네게 명령한 것이 아니냐 강하고 담대하라 두려워하지
말며 놀라지 말라 네가 어디로 가든지 네 하나님 여호와가
너와 함께하느니라 하시니라.

Have I not commanded you? Be strong and courageous.
Do not be terrified; do not be discouraged, for the LORD
your God will be with you wherever you go.

두려움을 느끼면 일을 망칩니다. 악기를 전공하는 사람
이 대회에 나가서 심사위원 앞에서 두려워하기 시작하면
연주는 엉망이 됩니다. 반면에 '앞에 있는 심사위원은 나
의 팬이다'라고 생각하고 편한 마음으로 즐겁게 하면 연
주가 살아납니다. 사람을 두려워하면 과잉 반응이나 거짓
반응을 보이게 됩니다. 그러다 보면 큰 실수를 하게 됩니
다. 하나님은 여호수아에게 두려워하지 말라고 말씀하셨
습니다. 놀라지도 말라고 하셨습니다. 그 이유는 하나입
니다.

"네 하나님 여호와가 너와 함께하느니라."

하나님이 함께하시기 때문입니다. 큰일을 만나도 두려
워하기보다는 즐거워해야 합니다. 그 일보다 크신 하나님
이 우리와 함께 계시기 때문입니다.

하나님을 존중하는 사람

삼상 2:30

나를 존중히 여기는 자를 내가 존중히 여기고 나를 멸시하는
자를 내가 경멸하리라.

Those who honor me I will honor, but those who despise
me will be disdained.

에릭 리들이라는 올림픽 금메달리스트 육상 선수가 있
었습니다. 그는 선교사로 살아간 하나님의 사람입니다.
그는 주 종목이던 100m 경주 대신에 400m에 도전했습니
다. 주일에 예배를 드리기 위해 100m 경주를 포기한 것입
니다. 그는 어려운 결단을 하고 하나님을 경배했습니다.
그리고 400m에서 금메달을 땄습니다. 달리는 동안 그의
손에는 쪽지가 하나 쥐어 있었습니다. 성경 말씀이 적힌
쪽지였습니다.

"나를 존중히 여기는 자를 내가 존중히 여기고."

하나님께 존중히 여김을 받는 사람이 있고, 경멸을 받는
사람이 있습니다. 하나님을 존중하는 사람은 존중히 여김
을 받을 것이며, 하나님을 멸시하는 사람은 멸시를 받을
것입니다.

뜻을 정하는 삶

단 1:8

다니엘은 뜻을 정하여 왕의 음식과 그가 마시는 포도주로 자기를 더럽히지 아니하리라 하고 자기를 더럽히지 아니하도록 환관장에게 구하니.

But Daniel resolved not to defile himself with the royal food and wine, and he asked the chief official for permission not to defile himself this way.

시작이 반이라는 말이 있습니다. 시작이 그만큼 중요하다는 뜻입니다. 그런데 시작보다 중요한 것이 있습니다. 그것은 마음을 작정하는 일입니다.

다니엘은 뜻을 정했습니다. 바벨론 왕이 주는 산해진미를 먹지 않고 물과 채소만 먹기로 결심했습니다. 그래서 하나님이 살아 계심을 보여 주려고 했습니다. 뜻을 정한 다니엘에게 하나님은 승리를 주셨습니다. 우리도 뜻을 정하는 것이 중요합니다.

"하나님의 뜻대로 살리라. 세상의 유혹이 아무리 우리를 공격해도 하나님이 기뻐하시는 삶을 살리라."

아름다운 결심은 힘찬 시작으로 이어질 것이며, 힘찬 시작은 풍성한 열매로 맺어질 것입니다.

말씀대로 가는 길

시 119:172

주의 모든 계명들이 의로우므로 내 혀가 주의 말씀을 노래하리이다.

May my tongue sing of your word, for all your commands are righteous.

아주 오래전에 전등 없이 산에 올라간 적이 있습니다. 캄캄한 밤중에 헤매고 헤맸습니다. 갔던 길을 또 가고 돌고 돌았습니다. 무덤 옆을 지날 때면 무서웠습니다. 그런데 다음 날 낮에 똑같은 곳에 가 봤더니 길을 잘 찾을 수 있었습니다.

우리에게 빛이 없다면 쉬운 길도 헤매게 될 것입니다. 하나님의 말씀은 인생의 빛입니다. 말씀이 없는 사람은 전등 없이 한밤중에 공동묘지를 헤매는 사람과 같습니다. 그러나 하나님의 말씀이 있는 사람은 갈 길을 알게 됩니다. 해야 할 말을 알게 됩니다. 그런 사람이 리더가 되면 다른 사람을 행복의 길로 인도할 것입니다.

나를 지키시는 하나님

시 121:8

여호와께서 너의 출입을 지금부터 영원까지 지키시리로다.

The LORD will watch over your coming and going both now and forevermore.

하나님은 우리를 지키십니다. 이유는 한 가지입니다. 우리가 하나님의 자녀이기 때문입니다. 육신의 부모가 자신의 자녀를 목숨 걸고 지키듯이, 우리의 아버지 하나님은 당신의 자녀인 우리를 끝까지 지키십니다. 졸지도 않고 주무시지도 않습니다. 우리의 앉고 일어섬을 지키시고, 나가고 들어옴을 지키십니다. 바로 우리 옆에 계십니다.

주위를 둘러보면 아무도 없는 것처럼 느껴질 때도 하나님은 거기에 계십니다. 새벽 날개를 치며 바다 끝에 가서 거할지라도 그곳에서 하나님은 우리와 함께하시며 우리를 지키십니다. 젖은 날개를 닦아 주고 넓은 품으로 안아 주십니다. 우리가 당당할 수 있는 것은 하나님이 우리의 하나님이며, 그분이 우리를 지켜 주시기 때문입니다.

하나님을 향한 노래

사 43:21

이 백성은 내가 나를 위하여 지었나니 나를 찬송하게 하려 함이니라.

The people I formed for myself that they may proclaim my praise.

90세를 넘기신 어떤 분이 가쁜 숨을 고르며 이렇게 말씀하셨습니다.

"숨 쉴 수 있을 때 하나님을 찬양하세요. 나이가 들어 숨 쉬기가 힘드니 하나님을 마음껏 찬양하고 싶어도 쉽지가 않습니다."

하나님이 인간에게 주신 선물이 많지만 그중에서도 소중한 한 가지가 바로 '노래'입니다. 노래를 부를 수 있다는 것은 기가 막힌 선물이요 특권입니다.

하나님이 인간을 만드신 이유중 하나는 하나님을 찬송하도록 하기 위한 것입니다. 하나님께만 노래 부르도록 우리를 만드신 것입니다. 어떤 형편에 있든지 하나님을 향한 노래를 부르는 것이 하나님의 백성의 존재 이유입니다.

예배자를 찾으시는 주님

요 4:23

아버지께 참되게 예배하는 자들은 영과 진리로 예배할 때가
오나니 곧 이때라 아버지께서는 자기에게 이렇게 예배하는
자들을 찾으시느니라.

Yet a time is coming and has now come when the true
worshipers will worship the Father in spirit and truth, for
they are the kind of worshipers the Father seeks.

하나님이 찾으시는 사람이 있습니다. 바로 예배자입니
다. 하나님은 예배자를 찾으십니다. 예배란 하나님 앞에
무릎을 꿇는 것입니다. 하나님은 창조자시고 나는 피조물
임을 고백하는 것입니다. 하나님은 나의 왕이시고 나는
그분의 백성임을 인정하는 것입니다. 그리고 하나님께 영
광을 돌리며 그분의 음성을 듣는 것입니다.

우리가 예배할 때 하늘의 문이 열립니다. 하나님이 하늘
의 보물을 우리에게 부어 주십니다. 평안과 기쁨, 통찰력
과 지혜, 리더십과 능력을 부어 주십니다. 예배를 드릴 때
하늘과 땅이 연결됩니다. 그러기에 어떤 일을 하기 전에
먼저 예배자로 서는 것이 중요합니다. 하루를 시작하면서
예배자로 선다면 하나님이 기뻐하실 것입니다.

새 일을 행하시는 주님

사 43:18

너희는 이전 일을 기억하지 말며 옛날 일을 생각하지 말라.

Forget the former things; do not dwell on the past.

　사람이 걸리기 쉬운 마음의 병이 있습니다. 그것은 '왕년병'과 '걸걸걸병'입니다. 과거를 돌아보면서 "왕년에 내가 이랬어"라고 허풍을 떠는 왕년병과 "좀 더 잘할 걸. 도와줄 걸"이라고 한없이 후회하는 걸걸걸병입니다.

　왕년병과 걸걸걸병은 모두가 과거에 집을 짓고 사는 사람에게서 나타나는 증세입니다. 하나님의 사람은 과거에 발목이 잡혀서는 안 됩니다. 새 일을 기대해야 합니다. 하나님은 새 일을 행하시는 분이기 때문입니다.

　두려움이 아니라 기대로 내일을 맞이해야 합니다. 그러면 이전에 열리지 않았던 문도 새롭게 열릴 것입니다. 절망의 어제가 희망의 내일로 바뀔 것입니다.

하늘의 스타

단 12:3

지혜 있는 자는 궁창의 빛과 같이 빛날 것이요 많은 사람을
옳은 데로 돌아오게 한 자는 별과 같이 영원토록 빛나리라.

Those who are wise will shine like the brightness of the
heavens, and those who lead many to righteousness, like
the stars for ever and ever.

이 땅에는 스타가 있습니다. 많은 사람의 사랑을 받으며
별처럼 반짝이는 인생을 살아가는 사람들입니다. 하늘에
도 스타가 있습니다. 밤하늘에 반짝이는 별들처럼 하나님
의 칭찬을 받으며 천사들이 박수쳐 주는 사람들입니다.

하늘의 스타는 많은 사람을 옳은 데로 돌아오게 한 사람
입니다. 예수님께로 인도한 사람입니다. 전도를 많이 한
사람! 그가 하늘의 스타입니다.

이 땅의 스타는 한순간이지만 하늘의 스타는 영원합니
다. 우리가 만나는 사람은 하나님이 보내 주신 사람입니
다. 그에게 생명 되신 예수님을 소개하며 천국을 전하는,
진정한 하늘의 스타로 살아가는 하루가 되었으면 좋겠습
니다.

하나님 때문에 즐거운 인생

합 3:18

나는 여호와로 말미암아 즐거워하며 나의 구원의 하나님으로 말미암아 기뻐하리로다.

Yet I will rejoice in the LORD, I will be joyful in God my Savior.

기대치에 못 미치는 성적표를 보면 어깨가 축 처집니다. 서운한 말을 들으면 화가 납니다. 노력한 만큼 대우를 받지 못해도 눈물이 핑 돕니다. 그럼에도 불구하고 기뻐할 수만 있다면 우리의 인생은 달라질 것입니다.

하박국 선지자는 질문이 많았던 사람입니다. 하나님을 향해 "왜입니까? 언제까지입니까?"라고 질문하다가 이렇게 노래했습니다.

"비록 무화과나무가 무성하지 못하며, 포도나무에 열매가 없으며, 감람나무에 소출이 없으며, 밭에 먹을 것이 없으며, 우리에 양이 없으며, 외양간에 소가 없을지라도 나는 즐거워하겠습니다."

그 이유는 한 가지입니다. 하나님 때문에! 오직 나의 구원의 하나님 때문에 즐겁다는 것입니다. 감동적인 고백입니다.

나를 기뻐하시는 하나님

습 3:17

너의 하나님 여호와가 너의 가운데에 계시니 그는 구원을 베
푸실 전능자이시라 그가 너로 말미암아 기쁨을 이기지 못하
시며 너를 잠잠히 사랑하시며 너로 말미암아 즐거이 부르며
기뻐하시리라 하리라.

The LORD your God is with you, he is mighty to save. He
will take great delight in you, he will quiet you with his
love, he will rejoice over you with singing.

놀이터에서 놀고 있는 해맑은 아이를 바라보는 부모의
표정을 본 적이 있습니다. 흐뭇해하는 모습이었습니다.
마치 이런 독백을 하고 있는 것 같았습니다.

"녀석! 예쁘기도 해라. 내 자식!"

수많은 아이들이 놀고 있는데도 눈은 자신의 자녀에게
고정되어 있었습니다. 대단한 행동이 아닌데도 감동하고
있었습니다. 하나님도 마찬가지입니다. 하나님은 자녀인
우리를 보시며 기뻐하십니다. 잠잠한 가운데서 사랑하십니
다. 하나님은 무서운 얼굴로 우리를 바라보지 않으십니
다. 우리를 무지무지 좋아하십니다. 사랑스러운 얼굴로
바라보십니다. 나의 이름을 부르면서 흐뭇해하고 계십니
다. 지금도!

그리스도인의 착한 행실

마 5:16

이같이 너희 빛이 사람 앞에 비치게 하여 그들로 너희 착한 행실을 보고 하늘에 계신 너희 아버지께 영광을 돌리게 하라.

In the same way, let your light shine before men, that they may see your good deeds and praise your Father in heaven.

착하게 사는 사람은 바보가 아닙니다. 하나님은 우리에게 착하게 살라고 말씀하십니다. 우리의 착한 행동은 세상 사람들에게 빛으로 나타날 것이며, 사람들은 그것을 보고 우리의 하나님 아버지께 영광을 돌릴 것입니다. 착하게 산다는 것은 바르게 사는 것입니다. 빠르게 가는 것보다 중요한 것이 바르게 가는 것입니다. 조금 늦게 가는 것같이 보일지라도 바르게 간다면 시간을 낭비하는 것이 아닙니다. 언젠가 목적지에 이르게 됩니다. 올바른 길을 포기하도록 우리를 유혹하는 것이 참 많습니다. 그것은 함정입니다. 함정에 빠지면 목숨을 잃을 수도 있습니다. 우리가 착하게 살면 하나님이 영광을 받으십니다.

하늘에 기록된 이름

눅 10:20

그러나 귀신들이 너희에게 항복하는 것으로 기뻐하지 말고
너희 이름이 하늘에 기록된 것으로 기뻐하라 하시니라.

However, do not rejoice that the spirits submit to you, but
rejoice that your names are written in heaven.

세상을 살다 보면 기뻐할 이유가 참 많습니다. 그중에서도 잊어서는 안 될 한 가지가 있습니다. 그것은 나의 이름이 하늘나라의 생명책에 기록되어 있다는 사실입니다.

전도를 마치고 돌아온 제자들이 예수님께 보고를 하면서 귀신들이 자신들의 선포에 항복한 것에 흥분해 있을 때, 예수님은 그것도 기쁜 일이지만 제자들의 이름이 하늘에 기록되어 있다는 사실 때문에 기뻐하라고 말씀하셨습니다. 생명책에 이름이 기록되어 있으면 지옥에 가지 않습니다. 하나님이 그의 인생을 책임지십니다.

예수님을 믿는 사람의 이름은 하늘나라에 기록되어 있습니다. 결코 지워지지 않습니다. 그 무엇으로도 지울 수 없는 예수님의 피로 기록되었기 때문입니다.

하나님의 자녀

롬 8:16

성령이 친히 우리의 영과 더불어 우리가 하나님의 자녀인 것을 증언하시나니.

The Spirit himself testifies with our spirit that we are God's children.

어떤 사람의 자녀가 되는 데는 많은 조건이 필요하지 않습니다. 한 가지 조건만이 필요합니다. 그 사람의 몸에서 태어나는 것입니다. 키가 큰 든 작든, 목소리가 좋든 나쁘든 상관없습니다. 마찬가지입니다. 하나님의 자녀가 되는 데도 여러 조건이 필요하지 않고 한 가지 조건만 필요합니다. 그것은 하나님의 아들이신 예수님을 믿는 것입니다. 그러면 하나님의 자녀가 됩니다. 우리가 예수님을 믿는다면 분명 하나님의 자녀입니다. 하나님이 약속하셨기 때문입니다. 이 사실을 의심해서는 안 됩니다. 내가 나의 모습을 볼 때 실망스러울 정도로 한심해 보여도 나는 하나님의 자녀입니다. 예수님 때문에!

주고받는 사랑

요 13:34

새 계명을 너희에게 주노니 서로 사랑하라 내가 너희를 사랑
한 것같이 너희도 서로 사랑하라.

A new command I give you: Love one another. As I have
loved you, so you must love one another.

　예수님이 말씀하신 사랑의 기본 원리는 '서로 사랑'입니
다. 일방적인 사랑이나 짝사랑이 아니라 서로 주고받는
사랑입니다.

　사랑을 주는 것도 중요하지만 사랑을 받는 것도 중요합
니다. 어느 노래 가사처럼 사랑을 줄 수 없을 만큼 가난한
사람도 없고, 사랑을 받지 않아도 될 만큼 부유한 사람도
없습니다. 그래서 다른 사람이 나에게 사랑을 베풀 때는
감사함으로 받아야 합니다.

　더욱 중요한 것은 사랑을 베풀 줄 알아야 한다는 것입니
다. 결과가 당장 나타나지 않는 것처럼 보일지라도 소망
을 가지고 베풀어야 합니다. 마치 흘러가 버리는 물 위에
무언가를 던지듯이 대가를 바라지 않고 베푸는 것이 진짜
사랑입니다.

예수님을 증거하는 삶

행 1:8

오식 성령이 너희에게 임하시면 너희가 권능을 받고 예루살렘과 온 유대와 사마리아와 땅 끝까지 이르러 내 증인이 되리라 하시니라.

But you will receive power when the Holy Spirit comes on you; and you will be my witnesses in Jerusalem, and in all Judea and Samaria, and to the ends of the earth.

예수님은 제자들의 삶을 규정하면서 세 가지 단어를 사용하셨습니다. 바로 '성령' '권능' '증인'입니다. 성령님이 임하시고, 그 결과 하늘의 권능을 받고, 이 권능으로 예수님을 증거하면서 살아가는 사람이 진정한 주님의 제자입니다. 증인이 된다는 것은 보고 들은 것을 그대로 말하는 것입니다. 증인은 명예와 목숨을 걸고 말해야 합니다. 나의 친구에게 예수님을 전하기 시작하면 성령님이 도와주실 것입니다. 나는 능력이 없을지라도 성령님이 언어의 권능을 주실 것입니다. 내가 있는 위치에서 최선을 다해 예수님을 증거하는 것입니다. 전하는 사람이 없으면 예수님에 대해 듣지 못할 것입니다. 듣지 못하면 믿을 수도 없습니다. 그래서 증인이 중요합니다.

기도해 줘야 할 사람들

행 12:5

이에 베드로는 옥에 갇혔고 교회는 그를 위하여 간절히 하나
님께 기도하더라.

So Peter was kept in prison, but the church was earnestly
praying to God for him.

어떤 사람이 옥에 갇혀 있다면 가장 간절하게 기도해야
하는 사람은 누구일까요? 분명 옥에 갇혀 있는 사람일 것
입니다. 그런데 그렇지 못할 때가 많습니다. 정작 어려움
을 당한 사람은 힘이 다 빠지고 지쳐서 기도할 힘조차 없
을 때가 있습니다. 이럴 때 필요한 것이 '중보기도'입니다.

하나님과 어려움을 당한 사람 사이에서 기도하는 것이
바로 중보기도입니다. 초대교회 성도들은 옥에 갇힌 베드
로를 위해 하나님께 기도했고, 그 결과 베드로는 풀려났
습니다. 이렇게 생각할 수도 있습니다. '그 사람은 자고 있
는데 왜 내가 기도하지?' 그러나 그 사람이 자고 있기 때
문에 내가 깨어서 그를 위해 기도해야 하는 것입니다.

비전을 위한 기도

잠 29:18

묵시가 없으면 백성이 방자히 행하거니와 율법을 지키는 자
는 복이 있느니라.

Where there is no revelation, the people cast off restraint;
but blessed is he who keeps the law.

꿈이 없는 사람은 아무렇게나 살아가고, 비전이 없는 민
족은 망하고 맙니다. 하나님은 묵시(비전)가 없으면 백성이
방자히 행한다고 말씀하셨습니다.

젊은 날을 살아가면서 자신의 비전을 분명히 가지는 것
이 중요합니다. 비전은 망상이 아닙니다. 망상은 자신의
상상으로부터 오지만 비전은 하나님으로부터 옵니다.

비전을 분명하게 하기 위해서는 몇 가지가 필요합니다.
먼저 기도해야 합니다. 그리고 다양한 경험을 쌓아야 합
니다. 또한 믿음의 선배들과 대화를 하며, 책을 많이 읽어
야 합니다. 무엇보다 중요한 것은 하나님이 나에게 주신
은사와 사명을 아는 것입니다.

복음을 자랑스러워하는 삶

롬 1:16

내가 복음을 부끄러워하지 아니하노니 이 복음은 모든 믿는
자에게 구원을 주시는 하나님의 능력이 됨이라.

I am not ashamed of the gospel, because it is the power of
God for the salvation of everyone who believes.

복음은 복된 소식입니다. 좋은 소식입니다. 인류가 들
을 수 있는 가장 좋은 소식은 무엇일까요? 그것은 '생명의
소식'입니다. 죽음에서 벗어나서 생명으로 갈 수 있는 방
법에 대한 소식입니다. 구원에 대한 소식입니다. 이 복음
은 바로 예수 그리스도이십니다.

바울은 복음을 절대로 부끄러워하지 않겠다고 선언했
습니다. 진짜 중요한 소식이기 때문입니다. 사람이 반드
시 들어야 할 말이기 때문입니다.

복음을 말하기를 부끄러워하는 사람이 있습니다. 확신
이 없기 때문입니다. 창피를 당할까 봐 겁이 나기 때문입
니다. 진정한 구원의 길은 예수님이십니다. 복음을 자랑
스러워하면 창피를 당하지 않습니다.

관계 유지의 비결

롬 12:18

할 수 있거든 너희로서는 모든 사람과 더불어 화목하라.

If it is possible, as far as it depends on you, live at peace
with everyone.

지능 지수가 높은 것도 중요하지만 더욱 중요한 것은 관계 지수가 높은 것입니다. 사람들과 좋은 관계를 유지할 줄 아는 사람이 좋은 사람입니다. 선생님과의 관계가 좋고, 후배들이나 친구들과의 관계도 좋은 사람이 진정한 리더입니다. 하나님은 있는 힘을 다해서 모든 사람과 화목하게 지내라고 말씀하십니다.

좋은 관계를 유지할 수 있는 비결에는 두 가지가 있습니다. 첫째는 자존감입니다. 자기 자신을 소중히 여겨야만 합니다. 둘째는 존중감입니다. 다른 사람을 존중하고 귀하게 여겨야 합니다. 그래야 고운 말이 오가고, 서로 만나면서 불편하지 않습니다. 좋은 관계가 형성되면 일은 저절로 됩니다.

평안을 선포하는 삶

살후 3:16

평강의 주께서 친히 때마다 일마다 너희에게 평강을 주시고 주께서 너희 모든 사람과 함께하시기를 원하노라.

Now may the Lord of peace himself give you peace at all times and in every way. The Lord be with all of you.

평안이란 문제가 없는 상황이 아니라, 문제 속에서도 누리게 되는 든든함입니다. 사람을 만날 때, 어떤 장소를 방문할 때 제일 먼저 하면 좋은 것이 있습니다. 바로 평안을 선포하는 것입니다.

"평안할지어다." "이곳에 평안이 넘치게 해 주십시오." 바다에 늘 일렁이는 파도가 있듯이 우리 인생에도 늘 크고 작은 파도가 있습니다. 때로는 크게, 때로는 작게…. 가슴이 철렁하기도 하고, 겁이 나기도 합니다. 그런 상황 가운데서 우리에게 필요한 것은 평안입니다. 이 평안은 하나님이 주실 수 있습니다. 그래서 우리는 하나님의 이름으로 사랑하는 사람을 향해, 소중한 공동체를 향해 평안을 선포하고 평안이 임하기를 기도해야 합니다.

남이 잘되기를 바라는 마음

요삼 1:2

사랑하는 자여 네 영혼이 잘됨같이 네가 범사에 잘되고 강건하기를 내가 간구하노라.

Dear friend, I pray that you may enjoy good health and that all may go well with you, even as your soul is getting along well.

환상적인 팀워크를 유지하는 비결 가운데 가장 중요한 것이 있습니다. '잘되기를 바라는 마음'입니다. '나는 네가 잘되었으면 좋겠어!' 이 마음이 사랑입니다.

사도 요한은 사랑의 사람이었습니다. 그는 이렇게 말했습니다.

"사랑하는 자여, 네 영혼이 잘됨같이 네가 범사에 잘되고 강건하기를 내가 간구하노라."

오늘도 이런 마음으로 기도해야 합니다. '나는 내 친구가 영혼이 잘되고, 일도 잘되고, 건강하셨으면 좋겠습니다!'

친구와 가족과 소중한 사람들을 기억하면서 '잘되기를 바라는 마음'으로 축복하고 기도하면 하나님이 잘되게 하실 것입니다.

제일은 사랑

고전 13:13

그런즉 믿음, 소망, 사랑, 이 세 가지는 항상 있을 것인데 그 중의 제일은 사랑이라.

And now these three remain: faith, hope and love. But the greatest of these is love.

언젠가 얼굴과 얼굴을 맞대고 예수님을 만날 날이 있을 것입니다. 예수님이 우리를 아시는 것처럼 우리도 예수님을 완전히 알고, 서로의 마음을 분명하게 볼 수 있을 것입니다.

지금 이 땅에서는 우리가 부분적으로 알고 희미하게 서로를 봅니다. 그래서 오해가 생기기도 합니다. 상처를 주고 상처를 받기도 합니다. 그래서 우리에게 필요한 것이 바로 믿음, 소망, 사랑입니다.

예수님을 확실하게 믿고, 천국의 소망을 가지고, 주님을 사랑하며 살아야 합니다. 우리끼리도 서로서로 믿어주고, 희망을 주고, 사랑하며 살아야 합니다. 이 세 가지 중에 가장 중요한 것은 사랑입니다. 사랑할 때 믿을 수 있고, 사랑할 때 희망을 가질 수 있기 때문입니다.

돈을 사랑하지 않고 사용하기

히 13:5

돈을 사랑하지 말고 있는 바를 족한 줄로 알라 그가 친히 말
씀하시기를 내가 결코 너희를 버리지 아니하고 너희를 떠나
지 아니하리라 하셨느니라.

Keep your lives free from the love of money and be
content with what you have, because God has said, "Never
will I leave you; never will I forsake you."

살아갈 때에 돈을 비켜 갈 수는 없습니다. 여기서 중요
한 한 가지 사실이 있습니다. 돈은 사랑의 대상이 아니라
사용의 대상이라는 것입니다. 돈을 사랑한다는 것은 돈을
인생의 제일 목적으로 생각한다는 것입니다. 돈이 목적이
되면, 다른 모든 것은 수단이 됩니다. 그렇게 되면 돈에
매이게 되고 인생의 행복은 멀어져 갑니다.

우선 가지고 있는 액수에 만족해야 합니다. 그리고 돈을
잘 사용해야 합니다. 돈은 목적이 아니라 수단입니다. 잘
사용한다는 것은 써야 할 타이밍을 놓치지 않는다는 것입
니다. 부모님의 생신 때 감사를 표현하며, 정말 필요한 친
구에게 나누는 것입니다. 기회가 지나가면 돈이 있어도
못합니다.

섬김의 능력

마 20:26-27

너희 중에 누구든지 크고자 하는 자는 너희를 섬기는 자가
되고 너희 중에 누구든지 으뜸이 되고자 하는 자는 너희의
종이 되어야 하리라.

Whoever wants to become great among you must be your
servant, and whoever wants to be first must be your slave.

예수님은 섬기기 위해 이 땅에 오셨습니다. 섬긴다는 것은 종이 된다는 것입니다. 예수님은 종이 아니라 참주인이십니다. 그런데도 부족한 인간을 섬기셨습니다. 목숨을 내놓으셨습니다. 배신하는 제자들을 끝까지 사랑하셨습니다.

예수님은 하나님의 아들의 권세를 섬기는 데 사용하셨고, 천지를 움직일 수 있는 엄청난 힘을 사람을 살리는 데 사용하셨습니다. 하나님은 우리에게도 힘을 주셨습니다. 육체적 힘, 지적인 힘, 재능의 힘, 물질의 힘을 주셨습니다. 다른 사람의 주인이 되기 위해 힘을 사용하지 않고, 종이 되어 그들을 섬기기 위해 사용한다면 사람을 살릴 수 있습니다.

그리스도인의 용기

전 11:4

풍세를 살펴보는 자는 파종하지 못할 것이요 구름만 바라보는 자는 거두지 못하리라.

Whoever watches the wind will not plant; whoever looks at the clouds will not reap.

무언가를 시작하는 것은 아주 중요합니다. 어떤 사람은 어려운 상황만을 바라보다가 시작도 못해 보고 주저앉습니다. 불행한 일입니다. 하나님은 이렇게 말씀하십니다.

"바람이 몹시 부는 풍세만을 바라보고 미리 겁을 먹는 사람은 씨를 뿌리지 않을 것이다. 하늘을 덮고 있는 구름만을 바라보고 있는 자는 곡식을 말리려고 거두지 않을 것이다."

바람이 불면 뿌려진 씨가 잘 심겨지지 않을 것이고, 구름이 끼어 있으면 그늘이 져서 곡식을 말릴 수 없을 것이라고 생각하기 때문입니다. 그러나 하나님의 사람은 용기가 있어야 합니다. 바람이 불어도 씨를 뿌리고, 구름이 있어도 곡식을 거둬야 합니다. 상황은 언제나 바뀔 수 있기 때문입니다. 용기 있게 시작할 때 좋은 결과가 있을 것입니다.

사람을 살리는 칭찬

갈 5:15

만일 서로 물고 먹으면 피차 멸망할까 조심하라.

If you keep on biting and devouring each other, watch out
or you will be destroyed by each other.

살면서 서로 물고 뜯으면 둘 다 상처를 입습니다. 그러
나 서로 칭찬하고 높여 주면 둘 다 살아납니다. 책 제목 중
에 아주 좋은 것이 있습니다. 『칭찬은 고래도 춤추게 한
다』입니다. 그렇습니다. 칭찬은 삶의 비타민입니다.

오늘 부모님이 해 주신 밥을 먹게 된다면 이렇게 칭찬하
면 좋겠습니다. "우리 엄마, 최고!" 고마운 선생님을 향해
오른손 엄지를 치켜들면서 "선생님, 짱!"이라고 말하면 선
생님은 목숨을 걸고 학생들을 사랑할 것입니다.

내가 다른 사람을 칭찬한다고 해서 내가 밑바닥까지 낮
아지는 것이 아닙니다. 누군가를 깎아내리고 물어뜯는다
고 해서 내가 높은 곳까지 올라가는 것도 아닙니다. 서로
가 좋은 점을 찾아내서 칭찬한다면 우리가 사는 곳은 더
멋진 세상이 될 것입니다.

서로의 짐을 지는 사랑

갈 6:2

너희가 짐을 서로 지라 그리하여 그리스도의 법을 성취하라.

Carry each other's burdens, and in this way you will fulfill the law of Christ.

이 세상에 아무런 짐도 지지 않고 살아가는 사람은 없습니다. 세월이 흘러가면서 짐이 점점 가벼워지는 것이 아니라 날마다 한 가지씩 더 많아집니다. 한 사람이 많은 짐을 지고 가면 힘들지만 같은 짐을 여러 사람이 나눠서 지면 훨씬 편안하게 인생길을 갈 수 있습니다. 그래서 하나님은 우리에게 "너희가 짐을 서로 지라"고 말씀하십니다. 마음의 짐을 덜기 위해 오늘 가까운 사람과 이야기하는 시간을 가지면 좋을 것입니다. 경제적인 짐을 지기 위해 물질을 나누고, 육체적인 짐을 덜어 주기 위해 무거운 짐을 옮기는 것을 도와준다면 우리 사이에 예수님의 법인 사랑이 이뤄질 것입니다.

선생님을 존경하는 마음

갈 6:6

가르침을 받는 자는 말씀을 가르치는 자와 모든 좋은 것을
함께하라.

Anyone who receives instruction in the word must share
all good things with his instructor.

 사람은 사회적인 인격체로 성장하면서 고마운 사람들
을 많이 만납니다. 그중에 선생님이 계십니다. 무지한 우
리를 가르쳐 주고, 올바른 길로 이끌어 주며, 때로는 대신
희생하면서 우리를 길러 주시는 분입니다. 예전에는 선생
님의 그림자도 밟지 않는다는 말을 들은 적이 있는데, 요
즘은 꼭 그렇지만은 않은가 봅니다. 그래도 선생님께 잘
해야 합니다. 하나님은 "가르침을 받는 자는 말씀을 가르
치는 자와 모든 좋은 것을 함께하라"고 말씀하십니다.

천국을 소망하는 삶

골 3:2

위의 것을 생각하고 땅의 것을 생각하지 말라.

Set your minds on things above, not on earthly things.

눈에 보이는 이 땅이 전부가 아닙니다. 천국이 있습니다. 이 세상에서 열심히 살아가는 것은 아주 중요합니다. 그러나 우리가 가게 될 천국이 있다는 사실을 잊어서는 안 됩니다.

우리의 영원한 시민권은 천국에 있습니다. 천국만을 생각하면서 이 땅에서 외톨이처럼 살아서도 안 되지만, 천국을 잊은 채 이 땅의 삶이 전부인 것처럼 살면 안 됩니다. 천국을 늘 생각하면 천국의 향기를 가지게 됩니다. 천국을 늘 바라보면 얼굴이 천국의 이미지를 드러냅니다. 천국은 좋은 곳입니다. 눈물이 없고, 이별이 없으며, 죽음이 없고, 병이 없는 곳입니다. 무엇보다 그렇게 보고 싶은 예수님이 계신 곳입니다!

성령님이 주시는 생각

요 14:26

보혜사 곧 아버지께서 내 이름으로 보내실 성령 그가 너희에게 모든 것을 가르치고 내가 너희에게 말한 모든 것을 생각나게 하리라.

But the Counselor, the Holy Spirit, whom the Father will send in my name, will teach you all things and will remind you of everything I have said to you.

전쟁을 하다 보면 중요한 요지가 있기 마련입니다. 아군이나 적군이나 다 그곳에 군사력을 집중시킵니다. 그곳을 점령하려고 하기 때문에 그 요충지는 격전지가 됩니다. 영적 전쟁에서 그러한 전략적 요충지는 바로 '생각'입니다. 성령님도 생각을 지배하려고 하시고, 사탄도 우리의 생각을 점령하려고 합니다. 그래서 우리의 생각을 성령님께 맡기는 것이 아주 중요합니다. 성령님께 우리의 생각을 맡겨 드릴 때 성령님이 예수님의 말씀을 생각나게 하실 것입니다. 그리고 좋은 생각을 주실 것입니다. 소망의 생각, 살리는 생각, 지혜로운 생각을 주실 것입니다. 매 순간 이렇게 기도해야겠습니다.

"성령님, 나의 생각을 점령해 주십시오."

정직이 힘

행 5:3

베드로가 이르되 아나니아야 어찌하여 사탄이 네 마음에 가득하여 네가 성령을 속이고 땅값 얼마를 감추었느냐.

Then Peter said, "Ananias, how is it that Satan has so filled your heart that you have lied to the Holy Spirit and have kept for yourself some of the money you received for the land?"

정직이 힘입니다. 한순간의 거짓은 또 다른 거짓을 낳습니다. 그러나 정직은 거짓의 연쇄 고리를 끊습니다.

초대교회 당시에 아나니아와 삽비라는 거짓말을 했고, 결국 죽음을 당했습니다. 이것은 당시에 특별한 사건이었습니다. 그만큼 하나님은 정직과 성결을 원하신다는 것을 사건을 통해 보여 주신 것입니다.

오늘날 거짓말 한번 했다고 해서 당장 죽임을 당하는 경우는 거의 없습니다. 그러나 하나님은 지금도 살아 계시고, 거짓을 싫어하십니다. 거짓의 토대 위에 인생의 집을 짓는 것은 모래 위에 집을 짓는 것과 마찬가지입니다. 정직한 것이 먼 길을 돌아가는 것처럼 보일 수 있지만 실제로는 그렇지 않습니다. 정직이 가장 빠른 지름길입니다.

성실함에서 나오는 실력

삼상 17:40

손에 막대기를 가지고 시내에서 매끄러운 돌 다섯을 골라서 자기 목자의 제구 곧 주머니에 넣고 손에 물매를 가지고 블레셋 사람에게로 나아가니라.

Then he took his staff in his hand, chose five smooth stones from the stream, put them in the pouch of his shepherd's bag and, with his sling in his hand, approached the Philistine.

다윗은 실력 있는 사람이었습니다. 그가 가진 실력은 물매로 물맷돌을 던지는 것이었습니다. 물매는 2m 정도의 긴 가죽천입니다. 한쪽 끝을 손목에 묶고 다른 한쪽 끝을 손바닥으로 잡습니다. 그리고 그 중간에 야구공보다 조금 더 큰 물맷돌을 장전합니다. 빙글빙글 돌리다가 손바닥으로 잡고 있던 한쪽 끝을 놓으면 돌이 날아가서 목표물을 타격합니다. 평균 시속 160km로 날아갑니다. 이것은 위력 있는 무기입니다. 다윗은 그런 실력이 있었고, 하나님은 그 실력을 사용하셔서 블레셋 사람에게서 이스라엘을 구하셨습니다.

우리에게도 실력이 필요합니다. 그런데 이 실력은 성실함에서 나옵니다. 자신의 일을 성실하게 감당할 때 생기는 것이 실력입니다.

변하지 않으시는 분

히 13:8

예수 그리스도는 어제나 오늘이나 영원토록 동일하시니라.

Jesus Christ is the same yesterday and today and forever.

이 세상의 본질은 '변화'입니다. 계속해서 변화합니다. 그러나 변하는 세상 속에서 변치 않는 분이 계십니다. 바로 예수님이십니다. 계속해서 변하는 것을 인생의 기준으로 삼으면 피곤합니다. 변하지 않는 것을 기준으로 삼아야 안전합니다. 어제나 오늘이나 영원토록 동일하신 분은 예수 그리스도이십니다. 예수님의 말씀! 예수님의 삶의 스타일! 예수님의 비전! 젊은 날을 살아가면서 이 변치 않으시는 예수님께 가까이 가야 합니다. 그리고 깊이 만나야 합니다. 그래야 헛걸음을 하지 않습니다. 헛수고를 하지 않습니다. 예수님을 꼭 붙들고, 예수님께 꼭 붙들린 인생을 살아간다면 선한 영향력을 발휘할 수 있습니다.

중심이 아름다운 사람

삼상 16:7

내가 보는 것은 사람과 같지 아니하니 사람은 외모를 보거니와 나 여호와는 중심을 보느니라.

The LORD does not look at the things man looks at. Man looks at the outward appearance, but the LORD looks at the heart.

사람은 외모를 보지만 하나님은 중심을 보십니다. 그래서 중심이 아름다운 사람이 되어야 합니다. 요즘은 외모 지상주의가 심합니다. 다들 외모를 치장하기에 바쁩니다. 물론 외모가 아주 쓸데없는 것은 아닙니다. 그러나 외모의 아름다움보다 중요한 것이 내면의 아름다움입니다. 우리는 늘 생각해야 합니다.

'하나님이 나의 내면을 보신다면 기뻐하실까?'

마음의 중심을 아름답게 하기 위해서는 두 가지가 필요합니다. 하나는 거품을 빼야 합니다. 허풍을 떨지 말고 늘 진솔하게 자신의 부족함을 인정해야 합니다. 또 하나는 잡초를 제거해야 합니다. 나도 모르게 들어와 있는 마음의 잡초들을 제거해야 합니다. 예수님의 십자가 앞에 나아가 거품과 잡초를 제거하십시오.

세월을 아끼는 방법

엡 5:16

세월을 아끼라 때가 악하니라.

making the most of every opportunity, because the days are evil.

세상에 존재하는 것들을 돈 주고 살 수 있다면 아마도 가장 비싼 값에 팔리게 될 것은 '시간'일 것입니다. 그만큼 시간은 중요합니다. 그러나 이 귀한 시간을 그냥 아무런 생각 없이 낭비할 때가 많습니다. 하나님은 "세월을 아끼라"고 말씀하십니다. 세월을 아낀다는 것은 기회를 잘 쓴다는 것입니다.

세월을 아낄 수 있는 비결은 무엇일까요? 여러 가지가 있겠지만 그중에 가장 중요한 것은 모드 전환을 빨리 하는 것입니다. 운동을 하다가도 공부를 하게 되면, 빠른 시간 내에 공부 모드로 전환하는 법을 익혀야 합니다. 공부를 하다가 여행을 하게 될 때 바로 여행 모드로 자신을 바꾸는 법을 습득하면, 중간에 잃어버린 시간을 창조적으로 사용할 수 있을 것입니다.

세상과 구별되는 거룩함

레 19:2

너는 이스라엘 자손의 온 회중에게 말하여 이르라 너희는 거
룩하라 이는 나 여호와 너희 하나님이 거룩함이니라.

Speak to the entire assembly of Israel and say to them: Be
holy because I, the LORD your God, am holy.

거룩하게 산다는 것은 그리 쉬운 일이 아닙니다. 그러나
거룩한 삶에는 엄청난 힘이 있습니다. 하나님은 우리에게
"너희는 거룩하라"고 말씀하십니다. 아버지 하나님이 거
룩하시기 때문입니다.

거룩함이란 '구별'이란 뜻입니다. 무게 잡고 폼 잡는 것
이 아니라 생각이나 행동 방식에서 뭔가 다르게 구별되는
것이 거룩함입니다.

우리가 세상과 구별될 수 있는 방법은 무엇일까요? 그
것은 하나님의 명령을 따르는 것입니다. 서로 다른 명령
을 따르면 서로가 다른 길을 가는 것처럼 우리는 하나님
의 명령, 즉 말씀을 따라 살아갈 때 세상과 구별될 수 있습
니다. 묵상하고, 말씀 따라 살아가면 거룩한 삶을 살게 됩
니다.

교회는 예수님의 꿈

마 16:18

너는 베드로라 내가 이 반석 위에 내 교회를 세우리니 음부의 권세가 이기지 못하리라.

And I tell you that you are Peter, and on this rock I will build my church, and the gates of Hades will not overcome it.

교회는 예수님의 꿈입니다. 예수님은 이 땅에 교회를 세우기를 원하십니다. 교회는 '예수님을 주님으로 고백하는 사람들의 공동체'입니다. 교회의 주인은 예수님이시며, 어떤 지옥의 권세도 교회를 이길 수 없습니다. 교회는 세상의 희망입니다.

예수님이 이처럼 교회를 사랑하시므로 우리도 교회를 사랑해야 합니다. 교회에 대해 함부로 말하지 말아야 합니다. 자신이 출석하는 교회를 자랑스럽게 여겨야 합니다. 건물이 교회는 아니지만 하나님의 자녀들이 예배드리고 모이는 장소를 청소한다면 예수님도 고마워하실 것입니다. 간절한 마음으로 교회를 위해 기도하면 부흥이 일어나고, 악한 영들이 소리를 치며 도망칠 것입니다.

세상에서 빛나는 그리스도인

마 5:14

너희는 세상의 빛이라 산 위에 있는 동네가 숨겨지지 못할 것이요.

You are the light of the world. A city on a hill cannot be hidden.

예수님은 우리에게 소금과 빛이라고 말씀하십니다. 그런데 중요한 수식어가 있습니다. 그것은 '세상의'라는 표현입니다. 세상 속에서, 세상을 위해, 세상을 향해 존재해야 하는 소금이요, 빛이라는 것입니다.

우리는 세상 속으로 들어가야 합니다. 하나님은 세상을 포기하지 않으십니다. 그래서 예수님을 보내셨고, 예수님도 이 세상 속으로 오셨습니다. 어떤 사람은 고고한 것처럼 세상을 등지며 살아갑니다. 옳지 않습니다. 세상이 더러우면 더욱더 우리가 들어가서 빛을 비춰야 합니다. 인터넷 속으로 더 열심히 들어가서 아름다운 글을 남겨야 합니다. 좋은 동영상을 만들어야 합니다. 예술계, 정치계, 사업계, 교육계 속으로 들어가서 악에게 지지 말고 선으로 악을 이겨야 합니다.

교만은 멸망으로 가는 길

잠 18:12

사람의 마음의 교만은 멸망의 선봉이요 겸손은 존귀의 길잡이니라.

Before his downfall a man's heart is proud, but humility comes before honor.

사람이 쓸데없이 잘난 척하면 낭패를 봅니다. 교만은 멸망으로 가는 지름길입니다. 그러나 겸손하면 존중을 받습니다. 사람을 얻게 되고, 사랑받게 됩니다.

겸손하게 산다는 것은 그리 쉽지 않습니다. 교만의 영인 사탄이 우리를 순간순간 공격하기 때문입니다. 이들의 공격을 이기고 겸손하게 살 수 있는 비결이 있습니다. 그 것은 날마다 십자가 앞으로 나아가서 무릎을 꿇는 것입니다. 그리고 이렇게 고백하는 것입니다.

"나는 아무것도 아닙니다. 모든 것이 하나님의 은혜입니다. 나는 부족합니다. 하나님의 도움이 필요합니다."

그렇습니다. 뭔가를 이루고 선 것처럼 생각하면 넘어지기 쉽습니다. 그러나 스스로 삼가면서 겸손하면 하나님이 움직이시기 시작합니다.

핑계를 날려 버리기

출 32:22

아론이 이르되 내 주여 노하지 마소서 이 백성의 악함을 당신이 아나이다.

"Do not be angry, my lord," Aaron answered. "You know how prone these people are to evil."

가수 김건모가 부른 〈핑계〉라는 노래가 있습니다.

"내게 그런 핑계 대지 마. 입장 바꿔 생각을 해 봐. 네가 지금 나라면 넌 웃을 수 있니~"

뭐 이런 내용의 가사입니다. 심리학에서는 핑계를 '투사'라는 용어로 부릅니다. 사람은 저마다 자신을 방어하기 위한 '방어 기제'를 가지고 있는데 그중 가장 흔한 것이 투사, 즉 핑계입니다. 이게 심해지면 병이 되기도 합니다.

아론은 자신이 주도해서 한 일을 모두 철없는 백성의 잘못이라고 말했습니다. 전형적인 투사입니다. 상황이 아무리 좋지 않다고 해도 금을 모아 우상을 만드는 일은 하지 말았어야 합니다.

우리는 종종 이런 아론의 투사를 반복할 때가 있습니다. 내 잘못은 생각지 않고 무조건 상대방을 나쁜 사람으로 만드는 것입니다. 이제 결심합시다.

"내 인생의 사전에서 '핑계'란 단어를 삭제하자! Delete!"

좌절이라는 병

룻 1:20

나오미가 그들에게 이르되 나를 나오미라 부르지 말고 나를 마라라 부르라 이는 전능자가 나를 심히 괴롭게 하셨음이니라.

"Don't call me Naomi," she told them. "Call me Mara, because the Almighty has made my life very bitter."

룻기에 등장하는 '나오미'라는 이름의 뜻은 '기쁨'입니다. 그러나 나오미에게는 기쁨이 없었습니다. 모압 땅으로 이사를 갔다가 그곳에서 모든 것을 잃어버리고 돌아온 그녀를 두고 사람들이 나오미라고 부르자, 나오미는 짜증을 내며 말했습니다.

"내가 무슨 나오미냐. 나는 지금 괴로운 사람이니 마라라고 불러라."

마라의 뜻은 '고통'입니다. 나오미는 좌절의 병에 걸렸습니다. 이 병의 가장 심각한 증세는 선하신 하나님께 좋지 않은 마음을 품게 되는 것입니다. 신실하신 하나님이 나오미를 정말 버리신 것일까요? 절대 아닙니다. 하나님은 나오미의 인생에 또 한번의 역전을 준비하고 계셨습니다. 바로 보아스입니다. 나의 인생에 하나님이 보아스를 늘 준비하고 계신다는 사실을 잊지 마십시오.

진정한 리더십

시 113:5-6

여호와 우리 하나님과 같은 이가 누구리요 높은 곳에 앉으셨
으나 스스로 낮추사 천지를 살피시고.

Who is like the LORD our God, the One who sits
enthroned on high, who stoops down to look on the
heavens and the earth?

요즘 사람들이 가장 배우기 원하는 것이 '리더십'입니다.
하나님의 리더십은 스스로를 낮추셔서 두루 살피시는
방식이었습니다. 그동안 내 마음속에 자리 잡고 있던 리
더십은 하나님의 리더십과 어떤 차이가 있는지 한번 돌아
보십시오. 모든 일을 한번에 끝내고, 동역자들을 얼어붙
게 만드는 카리스마는 하나님의 리더십과는 거리가 먼 것
입니다. 스스로를 낮추고 동역자들을 배려하며 두루 살피
는 리더십이 하나님이 가르쳐 주신 진정한 리더십입니다.

당황하지 않으시는 하나님

눅 2:7

첫아들을 낳아 강보로 싸서 구유에 뉘었으니 이는 여관에 있을 곳이 없음이러라.

and she gave birth to her firstborn, a son. She wrapped him in cloths and placed him in a manger, because there was no room for them in the inn.

요셉은 산모와 아기를 위한 방을 마련하기 위해 베들레헴의 골목골목을 돌아다니며 여관을 알아봤을 것입니다. 그러나 빈방은 없었습니다. 요셉 부부는 얼마나 당황했을까요? 산모와 태아가 쉴 방이 없으니 말입니다. 결국 그들 부부는 마구간이라도 감사하게 받아들여야 했고, 말구유에 아기 예수를 누일 수밖에 없었습니다.

바로 우리가 요셉 같은 사람이 아닐까 생각해 봅니다. 살면서 얼마나 당황스러운 일을 많이 겪는지 모릅니다. 그러나 이 말씀에서 은혜가 되는 것은, 하나님은 당황스러운 환경으로 찾아오는 우리의 인생을 선하게 인도하신다는 사실입니다. 말구유에서 시작된 예수님의 인생이 부활의 영광으로 이어지듯이, 우리의 삶도 행복하게 마무리될 것입니다. 미래를 알 수 없는 인생이지만 어떤 상황에서도 당황하지 않으시는 하나님을 기억하며 살아야 합니다.

욕심을 내려놓기

삿 9:40

아비멜렉이 그를 추격하니 그 앞에서 도망하였고 부상하여
엎드러진 자가 많아 성문 입구까지 이르렀더라.

Abimelech chased him, and many fell wounded in the
flight - all the way to the entrance to the gate.

　아비멜렉도 나쁜 사람이었지만, 아비멜렉에게 패한 가
알이라는 사람은 더 나쁜 사람이었습니다. 그가 군사를
일으키고 악한 아비멜렉을 무찔러야 한다고 나섰지만, 하
나님은 오히려 그를 패하게 하셨습니다. 명분은 좋았지만
그의 마음 가운데 자신의 사리사욕을 채우려는 개인적인
욕심이 있었다는 것을 하나님이 아셨기 때문입니다.

　오늘 여러분도 하나님과는 상관없이 내 욕심을 채우는
데 하나님의 이름을 사용하고 있지는 않은가요? 만약 그
렇다면 백전백패일 것입니다. 우리 마음속에 어느새 자라
고 있는 가알의 병을 고쳐야 합니다. 온전한 동기와 목적
을 가지고, 서두르려고 하지 말고, 늦더라도 천천히 하나
님 앞에서 온전한 마음으로 살아야 합니다.

다니엘이 얼짱인 이유

단 1:15

열흘 후에 그들의 얼굴이 더욱 아름답고 살이 더욱 윤택하여
왕의 음식을 먹는 다른 소년들보다 더 좋아 보인지라.

At the end of the ten days they looked healthier and better
nourished than any of the young men who ate the royal
food.

　　다니엘과 세 친구들의 이야기는 외모를 중요시하는 이
시대의 사람들에게 신선함을 느끼게 합니다. 왕의 진미를
거부하고 야채만을 먹은 이들의 얼굴이 더욱 좋아지고,
피부가 어린아이 살처럼 뽀얗게 되었으니까요. 비싸고 유
명한 피부관리실에서 맛볼 수 있는 피부 효과 그 이상을
체험한 것입니다. 그러나 그들을 얼짱으로 만들어 준 것
은 하나님 앞에서 뜻을 정하고 신앙을 지키려고 한 그들
의 믿음입니다.

　　다니엘과 세 친구들이 왕의 진미를 거부하고 구별된 생
활을 하기로 한 것은, 비록 포로로 끌려온 입장이지만 하
나님이 아닌 느부갓네살 왕에게 충성할 수 없었기 때문입
니다. 이 세상 최고의 외모를 가지고 있어도 믿음이 없어
망가지는 사람이 있는가 하면, 믿음 때문에 준수한 외모
를 선물로 받는 사람도 있다는 것을 명심하십시오.

고난을 이해하는 믿음

삼상 1:6

여호와께서 그에게 임신하지 못하게 하시므로 그의 적수인
브닌나가 그를 심히 격분하게 하여 괴롭게 하더라.

And because the LORD had closed her womb, her rival
kept provoking her in order to irritate her.

처음 교회에 나온 친구들이나 믿음이 약한 친구들은 하
나님을 그저 자신을 도와주는 슈퍼맨이나 아쉬울 때 찾는
수호신 정도로 생각합니다. 그것은 진정한 신앙이 아닙니
다. 성숙한 믿음은 고난을 이해하는 것입니다. 그런데 그
성숙을 가능케 하는 것이 말씀입니다. 말씀을 통해 고난
을 주시는 하나님을 이해하는 사람은 어떤 고난 속에서도
하나님에 대한 믿음을 버리지 않습니다.

한나는 아이를 가질 수 없는 가련한 여인이었습니다. 그
러나 그녀는 하나님이 자신의 인생을 주관하심을 믿었습
니다. 그녀의 마음을 아프게 하는 주변의 공격에도 넘어지
지 않고 꿋꿋하게 기도했습니다. 그녀는 결국 하나님의 선
물을 받게 되었습니다. 그 선물은 바로 사무엘이었습니다.

살다 보면 많은 일을 겪게 됩니다. 정말 당황스러운 일
도 우리를 비켜 가지 않습니다. 그러나 바로 그때 넘어지
지 않고 하나님 앞에서 신실한 믿음을 잃지 않는 것이 진
정한 신앙이라는 것을 기억해야 합니다.

아침형 그리스도인

삼상 9:26

그들이 일찍이 일어날새 동틀 때쯤이라 사무엘이 지붕에서
사울을 불러 이르되 일어나라.

They rose about daybreak and Samuel called to Saul on
the roof, "Get ready, ….."

하나님의 신실한 종이었고, 하나님의 뜻이라면 물불을
가리지 않았던 용기 있는 선지자 사무엘이 일찍 일어났는
데, 그것도 동틀 때 일어났습니다. 아마도 아침형 인간이
었나 봅니다.

사실 아침형 인간의 원조는 예수님이십니다. 그분은 새
벽에 일어나 기도하며 하루를 시작하는 진정한 아침형 인
간이셨습니다. 이 세상에 일찍 일어나는 사람은 많습니
다. 그러나 일찍 일어난다고 무조건 인생에서 성공하는
것은 아닙니다. 관건은 일찍 일어나서 하는 일에 있습니
다. 진정한 아침형 인간은 하나님의 말씀과 기도로 하루
를 시작합니다. 여러분도 예수님과 사무엘 같은 진정한
아침형 인간이 되기를 바랍니다.

베드로의 교만

막 10:28

베드로가 여짜와 이르되 보소서 우리가 모든 것을 버리고 주를 따랐나이다.

Peter said to him, "We have left everything to follow you!"

오늘 말씀에서 베드로의 허영과 교만을 발견할 수 있습니다. 이 시점의 베드로는 예수님이 가실 십자가의 길을 전혀 이해하지 못하고 있었습니다. 그는 말했습니다. "예수님! 저는 모든 것을 버리고 여기까지 왔습니다!"

그러나 베드로가 부자였다면 모든 것을 버릴 수 있었을까요? 그가 버린 것은 낡은 그물과 초라한 배, 그리고 지겨운 어부라는 직업이었습니다.

흔히 우리는 약간의 희생을 감수하고서 베드로와 같은 태도를 보입니다. 얼마나 교만한 태도인가요. 별것도 아니면서 말입니다.

우리 안에 베드로와 같은 교만이 있다면 하나님 앞에 회개해야 합니다. 내가 버린 것은 너무 작은 것이었기 때문에 그걸로 자랑하지 않겠다고, 그리고 작은 것이 아니라 내 마음 중심의 큰 덩어리를 버릴 수 있는 자가 되게 해 달라고 기도해야 합니다.

새로운 세대를 위한 기도

삿 2:10

그 세대의 사람도 다 그 조상들에게로 돌아갔고 그 후에 일어난 다른 세대는 여호와를 알지 못하며 여호와께서 이스라엘을 위하여 행하신 일도 알지 못하였더라.

After that whole generation had been gathered to their fathers, another generation grew up, who knew neither the LORD nor what he had done for Israel.

이스라엘 백성은 전적인 하나님의 인도로 가나안 땅에 정착할 수 있었고, 땅도 하나씩 나눠 가졌습니다. 이제 지도자 여호수아가 죽고 조상들도 죽었기에, 이스라엘에는 새로운 세대가 일어났습니다. 그들은 젊었고, 조상들이 생각했던 것과는 다른 생각과 생활 패턴을 가지고 있었습니다. 새로운 세대였던 것입니다. 그러나 그들의 문제는 하나님을 알지도 못하고 조상 때에 하나님이 행하신 일들을 기억하지도 못한다는 것이었습니다.

우리는 새로운 세대를 위해 기도해야 합니다. 그들이 하나님을 알고 예배하는 세대가 되게 해 달라고 기도해야 합니다. 오늘 묵상은 이런 기도로 마쳐 보면 어떨까요? "하나님! 새로운 세대를 하나님 앞에 세우는 데 도움이 되기를 원합니다. 저에게 능력을 주세요."

세상의 의미 없는 일들

전 2:11

내 손으로 한 모든 일과 내가 수고한 모든 것이 다 헛되어 바람을 잡는 것이며 해 아래에서 무익한 것이로다.

Yet when I surveyed all that my hands had done and what I had toiled to achieve, everything was meaningless, a chasing after the wind; nothing was gained under the sun.

영어 성경에는 '헛되다'라는 단어를 'Meaningless'로 표현하고 있습니다. '헛되다'라는 말보다 의미가 강하게 전달되는 것 같습니다. '의미+없다'라는 것입니다.

전도서 2장은 의미 없는 일에 의미를 부여하는 사람들의 이야기입니다. 사람들은 최대한 즐겁게 인생을 살려고 돈을 벌고, 쾌락을 위해 목숨을 걸며, 사업을 위해 인생과 건강을 바칩니다. 또 어떤 사람들은 매력적인 이성을 찾아 평생을 헤매며, 지혜를 얻기 위해 평생 공부에 매달립니다. 그러나 이 모든 것이 하나님보다 앞선다면 의미 없다는 것이 솔로몬의 선포입니다. "적어도 이런 것 때문에 인생을 살지는 말자. 이게 내 인생의 목적이 될 수는 없다"는 것입니다. 가끔 잘나가는 유명 인사나 대기업 회장들이 자살하는 사건을 보면, 새삼 전도서 말씀의 가르침이 옳다는 생각을 하게 됩니다.

주님의 일꾼

고전 4:11-12

우리가 주리고 목마르며 … 모욕을 당한즉 축복하고 박해를
받은즉 참고.

To this very hour we go hungry and thirsty, … When we are
cursed, we bless; when we are persecuted, we endure it.

사역자의 월요일 아침은 무척이나 피곤합니다. 전날인 주일에는 새벽 6시에 집에서 나와 오후 예배의 설교까지 이어집니다. 그래서 월요일 아침의 모임 약속은 힘듭니다.

그런데 말씀에 나와 있는 바울의 삶은 사고의 연속이었습니다. 주리고 목마르고 모욕을 당하고 박해를 받고….

"하나님, 제가 주의 일을 하는 게 힘들다고 하소연했는데, 바울에 비하면 아무것도 아니었네요. 오히려 그만한 것에 감사합니다."

바울의 힘든 삶을 생각하면 저절로 감사기도가 나옵니다.

사랑의 은사

고전 13:4

사랑은 오래 참고 사랑은 온유하며 시기하지 아니하며 사랑은 자랑하지 아니하며 교만하지 아니하며.

Love is patient, love is kind. It does not envy, it does not boast, it is not proud.

고린도전서 12장은 다양한 은사를 다루고 있습니다. 예언하는 은사, 가르치는 은사, 기적을 일으키는 은사, 병을 고치는 은사, 남을 돕는 은사, 관리하는 은사, 여러 가지 방언으로 말하는 은사에 이르기까지 그 수만 해도 꽤 됩니다. 그런데 바울은 이 모든 은사를 총정리하는 대목에서 이렇게 말합니다.

"그중에 가장 중요한 은사가 있는데 무엇인지 아십니까?"

다른 모든 은사가 있어도 이것이 없으면 아무것도 아니라는데, 이것이 가장 크고 소중한 은사라는데 그 은사는 무엇일까요? 고린도전서 13장이 그 답입니다. 바로 사랑의 은사입니다. 사랑이 없으면 아무것도 아닙니다.

"사람의 방언과 천사의 말을 할지라도 사랑이 없으면 소리 나는 구리와 울리는 꽹과리가 된다"(고전 13:1)

사랑이 없으면 꽝이라는 말입니다. 우리가 오래 참지도 못하고, 무례히 행하고 성을 냈다면 제 아무리 은사를 많이 받았다고 해도 아무것도 아닙니다.

꾸준한 영성 훈련

단 6:10

다니엘이 … 전에 하던 대로 하루 세 번씩 무릎을 꿇고 기도
하며 그의 하나님께 감사하였더라.

Now when Daniel learned Three times a day he got down
on his knees and prayed, giving thanks to his God, just as
he had done before.

청소년이었던 다니엘과 그 친구들의 신앙은 많은 도전
과 충격을 줍니다. 이들은 뜻을 정했습니다. 신앙생활을
제대로 하기로 마음먹은 것입니다. 그런데 이들이 뜻을
품은 것은 단순히 해 보자고 결심하는 차원이 아니었습니
다. 목숨을 건 투쟁이었습니다. 느부갓네살 왕 외에 다른
신에게 뜻을 정하면 곧바로 사형입니다. 이 살벌한 분위
기 가운데서도 그들은 신앙을 지켰습니다. 무서운 불시험
은 계속되었지만 시험보다 크신 하나님의 보호와 축복은
그 시험을 덮고도 남을 만했습니다. 다니엘과 친구들의
신앙은 한번의 객기로 이뤄진 영성이 아니었습니다. 수련
회에서 한번 받고 잊어버리는 냄비 신앙이 아니었습니다.
규칙적이고 꾸준한 영성 훈련이 이들이 버틸 수 있었던
비결이었습니다.

여기까지 도우신 하나님

삼상 7:12

사무엘이 돌을 취하여 미스바와 센 사이에 세워 이르되 여호
와께서 여기까지 우리를 도우셨다 하고 그 이름을 에벤에셀
이라 하니라.

Then Samuel took a stone and set it up between Mizpah
and Shen. He named it Ebenezer, saying, "Thus far has the
LORD helped us."

에벤에셀이라는 말은 '하나님이 우리를 여기까지 도우
셨다'는 뜻입니다.

어느 수험생이 말씀을 펴서 묵상했다고 합니다. 그랬더
니 이 말씀이 눈에 확 들어오더랍니다.

"여호와께서 여기까지 우리를 도우셨다."

이 학생은 말씀을 묵상하면서 마음이 놓였답니다. '그
래, 하나님이 나를 어려서부터 지금까지 인도해 오셨다.
그리고 오늘도, 내일도 내 인생을 도우시고 인도하실 거
다. 그러니까 불안해하지 말고 하나님께 맡기자.'

요즘 여러분은 어떤 마음인가요? 하루하루를 성실하
게 보내면서 보람을 느끼나요? 아니면 후회로 가득한 날
들을 보내고 있나요? 물론 모든 분이 전자의 경우에 속하
기를 바라지만, 후자에 속하는 분이라도 힘내시기를 바랍
니다. 에벤에셀의 하나님이 우리의 인생을 도우실 것이기
때문입니다.

하나님을 닮은 판단력

시 82:1-2

하나님은 신들의 모임 가운데에 서시며 하나님은 그들 가운데에서 재판하시느니라 너희가 불공평한 판단을 하며 악인의 낯 보기를 언제까지 하려느냐(셀라).

God presides in the great assembly; he gives judgment among the 'gods': "How long will you defend the unjust and show partiality to the wicked?" Selah.

MBTI 성격유형론에서는 사람의 판단 능력을 두 가지로 나눕니다. 감정형과 판단형입니다. 두 유형 다 약점과 강점이 있지만 실리 면에서는 판단형이 앞섭니다. 감정형은 상대방의 감정을 지나치게 고려한 나머지 부드러운 결정은 내릴 수 있을지 몰라도 지나고 보면 판단형의 주도면밀함 앞에서 꼬리를 내리기 십상입니다. 그러나 하나님은 우리의 섬세한 감정의 세포까지도 꼼꼼히 배려하실 뿐 아니라 가장 합리적이고 누구도 항의할 수 없는 완벽한 판단을 내리십니다. 감정형과 판단형이 탁월하게 조화된 분이십니다. 우리는 각자의 흐린 판단력을 말씀과 기도의 내공으로 변화시켜야 합니다. 하나님을 닮은 균형 잡힌 판단력을 달라고 기도해야 합니다.

말의 위력

롬 3:13

그들의 목구멍은 열린 무덤이요 그 혀로는 속임을 일삼으며
그 입술에는 독사의 독이 있고.

"Their throats are open graves; their tongues practice
deceit." "The poison of vipers is on their lips."

'열린 무덤' '독사의 독'이라는 단어가 주는 느낌은 생각
만 해도 소름 끼칩니다. 그러나 한편으로는 이 표현이 가
장 현실적인 표현이 아닌가 하는 생각이 듭니다.

인간이 타락한 많은 부분 가운데 하나가 바로 언어생활
입니다. 생활 속에서 듣게 되는 많은 말들 속에는 듣고 있
으면 행복하고 사랑스러운 말도 있지만, 듣고 있으면 정
말 너무 괴로워서 무덤 속에 있는 듯한 느낌을 받게 되는
말도 있습니다.

말 한마디가 많은 다툼을 가져오기도 하고, 심지어 전쟁
을 일으키기도 합니다. 반면 말 한마디로 전쟁이 그치기
도 하고, 천 냥 빛을 갚기도 합니다. 그만큼 중요한 것이
우리의 언어생활입니다.

원수를 용서하는 마음

롬 12:19

내 사랑하는 자들아 너희가 친히 원수를 갚지 말고 하나님의 진노하심에 맡기라 기록되었으되 원수 갚는 것이 내게 있으니 내가 갚으리라고 주께서 말씀하시니라.

Do not take revenge, my friends, but leave room for God's wrath, for it is written: "It is mine to avenge; I will repay," says the Lord.

지방에서 서울로 올라와 학교생활을 하고 있는 한 학생이 같은 반 친구들 때문에 맘고생을 많이 했다고 합니다. 사소한 말다툼으로 시비가 붙었는데 '죽여 버리고 싶다'는 무서운 생각까지 들더랍니다. 그런데 묵상을 하고 나서 그 친구들을 위해 기도하고 나쁜 마음을 가졌던 것에 대해 회개했다고 합니다.

살다 보면 원수를 만나게 되어 있습니다. 그 원수에게 앙갚음을 해 주기 전에 원수의 자녀였던 우리를 용서하고 받아 주신 하나님을 생각해야 합니다. 죄인 된 우리를 용서하고 사랑해 주신 예수님을 봐서라도 우리 스스로 원수를 갚아서는 안 됩니다. 원수 갚는 일은 하나님께 속한 일입니다.

필연적인 인도하심

출 2:10

그 아기가 자라매 바로의 딸에게로 데려가니 그가 그의 아들
이 되니라 그가 그의 이름을 모세라 하여 이르되 이는 내가
그를 물에서 건져 내었음이라 하였더라.

When the child grew older, she took him to Pharaoh's
daughter and he became her son. She named him Moses,
saying, "I drew him out of the water."

하나님은 모세의 인생을 우연이 아니라 필연으로 인도
하셨습니다. 다만 우연을 가장했을 뿐입니다. 모세의 인
생은 우연이 아니라, 이스라엘 백성을 애굽에서 나오게
하기 위한 하나님의 세밀한 인도하심의 과정이었습니다.
놀랍지 않습니까? 이 말씀을 묵상하면서 각자의 삶을 돌
아보십시오. 지금까지 내가 만난 사람들, 그동안 겪은 일
들을 돌아보면 우연의 연속인 것 같지만 이 모든 것이 나
를 향한 하나님의 계획이었음을 깨닫게 됩니다. 모세의
삶이 그랬듯이 우리의 삶도 우연이 아닙니다. 우리 삶에
우연은 없습니다.

겸손해야 할 의무

출 22:21

너는 이방 나그네를 압제하지 말며 그들을 학대하지 말라 너희도 애굽 땅에서 나그네였음이라.

Do not mistreat an alien or oppress him, for you were aliens in Egypt.

하나님은 이스라엘 백성에게 이방 나그네, 즉 외국인을 못살게 굴지 말라고 하셨습니다. 그들을 학대하지 말라고 하셨습니다. 왕따를 시키지 말라는 말씀입니다. 실제로 이스라엘 백성 가운데 일부는 자신들이 애굽에서 이방 나그네였다는 사실을 망각한 채 외국인들에게 못된 짓을 했던 모양입니다. 하나님은 그들의 못된 행동을 넘어가지 않고 지적하셨습니다.

"너도 애굽 땅에서 나그네였잖아. 근데 왜 무시해!"

사람은 잘나갈 때 조심해야 한다는 말이 있습니다. 진정 훌륭한 사람은 최상의 자리에서 겸손한 사람입니다. 요즘에 성적 좀 올랐다고 공부 못하는 애들을 무시하지는 않았나요? 좀 잘생겼다고 상대적으로 개성 있게 생긴 애들을 낮춰 보지는 않았나요? 한번 돌아볼 필요가 있습니다.

주의 사랑 안에서

엡 1:5

그 기쁘신 뜻대로 우리를 예정하사 예수 그리스도로 말미암
아 자기의 아들들이 되게 하셨으니.

He predestined us to be adopted as his sons through Jesus
Christ, in accordance with his pleasure and will.

오늘도 하나님의 관심과 사랑의 말씀이 나를 사로잡습
니다. 하나님은 '나를 하나님의 자녀로 예정'하셨습니다.
그런데 그 사랑과 관심은 갑자기 이뤄진 것도 아니고 한
번 슬쩍 관심을 가져 보는 것도 아닙니다. 내가 태어나기
도 전에, 헤아릴 수 없을 정도로 오랜 세월 전부터 계획되
어 있었던 것입니다.

이 세상에 존재하는 사랑 중에 하나님의 사랑보다 큰 것
은 없습니다. 그토록 오랫동안 나를 기다릴 수 있는 분은
하나님밖에 없습니다. 가끔은 이런저런 일들 때문에 힘들
고 외롭기도 하지만, 이런 하나님의 사랑 앞에서 어찌 외
로워할 수 있겠습니까? 나를 그토록 사랑하시는 하나님
이 계신데 말입니다. 여러분도 하나님의 사랑 때문에 행
복하고 뿌듯한 하루를 보내시기 바랍니다.

약점을 강점으로 바꾸는 기도

삼상 1:10

한나가 마음이 괴로워서 여호와께 기도하고 통곡하며.

In bitterness of soul Hannah wept much and prayed to the
LORD.

한나에게는 아이를 가질 수 없는 약점이 있었습니다. 남
편에게 사랑받는 아내였지만, 아이를 가질 수 없다는 약
점은 그녀에게 치명적이었습니다. 그러나 한나의 강점은
약점을 기도라는 적극적인 방법으로 풀었다는 것입니다.
약점이 강점이 된 셈입니다.

이 말씀을 묵상하면서 두 가지 적용을 해야 합니다. 첫
째, '다른 사람들은 다 행복하고 문제도 없는데 왜 나만 그
럴까'라는 생각을 다시는 하지 않는 것이고 둘째, 설사 나
에게 약점이 있더라도 그 문제를 인정하고 하나님 앞에
가지고 나가 적극적으로 기도하면서 약점을 강점으로 만
드는 것입니다. 살다 보면 자신의 한계를 종종 느낍니다.
그러나 나만 그럴 거라는 생각은 틀린 생각입니다. 세상
을 살아가는 많은 사람들 역시 저마다의 약점을 가지고
있습니다. 다만 그것을 하나님 앞에서 어떻게 풀어내느냐
가 관건입니다.

얼짱보다는 신앙짱

삼상 9:2

기스에게 아들이 있으니 그의 이름은 사울이요 준수한 소년
이라 이스라엘 자손 중에 그보다 더 준수한 자가 없고 키는
모든 백성보다 어깨 위만큼 더 컸더라.

He had a son named Saul, an impressive young man
without equal among the Israelites - a head taller than any
of the others.

사실 얼짱은 구약시대에도 있었습니다. 얼짱의 이름은
사울이었죠. 사울은 준수한 외모에 긴 다리를 가진 청년
이었습니다. 성경은 "이스라엘 자손 중에 그보다 더 준수
한 자가 없었다"라고 기록하고 있습니다. 게다가 "키는 모
든 백성보다 어깨 위만큼 더 컸더라"는 말씀처럼 훤칠한
키는 길거리에 나가면 많은 사람이 우러러볼 정도였습니
다. 그러나 하나님을 버렸던 얼짱 사울의 비참한 최후는
제 아무리 잘생긴 얼짱이라도 믿음이 없으면 아무 소용
이 없다는 것을 보여 줍니다. 얼짱이라고 해서 자동적으
로 인생의 승리자가 되는 것은 아닙니다. 외모가 수려한
얼짱보다 하나님께 인정받는 신앙짱, 묵상짱이 되는 것이
더 중요합니다.

믿음의 선택

삼상 27:1

다윗이 그 마음에 생각하기를 내가 후일에는 사울의 손에 붙잡히리니 블레셋 사람들의 땅으로 피하여 들어가는 것이 좋으리로다.

But David thought to himself, "One of these days I will be destroyed by the hand of Saul. The best thing I can do is to escape to the land of the Philistines."

오랫동안 사울의 집요한 괴롭힘을 당해 온 다윗은 자신을 용서한다는 사울의 말을 믿지 못하고, 블레셋 사람의 땅으로 도망가기로 결정했습니다. 그러나 이 결정은 분명 문제가 있는 결정이었습니다. 이 결정 때문에 다윗은 이방 블레셋 민족과 한 팀이 되어 이스라엘 백성과 전쟁을 벌여야 하는 입장에 서는가 하면, 아부를 떨면서 살아야 하는 이방인 생활을 하게 됩니다.

하나님은 다윗을 그동안 신실하게 지켜 주셨습니다. 다윗이 사울의 무지막지한 핍박에도 견딜 수 있었던 것은 그의 믿음 때문이었을 겁니다. 그러나 오늘 본문에서는 그 믿음을 찾아볼 수가 없습니다. 하나님과 상의한 흔적도 없습니다. 그저 "그 마음에 생각하기를"이라는 표현밖에 없습니다. 여러분은 어떤 선택을 내리기를 원합니까? 믿음의 선택입니까 아니면 현실의 선택입니까?

그리스도인의 겸손 모드

시 147:6

여호와께서 겸손한 자들은 붙드시고 악인들은 땅에 엎드러
뜨리시는도다.

The LORD sustains the humble but casts the wicked to the
ground.

사람은 나이가 먹을수록 남들이 자신을 알아주고 대접
해 주기를 바라는 경향이 있습니다. 어릴 때는 상대가 나
보다 나이가 많으니까 그럴 수도 있으려니 생각했던 것들
이 이제는 모두가 섭섭함과 미움으로 발전하는 것을 보게
됩니다. 아마도 나이가 들면서 교만이라는 독소가 내면세
계에 퍼지기 때문이겠지요. 사람이 아무것도 없을 때는
없어서 겸손할 수 있다고 해도, 나이와 경험이 늘어 가면
서도 겸손하기는 참 어려운 것 같습니다.

말씀 앞에 머물러서 잘못된 내 마음과 태도를 고쳐 달라
고 간구해야 합니다. 그러면 경쟁의 상대가 사랑의 상대
로 변할 것입니다. 겸손하지 못한 사람은 스스로를 힘들
게 하고 스트레스를 받지만, 말씀을 묵상하고 겸손의 옷
을 입은 사람은 이 세상 사람들을 사랑의 대상으로 바라
봅니다. 여러분도 겸손 모드로 바꾸십시오.

고난 중에 빛을 발하는 믿음

창 12:6

아브람이 그 땅을 지나 세겜 땅 모레 상수리나무에 이르니 그때에 가나안 사람이 그 땅에 거주하였더라.

Abram traveled through the land as far as the site of the great tree of Moreh at Shechem. At that time the Canaanites were in the land.

아브람은 믿음의 사람이었습니다. 그는 하나님의 말씀에 순종하여 고향을 떠나 미지의 땅 가나안으로 향했습니다. 그런데 하나님이 가라고 하신 그 땅에는 기골이 장대한 사람들이 이미 떡 하니 자리를 잡고 살아가고 있었습니다. 아마도 아브람은 적잖이 당황했을 것입니다. 게다가 그 땅에는 흉년이 들었습니다. 농업 기술이 지금처럼 발달하지 못한 당시 상황에서 흉년은 아브람에게 살인적인 소식이었을 것입니다.

우리의 믿음의 여정에도 원치 않는 사건이 일어날 수 있습니다. 바로 그때 믿음을 잃고 하나님을 원망하거나 좌절하지 말고, 다시 확인해 주시고 위로해 주시는 하나님의 음성을 들어야 합니다. 더욱더 목숨을 걸고 예배를 드려야 합니다. 그것이 모든 위기에서 벗어나는 최선의 방법입니다. 진정한 믿음은 고난과 환란을 만났을 때 빛을 발합니다. 고난과 환란을 대하는 모습이 곧 그의 신앙입니다.

십일조는 신앙의 고백

창 28:22

내가 기둥으로 세운 이 돌이 하나님의 집이 될 것이요 하나
님께서 내게 주신 모든 것에서 십분의 일을 내가 반드시 하
나님께 드리겠나이다 하였더라.

and this stone that I have set up as a pillar will be God's
house, and of all that you give me I will give you a tenth.

형 에서를 속인 대가를 혹독히 치르고 있던 야곱은 고
향에서 쫓겨나 도망자 신세로 전락했습니다. 낯선 곳에서
춥고 배고팠을 겁니다. 무엇보다 형 에서가 자신을 쫓아
온다는 강박 관념 속에서 한시도 마음 편한 적이 없었을
것입니다. 그 와중에 하나님은 야곱을 위로하시고 감동의
메시지를 주셨습니다.

"내가 너를 지켜 주겠다. 네가 주리고 목마르지 않게 복
을 내리겠다"(창 28:10-16).

이 말씀이 야곱에게는 너무나도 은혜가 되었습니다. 그
는 당장 예배드리기로 결심하고 그의 마음을 담아 주님께
십일조를 약속했습니다. 야곱의 십일조는 그의 인생이 전
적으로 하나님의 은혜였다는 것을 고백하는 표현이었습
니다. 신앙의 고백이었던 것입니다. 여러분도 야곱의 심
정으로 십일조를 드리고 있습니까?

형통하게 하시는 하나님

창 39:23

여호와께서 요셉과 함께하심이라 여호와께서 그를 범사에 형통하게 하셨더라.

because the LORD was with Joseph and gave him success in whatever he did.

요셉의 형통에는 목적이 있었습니다. 단순히 요셉만을 잘 먹고 잘살게 하기 위한 개인적인 차원의 형통이 아니었다는 말입니다. 요셉의 형통에는 하나님의 섭리와 계획이 있었습니다. 그의 형통은 개인의 형통을 넘어서서 민족의 형통을 준비하는 것이었습니다. 결국 그의 형통으로 그는 점점 더 높은 자리로 올라갔고, 급기야 애굽의 총리 자리에 올랐습니다. 훗날 그의 형통 덕분에 살인적인 기근을 맞아 피난 온 이스라엘 백성이 쉴 곳을 얻었고, 그곳에서 큰 민족을 이루었고, 애굽을 나와 약속의 땅 가나안으로 들어가게 되었습니다.

이처럼 하나님이 나에게 형통을 주실 때는 그것을 통해 이루고자 하시는 하나님의 뜻이 있습니다. 그래서 모든 일이 잘될 때 그 형통이 쓰임 받을 곳을 잘 찾아봐야 합니다. 성적이 오르고, 유명해지고, 돈이 많아질 때 나를 형통케 하시는 하나님의 뜻을 잘 살펴서 형통의 주인이신 하나님을 섭섭하게 해 드리지 않아야 합니다.

시험을 이기는 인내

약 1:2-3

내 형제들아 너희가 여러 가지 시험을 당하거든 온전히 기쁘게 여기라 이는 너희 믿음의 시련이 인내를 만들어 내는 줄 너희가 앎이라.

Consider it pure joy, my brothers, whenever you face trials of many kinds, because you know that the testing of your faith develops perseverance.

그리스도인의 공동체에서 예수님, 아멘 다음으로 많이 쓰이는 단어가 시험 아닐까요? 많은 사람이 시험에 들었다고 하면서 교회를 떠나기도 하고 인간관계의 단절을 경험하기도 합니다. 어떻게 보면 우리는 참 시험 많은 세상 속에서 살아가고 있습니다.

하나님이 우리에게 시련을 주시는 것은 우리를 온전케 하기 위한 하나님의 계획이라는 것을 깨달아야 합니다. 돌이켜 생각하면 나에게 주신 시험 때문에 내가 강하게 되었고, 다른 형제자매들의 마음에 공감하고 그들을 도울 수 있었습니다. 나에게 주신 시험이라는 환경 뒤에는 언제나 하나님 아버지의 또 다른 선물이 기다리고 있기 때문에 기뻐할 수 있습니다. 시험을 만나더라도 기쁘게 여깁시다. 이 시험을 믿음 안에서 통과할 때 우리가 온전하고 성숙하게 되어 아무것에도 부족함 없는 사람들이 될 것입니다.

성령님이 오신 이유

엡 6:19

또 나를 위하여 구할 것은 내게 말씀을 주사 나로 입을 열어
복음의 비밀을 담대히 알리게 하옵소서 할 것이니.

Pray also for me, that whenever I open my mouth, words
may be given me so that I will fearlessly make known the
mystery of the gospel.

많은 사람들이 성령님 하면 방언기도를 하고, 하지 못했던 일도 해결해 내고, 병든 사람들을 고치고, 귀신을 내쫓는 등 기적의 역사를 일으키는 것을 떠올립니다. 물론 이런 것들도 필요하겠지만 성령님이 오셔서 정말 하고 싶으셨던 일은 복음을 담대히 전하는 것입니다. 내 개인적인 문제의 해결을 위해 성령님께 구하는 것도 필요하지만, 무엇보다 하나님 나라의 확장과 복음 전파를 위해 성령님을 구하고 사모해야 합니다.

"성령님. 지금 시험을 보고 있는데 답이 생각이 안 나요. 제발 답이 떠오르게 해 주세요. 혹시 생각이 안 나서 찍더라도 맞게 해 주세요."

이런 기도 해 본 적 있나요? 우리는 성령님을 지나치게 개인적인 성공과 목적에 동원하려는 경향이 있는 것 같습니다. 성령님이 오신 첫 번째 목적은 바로 복음을 전하게 하는 것임을 기억해야 합니다.

하나님의 뜻을 분별하는 방법

행 10:19-20

베드로가 그 환상에 대하여 생각할 때에 성령께서 그에게 말씀하시되 … 의심하지 말고 함께 가라 내가 그들을 보내었느니라 하시니.

While Peter was still thinking about the vision, the Spirit said to him, " … Do not hesitate to go with them, for I have sent them."

베드로는 유대인이었습니다. 그도 당시의 모든 유대인들이 그랬던 것처럼 이방인들을 무시했습니다. 그러나 놀라운 보자기 환상을 통해 그가 정결하지 못하다고 생각했던 이방인들에게 복음을 전하라는 하나님의 명령을 받게 됩니다. 그러나 그는 당혹스러웠습니다. 아직도 이방인들을 향해 마음이 열리지 않았기 때문입니다. 바로 그때 하나님이 이방인 고넬료를 베드로에게 보내셨습니다. 베드로는 고넬료와 이야기를 나누면서 그가 하나님이 보내신 사람이라는 것을 깨닫게 됩니다. 하나님은 베드로에게만 자신의 뜻을 알리신 것이 아니라 동시에 다른 사람에게도 알리신 것입니다.

만일 여러분에게 주신 하나님의 뜻이 정말로 하나님의 뜻이라면, 여러분을 사랑하는 사람들에게도 동일한 마음을 주실 것입니다. 그것이 하나님의 뜻을 분별하는 방법입니다.

영혼을 살리는 설교

행 20:9

바울이 강론하기를 더 오래 하매 졸음을 이기지 못하여 삼
층에서 떨어지거늘 일으켜 보니 죽었는지라.

When he was sound asleep, he fell to the ground from the
third story and was picked up dead.

교회에서 예배를 드릴 때 다양한 모습을 볼 수 있습니다. 진지하게 은혜를 받는 분들이 대부분이지만 몇몇 분들은 아예 대놓고 자는 경우도 있습니다. 심지어 코를 고는 분도 있습니다. 오늘 본문에도 졸다가 경을 친 사람의 이야기가 나옵니다. 이름은 유두고, 설교 중에 졸다가 3층에서 떨어져 죽는 불명예를 겪은 사람입니다.

바울은 사람들 사이로 들어가 생명의 말씀을 듣다가 오히려 목숨을 잃어버린 유두고를 품에 안고 이렇게 선포했습니다.

"떠들지 마십시오. 생명이 그에게 있습니다"(행 20:10).

그의 선포대로 유두고는 살아났고 설교는 계속되었습니다. 설교란 연약한 자들, 죽어 있는 자들을 살리는 생명의 작업임을 몸소 보여 준 놀라운 사건이었습니다.

설교자는 말씀을 듣지 않고 끊임없이 떠드는 성도들을 볼 때 내심 화나기도 할 것입니다. 그러나 육신과 영혼의 연약함 때문에 죽어 있는 청중들을 살려 내는 진정한 설교자가 될 수 있도록 기도해야 합니다.

하나님의 명단

에 2:2

이스라엘 백성의 명수가 이러하니.

The list of the men of the people of Israel.

나이가 어릴수록 잘못을 책망하는 부모의 진심을 이해하기가 어려운 것 같습니다. 부모님의 뜻을 헤아리기보다는 일단 자신이 당한 일에만 집중해서 불평과 반항으로 일관하게 됩니다. 이스라엘 백성도 그럴 수 있었습니다. 나라를 잃고 적국에 포로가 되어 끌려온 입장이라면, 그들을 징계하시는 하나님의 본심을 헤아리지 못하고 불평과 불만으로 세월을 보낼 수도 있었습니다. 그러나 말씀을 묵상하면서 하나님의 마음을 되새겨 봐야 합니다.

포로 중에 있는 백성은 하나님을 잊을 수 있지만 하나님은 절대로 잊지 않으십니다. 한 명도 빼놓지 않고 아주 꼼꼼하게 기억하십니다. 에스라 2장에 나와 있는 자세한 명단은 신실하신 하나님의 사랑을 나타냅니다. 이 명단은 포로로 끌려간 백성이 한 명도 빠짐없이 돌아오기를 원하시는 하나님의 마음입니다. 분명 하나님의 명단에는 구원받은 백성, 바로 여러분이 포함되어 있을 것입니다.

먼저 하나님께 물어보기

삼하 5:19

다윗이 여호와께 여쭈어 이르되 내가 블레셋 사람에게로 올라
가리이까 여호와께서 그들을 내 손에 넘기시겠나이까 하니.

So David inquired of the LORD, "Shall I go and attack the
Philistines? Will you hand them over to me?"

우리가 그리스도인이 되어서 얻게 된 가장 큰 선물 가운
데 하나는, 삶의 문제에 대해 하나님께 상의드릴 수 있는
것입니다. 다윗은 군대를 동원해 전쟁을 해야 하는 상황
에서 늘 하나님께 물었습니다.

"이 전쟁을 해야 합니까 말아야 합니까?"

이미 권력을 소유한 다윗으로서는 자신의 말 한마디면
군사를 동원할 수 있는데도 하나님께 먼저 물어봤습니다.
그는 이미 유명해질 대로 유명해졌고, 이웃 나라에서 선
물로 다윗의 집을 지어 줄 정도로 누구도 넘볼 수 없는 권
력을 소유했습니다. 상당히 교만해질 수 있는 환경 가운
데서 다윗은 그의 인생의 주도권과 결정의 권한을 하나님
께 맡긴 것입니다.

우리가 하나님께 물어봐야 할 것은 무엇일까요? 하나님
께 물어보지도 않고 마음대로 결정한 일이 있다면 회개해
야 합니다.

자존감의 회복

삼하 17:23

아히도벨이 자기 계략이 시행되지 못함을 보고 … 스스로 목
매어 죽으매 그의 조상의 묘에 장사되니라.

When Ahithophel saw that his advice had not been
followed, … then hanged himself. So he died and was
buried in his father's tomb.

아히도벨이라는 인물은 참으로 똑똑하고 능력 있는 사람
이었습니다. 그런 그가 비참한 최후를 맞을 수밖에 없었던
이유는 무엇일까요? 우선 그는 자신보다 지혜로우신 하나
님을 알지 못했습니다. 제 아무리 똑똑한 사람일지라도 하
나님보다 지혜로울 수는 없습니다. 인간은 피조물에 불과
하기 때문입니다. 그리고 약한 자존감이 문제였습니다.

자존감이란 스스로 자신을 바라보는 시선을 말합니다.
자존감이 약한 사람은 자신을 사랑할 수 없습니다. 아히
도벨은 충분히 자존감을 가질 만한 위치에 있었음에도 불
구하고 자신을 사랑하지 못했습니다. 그래서 자신의 계획
이 취소되자 자살을 하고 맙니다.

자존감은 하나님과의 깊은 관계를 통해 회복됩니다. 하
나님을 만나지 못한 사람은 자존감이 회복되기가 어렵습
니다. 가장 지혜로우신 하나님을 믿고, 다른 사람의 시선
과 평가를 넘어서서 자존감을 회복하시기를 바랍니다.

겸손한 사람이 받을 영광

잠 4:8

그를 높이라 그리하면 그가 너를 높이 들리라 만일 그를 품
으면 그가 너를 영화롭게 하리라.

Esteem her, and she will exalt you; embrace her, and she
will honor you.

사람은 연약합니다. 하나님의 말씀을 듣고 위로를 받고
즐거워하지만, 이내 환경의 지배를 받으면서 곧 우울해하
고 불안해합니다. 특히 현대인에게 가장 두려운 것은 자
신의 삶이 우아함과는 거리가 먼 상태로 떨어지는 것입니
다. 그러나 오늘 본문에서 우리의 머리에 우아한 삶을 상
징하는 화관을 씌워 주겠다고 말씀하십니다. 어떤 사람이
우아한 삶을 살 수 있을까요? 지혜를 붙잡는 사람입니다.
잠언은 지혜의 말씀입니다. 그 지혜의 핵심은 바로 하나
님 여호와를 경외하고 두려워하는 것입니다.

수직적으로 하나님께는 그분을 두려워하는 것과 그분
을 아는 것이 지혜라고 한다면, 수평적으로 우리가 살아
가면서 만나는 사람들과 공동체 안에서의 지혜는 무엇이
겠습니까? 바로 겸손입니다. 겸손한 사람은 하나님이 높
여 주시는 영광을 얻을 것이지만, 교만한 사람은 비웃음
을 당할 것입니다.

내 뒤에 계시는 주

요 20:14

이 말을 하고 뒤로 돌이켜 예수께서 서 계신 것을 보았으나 예수이신 줄은 알지 못하더라.

At this, she turned around and saw Jesus standing there, but she did not realize that it was Jesus.

살다 보면 예수님이 도무지 보이지 않을 때가 있습니다. 예수님이 함께 계신다면 어떻게 나에게 이런 일이 일어날 수 있는지 원망스러울 때가 있습니다.

예수님이 십자가에 못 박혀 죽으시고 모든 제자들이 흩어진 뒤에, 예수님을 쫓던 자들은 두려움과 허탈감에 떨고 있었습니다. 그러나 그동안의 모든 수고와 노력이 물거품이 된 것 같은 상황에서 예수님은 부활하셨습니다. 마리아의 뒤에 계셨습니다. 뒤를 돌아봤을 때 예수님이 거기 서 계셨던 것입니다. 그렇습니다. 예수님이 십자가에서 돌아가신 것으로 끝난 게 아니었습니다. 그분의 뒤를 쫓는 자들의 뒤에 부활의 예수님이 서 계셨던 것입니다.

내가 보지 못했을 뿐이지 내 뒤에 계셨던 주님입니다. 예수님을 알아보지 못하는 마리아를 큰 소리로 불러 알아보게 하신 것처럼 오늘 우리의 이름을 불러 주셔서 주님이 함께하심을 깨닫게 하시기를 기도합니다.

지극히 작은 자에게 친절을

마 25:40

내 형제 중에 지극히 작은 자 하나에게 한 것이 곧 내게 한
것이니라.

whatever you did for one of the least of these brothers of
mine, you did for me.

누가 양이고 누가 염소인지를 구별하는 기준이 바로 오
늘 본문의 말씀입니다. 잘난 사람, 똑똑한 사람, 착한 사
람이 구별의 기준이 아니라 지극히 작은 자에게 한 행동
이 구별의 기준이라는 것입니다. 구체적으로 어떤 행동일
까요? 배고픈 사람에게 먹을 것을 주는 것, 목마른 사람에
게 마실 것을 주는 것, 갈 곳 없어 떠도는 나그네를 영접하
는 것, 입을 것이 없는 사람을 입히는 것, 병든 사람을 돌
보는 것, 옥에 갇힌 사람에게 면회를 가는 것입니다.

지극히 작은 자에게 이런 행동을 할 때 영벌이 아닌 영
생을 얻게 됩니다. 이 말씀을 묵상하면서 내가 돌봐야 할
지극히 작은 자가 누구인지를 생각해 보십시오. 주위를
조금만 둘러봐도 우리가 돌봐야 할 작은 자들이 아주 많
다는 사실에 놀랄 것입니다.

복음 전하는 자의 권세

마 28:18

예수께서 나아와 말씀하여 이르시되 하늘과 땅의 모든 권세
를 내게 주셨으니.

Then Jesus came to them and said, "All authority in
heaven and on earth has been given to me."

"하늘과 땅의 모든 권세를 내게 주셨으니."

말씀을 전하는 자에게 이보다 더 큰 용기와 위로의 말씀
이 어디 있겠습니까? 사실 청소년집회를 하다 보면 도대
체 무슨 말인지 하나도 모르겠다는 표정을 짓고 있는 10
대들을 보면서 기가 질릴 때가 한두 번이 아닙니다. 그러
나 나에게 하늘과 땅의 모든 권세가 있는 한 어떤 청중도
문제가 되지 않았습니다. 큰 권세가 복음을 전하는 자에
게 있음으로 든든하기가 이루 말할 수 없는 것입니다.

복음이 전해지면 반응하지 않던 청소년들이 반응하고,
일어나 찬양하고, 기뻐하며 하나님의 이름을 선포합니다.
이 모든 것이 하늘과 땅의 모든 권세를 복음 전하는 자에
게 주신 하나님의 능력입니다. 하나님은 그분의 말씀이
전해지는 곳에 함께 있기를 기뻐하시는 분입니다.

성경의 주인공

창 22:9

하나님이 그에게 일러 주신 곳에 이른지라 이에 아브라함이
그곳에 … 그의 아들 이삭을 결박하여 제단 나무 위에 놓고.

When they reached the place God had told him about, …
He bound his son Isaac and laid him on the altar, on top of
the wood.

성경을 잘 묵상해 보면, 믿음의 조상이라고 불리는 아
브라함은 사실 그 칭호에 어울리지 않는 사람이라는 것을
발견하게 됩니다. 그는 자신의 아내를 누이라고 말했습니
다. 하나님이 분명히 아브라함의 몸에서 날 자손이 하늘
의 별처럼 많게 될 것이라고 말씀하셨지만, 이미 할머니
가 되어 버린 아내 대신 하갈을 취해 아들을 낳았습니다.
그는 실수투성이의 인생을 산 연약한 조상입니다.

그러나 오늘 본문에 나오는 아브라함의 순종은 너무나
인상적입니다. 엉터리로 신앙생활을 했던 그를 이렇게 성
숙한 순종의 모습을 보이도록 훈련시키신 하나님이 놀라
울 뿐입니다. 아브라함이 믿음의 조상이 될 수 있었던 것
은 순전히 하나님의 인자하심과 아브라함을 향한 그분의
끊임없는 열심 때문입니다. 성경의 주인공은 하나님이십
니다. 아브라함도, 모세도, 다윗도, 바울도 아닙니다. 오
직 하나님만이 영원한 성경의 주인공이십니다.

첫사랑의 회복

계 2:4-5

그러나 너를 책망할 것이 있나니 너의 처음 사랑을 버렸느니라 … 회개하지 아니하면 내가 네게 가서 네 촛대를 그 자리에서 옮기리라.

Yet I hold this against you: You have forsaken your first love.… If you do not repent, I will come to you and remove your lamp stand from its place.

　오늘 본문에 "첫사랑을 회복하라. 그 사랑을 잃어버리면 네게서 촛대를 옮기리라"는 경고가 나옵니다. 나이를 많이 먹은 어른들에게 첫사랑이라는 단어는 너무나 아련한 단어입니다.

　사람들은 첫사랑을 거의 잃어버리고 삽니다. 사람에 대한 첫사랑도 중요하지만 하나님을 향한 첫사랑을 회복하는 것이 더 중요합니다.

　주님에 대한 첫사랑이 회복되지 않으면 촛대가 옮겨지리라는 말씀에 도전을 받아야 합니다. 주위를 둘러보면 어둠을 환하게 비추는 촛대가 옮겨져 어두운 삶을 사는 사람이 많습니다. 인생 최대의 불행은 하나님의 촛대가 옮겨지는 것입니다. 주님의 빛이 거하지 않는 인생에 행복은 없으며 비전도 없습니다.

용서할 때 받는 축복

욥 42:10

욥이 그의 친구들을 위하여 기도할 때 여호와께서 욥의 곤경을 돌이키시고 여호와께서 욥에게 이전 모든 소유보다 갑절이나 주신지라.

After Job had prayed for his friends, the LORD made him prosperous again and gave him twice as much as he had before.

욥기는 어렵기는 하지만 입에 쓴 약이 몸에 달다는 말처럼 잘 묵상할 경우 범사에 유익한 말씀들로 채워졌습니다. 욥의 치열한 고난의 현장 가운데서 그의 친구들은 그를 이해하고 함께 아파해 주기는커녕 욥이 상처 받을 말만 계속 쏟아 냈습니다. 욥의 입장에서는 안 그래도 몸이 아파서 힘든데 마음의 아픔까지 느껴야 하는 이중고에 시달린 것입니다. 그러나 욥은 친구들을 위해 기도했습니다. 자신에게 치명적인 상처를 입힌 사람을 위해 기도하는 것은 힘든 일입니다. 그러나 하나님의 개입으로 욥은 그들을 위해 기도했습니다. 바로 그때 하나님은 그 길었던 고난에서 욥을 돌이키시고, 그가 잃었던 모든 것의 갑절을 주셨습니다. 죽도록 미워했던 친구들을 용서하자 고난이 끝나고 이전보다 더한 축복이 임한 것을 보면서 참 많은 것을 생각하게 됩니다.

회복된 삶

롬 11:13

내가 이방인인 너희에게 말하노라 내가 이방인의 사도인 만큼 내 직분을 영광스럽게 여기노니.

I am talking to you Gentiles. Inasmuch as I am the apostle to the Gentiles, I make much of my ministry.

어려서부터 부모님 사이가 안 좋았고, 두 분이 심하게 싸우실 때마다 방 안에서 숨죽여 울던 친구가 있었습니다. 어느 날 외식을 하자는 아버지 말씀에 신이 나서 옷을 갈아입고 식당으로 갔더니, 그곳에는 처음 보는 아줌마가 나와 있었습니다. 아버지는 "이제부터 네 엄마가 되실 분이다"라고 소개하셨습니다. 그 친구는 그때부터 아버지를 미워했고, 집이 싫어서 밖으로 돌기 시작했습니다. 마음에 상처를 입은 그는 자신이 어느 곳에도 낄 수 없는 이방인처럼 느껴졌을 것입니다. 그러나 청소년부 담당 목사님의 섬김을 통해 그 친구는 하나님을 영접하게 되었습니다. 4주간의 세례 교육을 마치고, 그는 예배 시간에 세례간증문을 읽으면서 가정이 다시 회복되었다고 말했습니다. 그래서 하나님의 은혜가 더욱 감사하는 고백도 잊지 않았습니다. 이처럼 예수님을 만난 인생에는 은혜와 감격이 흘러넘칩니다.

하나님의 계시

갈 2:2

게시를 따라 올라가 내가 이방 가운데서 전파하는 복음을 그들에게 제시하되.

I went in response to a revelation and set before them the gospel that I preach among the Gentiles.

바울은 예루살렘으로 올라가라는 계시를 받았습니다. 그는 어떤 대가나 보상도 바라지 않은 채 14년을 묵묵히 사역했습니다. 자신이 인정받는 것보다 복음을 전하는 것이 더 행복했기 때문이겠죠. 그러던 그가 자신의 계획이나 감정 때문이 아니라 정확한 하나님의 인도하심인 '계시'가 있었기 때문에 드디어 예루살렘 사도들을 만나러 올라가는 것입니다.

사회적 동물인 인간은 늘 하나님보다 환경을 바라보게 됩니다. 바라보는 수준을 넘어서서 절대적인 영향을 받게 됩니다. 오늘의 적용점이 바로 이것입니다.

"나는 정확한 하나님의 인도를 받고 움직이는가?"

말씀이 없는 사람은 하나님의 인도를 전혀 받지 않고, 그 결정의 중심에 하나님의 말씀이 없습니다. 하나님의 인도가 없는 곳에는 후회와 탄식만이 가득할 뿐임을 명심하십시오.

축복의 말씀과 저주의 말씀

수 8:34

그 후에 여호수아가 율법책에 기록된 모든 것대로 축복과 저
주하는 율법의 모든 말씀을 낭독하였으니.

Afterward, Joshua read all the words of the law - the
blessings and the curses - just as it is written in the Book
of the Law.

여호수아가 율법책에 기록된 대로 축복의 말씀과 율법
의 말씀을 낭독한 때는 이스라엘 백성이 여리고성과 아이
성의 승리를 거두고 난 뒤였습니다. 축복의 말은 어울릴
지 몰라도 저주의 말은 그리 어울리지 않는 상황일 수 있
습니다. 그러나 여호수아는 '축복의 말씀과 저주의 말씀'
을 모두 전했습니다. 인정과 축복만을 간구하는 우리를
안타까워하시는 하나님. 바로 이것이 오늘 하나님이 주시
는 음성입니다.

죄 많은 우리에게는 정확하고 날카로운 영적 진단과 처
방의 말씀이 필요합니다. 축복의 말씀만을 원하고 '저주의
말씀'을 거부하는 사람, 자존심으로 똘똘 뭉친 사람, '저주
의 말씀'을 모두 잔소리로 여기고 도무지 받아들이지 못하
는 사람은 이방 민족과의 전쟁에서 절대로 승리할 수 없
습니다. 여호수아처럼 내가 서 있는 곳에서 신발을 벗고,
거룩한 하나님의 말씀을 들어야 합니다.

사람을 낚는 삶

막 1:17

예수께서 이르시되 나를 따라오라 내가 너희로 사람을 낚는
어부가 되게 하리라 하시니.

"Come, follow me," Jesus said, "and I will make you
fishers of men."

부르심이 없는 사람, 인생의 미션이 없는 사람은 한 가
지 목적을 따라 내달리게 됩니다. 바로 '그물을 던지는 삶'
입니다. 좀 더 크고 효과적인 그물을 던지기 위해 평생을
보냅니다. 그렇게 그물 던지는 삶을 살던 베드로에게 예
수님이 찾아오셨습니다. 그리고 그에게 새로운 인생의 미
션을 주셨습니다. 바로 '사람을 낚는 삶'이었습니다. 그것
은 하나님 나라의 확장의 핵심인 복음 전도, 영혼 구원의
미션입니다. 그 부르심을 받는 순간 베드로의 삶은 자신
을 위해 그물을 던지는 삶에서 하나님 나라를 위해 쓰임
받는 삶으로 변화된 것입니다.

그물 던지는 삶 자체가 나쁜 것은 아닙니다. 다만 우선
순위가 문제입니다. 그리스도인은 인생의 우선순위에 '사
람을 낚는 삶'을 올려놓아야 합니다. 내가 하려는 일에 대
해 왜 그 일을 해야 하느냐고 누군가 묻는다면, "사람을
낚아 하나님 앞으로 인도하기 위해서"라고 말할 수 있어
야 합니다.

쉼을 주시는 분

마 11:29-30

나는 마음이 온유하고 겸손하니 나의 멍에를 메고 내게 배우라 그리하면 너희 마음이 쉼을 얻으리니 이는 내 멍에는 쉽고 내 짐은 가벼움이라 하시니라.

Take my yoke upon you and learn from me, for I am gentle and humble in heart, and you will find rest for your souls. For my yoke is easy and my burden is light.

　예수님이 설교를 얼마나 잘하셨을까 생각해 봅니다. 그 권위와 사람을 압도하는 영적 파워에다가 온갖 병자들을 치유하시고 심지어 죽은 자까지 살리셨으니, 듣는 사람들의 분위기가 어땠을지 짐작이 됩니다. 그러나 사실 대세는 예수님을 싸잡아 비난하며, 목수의 아들이라고 무시하면서 은혜를 받지 않는 분위기였습니다. 그러나 어린아이들의 태도는 달랐습니다. 아버지를 오랫동안 못 봐서 가난해진 아들의 마음이 바로 예수님이 우리에게 원하시는 마음입니다. 흔히 아들은 아빠에게 무거운 것을 들어 달라고 말합니다. 그러면 아빠들은 기꺼이 그 수고를 마다하지 않습니다. 자신의 아들이기 때문입니다. 하나님 앞에서도 마찬가지입니다. 우리는 하나님 앞에서 지혜로운 척, 학식이 많은 척하지 말고 그저 어린아이처럼 그분 앞에 수고하고 무거운 짐을 내려놓아야 합니다.

사랑이신 하나님

엡 3:18~19

능히 모든 성도와 함께 지식에 넘치는 그리스도의 사랑을 알
고 그 너비와 길이와 높이와 깊이가 어떠함을 깨달아.

may have power, together with all the saints, to grasp how
wide and long and high and deep is the love of Christ, and
to know this love that surpasses knowledge.

세상은 낭만적인 사랑이 대세를 이루고 있습니다. 너도
나도 사랑을 부르짖습니다. 그러나 이내 그 사랑은 움직
입니다.

"사랑이 변할 수 있는 거니?" "네가 말한 사랑이 이거니?"
떠나 버린 사랑에 대해 한탄합니다. 물론 낭만적인 사랑
은 존재합니다. 그러나 그 사랑은 깊이와 일관성에서 분
명한 한계를 지니고 있습니다.

우리에게 희망이 있는 것은, 우리가 사랑의 본체이신 하
나님을 알고 그분으로부터 사랑을 공급받고 있다는 사실
때문입니다. 누군가를 사랑할 수 있는 능력을 하나님으로
부터 받고 있는 것입니다. 하나님을 알지 못하는 사람은
사랑 비슷한 것을 할 수는 있어도 영혼을 사랑하는 진정
한 사랑은 알지도 못하고 하지도 못합니다. 사랑은 하나
님께 속한 것이기 때문입니다. 그분을 알게 될 때 비로소
진정한 사랑을 할 수 있습니다.

유혹 많은 세상

막 13:11

사람들이 너희를 끌어다가 넘겨줄 때에 … 무엇이든지 그때에 너희에게 주시는 그 말을 하라 말하는 이는 너희가 아니요 성령이시니라.

Whenever you are arrested and brought to trial,… Just say whatever is given you at the time, for it is not you speaking, but the Holy Spirit.

　예수님을 믿는다는 이유로 공회에 끌려가 궁지에 몰리고, 사선을 넘나들며 자신을 변호해야 할 그리스도인에게 예수님의 이 말씀은 얼마나 힘이 되었을까요. 성령님이 그들이 할 말을 주실 거라고 하셨습니다. 무슨 말을 해야 할지 그분이 알려 주신다는 말씀입니다.

　오늘날 우리는 초대교회 그리스도인들처럼 물리적인 핍박을 당하지는 않습니다. 예수를 믿는다고 재판을 받지도 않습니다. 하지만 이 세상은 죄의 달콤한 유혹으로, 문화로 포장된 타락의 영으로, 물질 만능의 영으로 우리를 넘어뜨리려고 합니다. 핍박이 너무 많아서 신앙을 지키기 힘들었던 시대가 초대교회의 시대였다면, 지금의 시대는 너무 편하고 유혹이 많아서 신앙을 지키기 힘든 시대가 아닐까요?

홀로 있는 죄

골 3:16

그리스도의 말씀이 너희 속에 풍성히 거하여 모든 지혜로 피
차 가르치며 권면하고.

Let the word of Christ dwell in you richly as you teach and
admonish one another with all wisdom.

몇 년 전 세계를 경악과 충격으로 몰아넣은 사건이 미
국 버지니아 주에서 일어났습니다. 총기 사고가 자주 일
어나는 미국이라지만 이 사고는 역사상 최악의 총기 사고
로 모두 33명이 숨졌습니다. 조승희라는 청년에 대한 보도
가 쏟아질 때, 우리를 당황케 했던 사실은 그가 분명 교회
를 다녔던 청년이라는 것입니다. 그토록 많은 젊은이들을
무참하게 살해할 정도로 큰 상처가 그에게 있었습니다. 그
는 누구에게도 그것을 이야기하지 않던 철저한 외톨이였
습니다. 만일 그가 형제자매들에게 자신의 아픔과 상처를
이야기했다면, 주변에서 그의 상처를 어루만져 주고 공감
해 줬다면 이런 사건을 막을 수 있지 않았을까요?

바울은 교회를 다니는 것에서 그치지 말고, 말씀 안에서
서로 풍성하게 나누라고 했습니다. 그렇게 하지 않고, 아
무런 이야기도 하지 않고 홀로 있는 것은 죄입니다.

계산하지 않는 순종

창 35:1

하나님이 야곱에게 이르시되 일어나 벧엘로 올라가서 거기
거주하며 네가 네 형 에서의 낯을 피하여 도망하던 때에 네
게 나타났던 하나님께 거기서 제단을 쌓으라 하신지라.

**Then God said to Jacob, "Go up to Bethel and settle there,
and build an altar there to God, who appeared to you when
you were fleeing from your brother Esau."**

야곱의 이야기를 묵상하면서 하나님의 인도가 얼마나
중요한가를 생각하게 됩니다. 야곱에게는 평생을 고치지
못한 중병이 있었는데, 그것은 자신이 하나님보다 옳다
는 착각병이었습니다. 하나님이 이제 그만 형 에서에게로
돌아가라고 말씀하시는데도, 야곱은 자신의 계획만을 믿
을 뿐 하나님의 인도를 따르지 않았습니다. 가장이 하나
님의 인도를 따르지 않을 때 일어나는 결과는 파괴적입니
다. 믿음이 없어 세겜 땅에 정착한 야곱의 딸 디나가 강간
을 당하게 되고, 이 일로 인해 디나의 오빠들이 할례를 빌
미로 삼아 처참한 살육을 벌이는 지경에 이릅니다.

요즘 여러분은 어떤가요? 현실과 믿음 사이에서 끊임없
이 계산하면서 머리를 굴리며 살고 있지는 않습니까? 하
나님 말씀 앞에서는 머리 쓰지 말고 순수하게 순종할 수
있는 여러분이 되기를 바랍니다.

진정한 삶의 목적

느 1:11

주여 구하오니 … 오늘 종이 형통하여 이 사람들 앞에서 은혜를 입게 하옵소서 하였나니 그때에 내가 왕의 술관원이 되었느니라.

"O Lord, … Give your servant success today by granting him favor in the presence of this man." I was cupbearer to the king.

느헤미야는 이 땅에서 누릴 수 있는 성공을 제대로 경험한 사람이었습니다. 그러나 그는 고국의 소식을 듣고, 무너진 성전의 재건이라는 부담감을 가지게 되었습니다. 그가 거한 곳은 부와 명예와 안락함이 보장된 수산궁이라는 최고의 거주지였습니다. 그러나 느헤미야는 어떤 부귀영화도 소중하게 여기지 않았습니다. 먹을 것과 즐길 것이 많은 그곳에서 울고 슬퍼하며 하늘의 하나님 앞에서 금식하고 기도했습니다.

그리스도인은 성공해서 행복하게 사는 것 그 이상의 목적이 있어야 합니다. 원하는 대학에 들어가려는 이유가 무엇입니까? 느헤미야처럼 성공을 통해 믿음의 공동체를 바로 세우는 데 결정적인 도움을 주려는 거룩한 열정이 있습니까? 그것이 없다면, 하나님이 여러분의 성공에 도움을 주실 거라는 기대는 하지 않는 것이 좋습니다.

마음이 아름다운 그리스도인

잠 31:30

고운 것도 거짓되고 아름다운 것도 헛되나 오직 여호와를 경
외하는 여자는 칭찬을 받을 것이라.

Charm is deceptive, and beauty is fleeting; but a woman
who fears the LORD is to be praised.

인터넷에 올라오는 연예인들의 화려한 결혼식 장면을
보면서 많은 청소년들이 부러움과 질투를 동시에 느낍니
다. TV 리모컨을 누를 때마다 화면을 장식하는 그들을 보
면서 상대적으로 초라한 내 모습에 자책하기도 합니다.
그래서 하나님이 부모님을 통해 물려주신 자신의 외모를
받아들이지 못하고 성형수술을 하는 사람이 많습니다.

그러나 우리는 현실 너머에 있는 하나님의 약속의 말씀
을 붙잡고 마음을 다스려야 합니다. 자신을 바라보는 시
선을 고쳐야 합니다.

"고운 것도 거짓되고 아름다운 것도 헛되나 오직 여호와
를 경외하는 여자는 칭찬을 받을 것이라."

이 말씀을 자매들에게만 국한해서 적용할 필요는 없습
니다. 형제자매 모두에게 주시는 하나님의 말씀이니까요.
못생긴 사람들에게만 주시는 말씀이 아니라는 것도 명심
하십시오. 아무리 외모가 고와도 그 속에 하나님을 경외
하는 마음이 없다면 정말 헛된 것입니다.

나의 신앙생활을 돌아볼 때

행 10:17

베드로가 본바 환상이 무슨 뜻인지 속으로 의아해하더니.

While Peter was wondering about the meaning of the vision.

베드로는 충동적이고 자주 시험에 빠지는 연약한 인물이었습니다. 예수님은 그런 그를 제자로 부르셨고, 초대교회의 지도자로 삼으셨습니다. 그러나 문제는 그의 뼛속까지 새겨져 있던 유대교의 율법주의였습니다. 왜 베드로는 이방인들을 품으라는 주님의 명령을 받고도 머뭇거렸을까요? 너무도 오랫동안 진리인 줄 알고 행해 온 율법 때문이었습니다. 예수 그리스도의 복음이 예루살렘의 초대교회에서 출발하여 전 세계로 전해져야만 하는 시점에서, 베드로는 그동안 무시해 왔고 여전히 무시하는 이방인에게 다가가지 못했던 것입니다. 주님은 베드로에게 이제 이방인들을 향한 무시를 내려놓고 그들과 함께 먹으며 나누라고 말씀하셨습니다. 예수님과 함께 울고 웃고 배우며 3년을 보냈고, 성령의 충만함을 받았고, 탁월한 설교로 3,000명을 회심시킨 그였지만 아직도 말씀 앞에서 버려야 할 죄들이 많았던 것을 보면서 나를 돌아보게 되지 않습니까?

진정한 웰빙

행 19:25

그가 그 직공들과 그러한 영업하는 자들을 모아 이르되 여러 분도 알거니와 우리의 풍족한 생활이 이 생업에 있는데.

He called them together, along with the workmen in related trades, and said: "Men, you know we receive a good income from this business."

오늘 본문에서 우상 만드는 일을 그만두지 못하고 바울을 핍박하는 사람들을 보면서 신앙에 하나도 도움이 되지 않지만 그것이 주는 물질의 풍요로움과 즐거움 때문에 내려놓지 못하는 사람들의 연약함을 생각하게 됩니다. 우상을 만들어 벌어들인 수입으로 평생 쾌락과 죄 가운데서 살아가기를 꿈꿨던 사람들. 그들은 그것이 자신들의 영혼을 죽이는 줄도 모르고 살았던 것입니다.

'풍족한 삶.' 이 시대의 모든 사람이 꿈꾸는 것입니다. 여러분이 그토록 기를 쓰고 공부하고 시험을 치고 경쟁하는 이유는 무엇입니까? 내 안에 계신 하나님의 영광을 위해서입니까, 아니면 나의 풍족한 생활을 위해서입니까? 우상을 만드는 일에서 오는 풍족한 생활은 포기하는 것이 옳습니다. 예수님을 믿고 영생하는 것이 진정으로 풍족한 생활, 웰빙임을 믿으시기 바랍니다.

하나님께 쓰임 받는 사람

삿 6:15

기드온이 그에게 대답하되 오 주여 내가 무엇으로 이스라엘을 구원하리이까 보소서 나의 집은 므낫세 중에 극히 약하고 나는 내 아버지 집에서 가장 작은 자니이다 하니

"But Lord," Gideon asked, "how can I save Israel? My clan is the weakest in Manasseh, and I am the least in my family."

오늘의 본문은 이 땅의 모든 하나님의 일꾼이 받아야 할 말씀입니다. 기드온은 약한 지파의 출신이었고 소심한 사람이었습니다. 그러나 하나님은 내세울 것 없는 그를 용사로 세우셨습니다. 여기에 신앙의 비밀이 있습니다. 아무리 미천하고 열등감 있는 사람이라도 하나님의 용사가 될 수 있는 것은, 능력이 나에게서 나오는 것이 아니라 '하나님의 힘'에서 나오기 때문입니다. 뒤집어서 생각하면, 하나님의 일을 하기에는 보잘것없는 환경과 출신을 가진 사람이라면 그 약점이 오히려 하나님이 일하실 수 있는 절호의 찬스가 됩니다. 자신이 가장 작게 느껴질 때 이 말씀을 생각하십시오. 묵상하고, 마음판에 꼭 새기십시오. 우리가 하나님의 쓰임을 받지 못하는 것은 남들처럼 잘나지 못해서가 아니라 하나님의 말씀을 믿지 못해서입니다.

하나님의 말씀대로만

수 1:8

이 율법책을 네 입에서 떠나지 말게 하며 주야로 그것을 묵
상하여 그 안에 기록된 대로 다 지켜 행하라.

Do not let this Book of the Law depart from your mouth;
meditate on it day and night, so that you may be careful to
do everything written in it.

너무나도 유명했던 모세가 나이 많아 죽고 다음 세대인
여호수아가 지도자로 등장하게 됩니다. 그러나 여호수아
가 지금까지 했던 일은 그저 모세 뒤에 숨어서 모세를 도
우며 가방을 들고 다닌 것이 전부였습니다. 그는 연설을
해 본 적도 없고, 모세처럼 날카로운 카리스마도 없었습니
다. 엎친 데 덮친 격으로, 이제 모세 없는 이스라엘 공
동체를 어떻게 이끌고 가야 할지 너무 걱정된 나머지 심
한 울렁증에 걸리고 말았습니다. 그런 여호수아에게 주신
하나님의 말씀은 "네가 아무것도 없어도 이것 하나만 생
각하면 된다. 나의 말대로만 하라"는 것이었습니다. 훗날
여호수아는 이 말씀을 놓지 않고 계속 묵상하면서 적용했
고, 결국 여리고성까지 무너뜨리는 리더가 되었습니다.
말씀은 우리 인생의 핵심 전략이자 무기입니다.

거룩하게 구별되는 삶

출 19:6

너희가 내게 대하여 제사장 나라가 되며 거룩한 백성이 되리라.

You will be for me a kingdom of priests and a holy nation.

이 말씀을 잘 묵상하기 위해서는 구약시대의 예배 개념을 이해하는 것이 도움이 됩니다. 구약시대의 예배는 동물 제사였습니다. 제사장이 있었고 양과 소, 비둘기 같은 제물이 있었습니다. 물론 성전도 있었습니다. 그러나 예수님이 오신 뒤에는 특정한 제사장만이 제사를 드리는 것이 아니라 모두가 제사를 드릴 수 있는 만인 제사장의 시대로 바뀌었고, 성령님을 모시고 있는 내 몸이 성전이 되었습니다. 이제 더 이상의 제물은 필요하지 않습니다. 예수님이 완전한 제물이 되어 주셨기 때문입니다.

구약시대에는 제사장에게 제물을 가져다주면 제사장이 제사를 드렸기 때문에 일반인은 성소에 들어갈 수 없었습니다. 그러나 지금은 내가 직접 예배를 드립니다. 내가 제사장이요, 성전입니다. 산 제사를 드리는 것입니다. 그러므로 교회에서만 예배를 드릴 것이 아니라 학교, 학원, 집 등 모든 곳에서 예배하는 삶을 살아야 합니다.

나를 드러내지 않는 사역

고후 4:5

우리는 우리를 전파하는 것이 아니라 오직 그리스도 예수의 주 되신 것과 또 예수를 위하여 우리가 너희의 종 된 것을 전파함이라.

For we do not preach ourselves, but Jesus Christ as Lord, and ourselves as your servants for Jesus' sake.

우리가 자주 가지고 다니는 1,000원짜리 지폐의 모델이 누구인지 아십니까? 조선 시대 최고의 유학자이자 선비였던 퇴계 이황 선생님입니다. 그분의 일생을 다룬 『함양과 체찰』이라는 책을 보면, 선생님은 소신과 양심으로 오직 학문에 정진하며, 임금에게 바른 소리 하는 것을 두려워하지 않던 진정한 선비셨습니다. 이런 분들이 계셨기 때문에 조선 왕조가 500년의 역사를 이어 갈 수 있었던 것 같습니다.

바울도 마찬가지였습니다. 그는 뒤늦게 사도의 대열에 합류했지만, 유대인 출신의 사도들보다 더 열심히 복음을 전하면서 열정적인 사역을 했습니다. 그가 그토록 눈부신 사역을 할 수 있었던 것은 하나님 중심의 생각과 결단 때문입니다. 사람이 아니라 오직 하나님께 영광을 돌리고 자신을 드러내지 않는 사역의 태도가 있었기에 하나님도 그의 사역을 기뻐하셨던 것입니다.

원칙을 지키는 삶

왕상 8:3-4

이스라엘 장로들이 다 이르매 제사장들이 궤를 메니라 … 제사장과 레위 사람이 그것들을 메고 올라가매.

When all the elders of Israel had arrived, the priests took up the ark, …. The priests and Levites carried them up.

솔로몬의 태평성대는 끝이 없는 것처럼 보였습니다. 많은 사람이 솔로몬의 지혜를 듣고 감탄했고, 세금 수입은 넘쳐 났으며, 무역을 통한 경제적 이득이 무한대로 발생했습니다. 그는 하나님의 성전을 건축할 사명을 무엇보다 우선으로 생각했고, 하나님은 그것을 기뻐하셨습니다. 성전 건축은 최고의 기술자들에 의해 정교하고도 멋지게 진행되었고, 드디어 완공되었습니다. 이쯤 되면 솔로몬도 인간인지라, 우쭐하여 자기 마음대로 모든 것을 진행하고 싶은 마음이 있었을 것입니다. 훗날 솔로몬은 타락하지만 아직은 그렇지 않았기에, 그는 하나님의 말씀대로 제사장과 레위인들이 언약궤와 성막 안의 거룩한 도구들을 메고 올라가도록 합니다. 이렇듯 무슨 일이든지 제대로 되려면 원칙이 지켜져야 합니다. 제사장과 레위인이 할 일과 왕이 할 일은 따로 구분되어 있는 것입니다. 나서지 말아야 할 일에 항상 나서서 일을 그르치는 상황을 만들지 말아야 합니다.

생명의 말씀

사 43:19

보라 내가 새 일을 행하리니 이제 나타낼 것이라 너희가 그
것을 알지 못하겠느냐 반드시 내가 광야에 길을 사막에 강을
내리니.

See, I am doing a new thing! Now it springs up; do you
not perceive it? I am making a way in the desert and
streams in the wasteland.

　의사이자 선교사인 분이 선교지에서 겪은 일입니다. 그
는 이사야서의 말씀을 적은 작은 나무판을 선교지의 땅
에 세워 두고 싶었습니다. 그 백성을 향한 하나님의 약속
이 선포된 예언의 말씀이었습니다. 그러나 마를 때로 말
라 버린 그 땅은 너무나도 굳어 있어서 더 이상 어떤 것도
땅속에 박기가 힘들었습니다. 믿음으로 그 땅을 밟고 기
도한 선교사님이 마을 사람들의 진료를 마쳐 갈 즈음, 갑
자기 많은 비가 내리기 시작했습니다. 놀라운 하나님의
역사였습니다. 비가 내리자 순식간에 땅이 부드러워졌고,
하나님의 말씀을 적은 작은 나무판은 그냥 손으로 밀어도
땅에 깊이 박혔습니다. 선교사님은 하나님이 언약의 말씀
이 심겨지는 것을 기뻐하시기에 허락한 역사라고 믿었습
니다. 그리고 비를 내려 이 땅을 준비시켜 주신 것처럼 복
음이 없는 사람들의 마음에도 생명의 비를 내려 마음을
준비시켜 주실 것을 기대했습니다.

구한 자에게 주시는 주

마 6:33

그런즉 너희는 먼저 그의 나라와 그의 의를 구하라 그리하면
이 모든 것을 너희에게 더하시리라.

But seek first his kingdom and his righteousness, and all
these things will be given to you as well.

어느 가난한 청년이 있었습니다. 그 청년은 어려서부터
병든 홀어머니를 모시고, 홀로 온갖 궂은일을 했습니다.
고학으로 학교를 졸업하고 작은 회사에 들어가서 성실하
게 일했지만, 그 청년이 감당해야 할 생활의 무게는 너무
컸습니다. 수시로 들어가는 병원비와 생활비는 이 청년에
게 너무 버거웠습니다. 나이를 먹어 결혼해야 할 시점에
이르렀지만, 결혼을 위해 모아 놓은 돈은 300만 원뿐이었
습니다.

많은 고난을 믿음으로 넘겨 왔던 청년은 교회가 건축을
한다는 소식을 듣고 헌금하고 싶었지만 돈이 없었습니다.
그러나 정말 돈이 없는 것은 아니었습니다. 300만 원이 있
었으니까요. 청년은 결국 믿음으로 자신의 결혼을 하나님
께 맡기고, 그 돈을 감사함으로 하나님께 드렸습니다. 몇
년 후 청년은 아무것도 가진 것이 없지만 그의 믿음과 성
실함을 좋게 본 자매와 결혼했습니다. 먼저 하나님의 나
라를 구하자 주님이 주신 것입니다.

예수님의 사랑 때문에

롬 5:8

우리가 아직 죄인 되었을 때에 그리스도께서 우리를 위하여
죽으심으로 하나님께서 우리에 대한 자기의 사랑을 확증하
셨느니라.

But God demonstrates his own love for us in this: While
we were still sinners, Christ died for us.

외국인과의 결혼이 흔치 않던 시절에 한국의 목회자와
결혼한 사모님의 이야기입니다. 그녀의 아들은 혼혈아로
태어나 어린 시절 온갖 수치와 조롱을 당했습니다. 그는
어머니에게 따졌습니다.

"엄마, 내가 놀림 받을 거 알면서 한국 학교에 보낸 거지?
엄마 왜 한국에 왔어? 엄마 왜 나한테 물어보지도 않고 한
국 사람이랑 결혼했어? 우리 미국에 가서 살면 안 돼?"

아들의 원망 섞인 하소연을 잠잠히 들어 주던 어머니는
아들을 꼭 껴안아 주며 이렇게 말했습니다.

"예수님 때문이야!"

그 말을 듣자 소년은 마음의 살갗이 벗겨지는 듯 아팠습니다.

"예수님의 사랑 때문이야. 예수님이 날 위해 십자가에
서 죽으셨어. 그래서 나를 구원해 주셨지. 엄마는 그게 너
무 기뻐서 예수님을 모르는 한국에서 예수님을 전하면서
살고 싶었어."

하나님 앞에서 겸손한 자

벧전 5:5

젊은 자들아 이와 같이 장로들에게 순종하고 다 서로 겸손으로 허리를 동이라.

Young men, in the same way be submissive to those who are older. All of you, clothe yourselves with humility toward one another.

신학자 존 스토트는 변함없는 제자도의 핵심은 하나님 앞에서 전적으로 순응하는 겸손한 태도라고 말했습니다. 겸손이라는 말에는 여러 가지 의미가 있는데, 흔히 사람들 앞에서 자신을 낮추는 대인 관계에서의 겸손을 떠올립니다. 물론 이것도 중요한 겸손의 모습이지만, 성경에서 이야기하는 겸손의 핵심은 조금 다릅니다. 그것은 하나님을 인정하고, 내가 얼마나 연약한 인간인지를 인정하는 태도를 말합니다. 겸손한 모습은 상대에 따라 달라질 수 있습니다. 그러나 하나님 앞에서 자신이 얼마나 타락한 죄인인지 인정하면, 어느 곳에서도 어떤 상대 앞에서도 겸손해지는 변화가 찾아옵니다. 사람들 앞에서는 겸손하지만 보이지 않는 하나님 앞에서는 겸손하지 않은 사람들이 많습니다. 하나님이 쓰시는 사람은 하나님이 전적으로 옳으시다는 것을 인정하고, 주님이 주시는 은혜를 누리면서 겸손하게 때를 기다리는 자입니다.

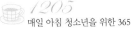

부당한 고난을 받을 때

벧전 2:19

부당하게 고난을 받아도 하나님을 생각함으로 슬픔을 참으면 이는 아름다우나.

For it is commendable if a man bears up under the pain of unjust suffering because he is conscious of God.

이 세상에는 받지 않아도 될 부당한 고난을 받는 사람이 많습니다. 장래가 보장된 최고의 교수직을 버리고, 신설된 지방의 기독교대학으로 자리를 옮겨 혼신의 힘을 다해 학교를 섬기는 과정에서 부당한 누명을 쓰고 감옥까지 다녀오신 분이 있습니다. 그분은 포항 한동대학교의 김영길 총장입니다. 그분을 잘 알고 있던 목사님이 이런 위로의 메시지를 보냈다고 합니다.

"이 부당한 고난의 시간은 우리보다 우리를 더 잘 아시는 그분의 신묘한 손길이 일하시는 시간임을 저는 믿고 있습니다. 이 어둠과 곤고한 아픔의 장막을 벗는 날, 우리는 정금보다 더 아름답게 빚어질 김 총장님과 한동인의 눈부신 영광을 볼 것입니다. 그러나 이 영광은 내일의 비전을 위해 오늘 잉태한 시련의 아픔을 경건한 기도로 이겨 내는 인내를 통해 우리에게 다가올 것입니다."

부당한 고난을 받아도 하나님을 생각하면서 참는 모습에서 진정 아름다운 것이 무엇인지를 보게 됩니다.

나의 십자가

눅 9:23

또 무리에게 이르시되 아무든지 나를 따라오려거든 자기를
부인하고 날마다 제 십자가를 지고 나를 따를 것이니라.

Then he said to them all: "If anyone would come after
me, he must deny himself and take up his cross daily and
follow me."

주님이 다시 오시기 전까지 우리 안에는 여전히 두 마음이 싸우고 있습니다. 예수님의 오심으로 사탄이 머리를 상해 능력을 잃었지만, 아직 그 남은 세력이 활동하고 있기 때문입니다. 그러나 예수님이 다시 오셔서 세상을 심판하실 때 사탄의 세력은 완전한 소멸을 당하게 될 것입니다. 그러므로 지금 시대의 그리스도인은 영적 전쟁을 꼭 치러야 합니다. 구원받았음에도 여전히 남아 있는 내 안의 죄의 소욕을 물리치는 전쟁을 치러야 하는 것입니다. 조금만 정신을 차리면 이길 수 있는 방법이 있습니다. 깨어서 기도와 말씀을 붙잡고 선포하는 것입니다. 2,000년 전의 예수님도 두 마음을 품고 있던 제자들에게 오늘 본문의 말씀을 하셨습니다. 오늘 예수님의 말씀을 붙잡고 내 안에 버려야 할 마음을 십자가에 못 박고, 예수님이 가신 그 길을 따라갈 때 진정한 승리가 있을 것입니다.

오직 은혜로 받은 구원

딛 3:5

우리를 구원하시되 우리가 행한바 의로운 행위로 말미암지
아니하고 오직 그의 긍휼하심을 따라 중생의 씻음과 성령의
새롭게 하심으로 하셨나니.

He saved us, not because of righteous things we had
done, but because of his mercy. He saved us through the
washing of rebirth and renewal by the Holy Spirit,

교회를 다니는 청소년들에게 구원의 확신이 있는지를
물어보면, 많은 경우에 대답하지 못하고 머뭇거립니다.
참 안타까운 일입니다. 왜 이런 태도를 보일까요? 구원의
의미를 잘못 이해하고 있기 때문입니다.

구원은 내가 완전한 행위를 하고 죄를 짓지 않는다고 받
게 되는 것이 아닙니다. 구원에는 나의 행위가 끼어들 틈
이 없습니다. 구원은 전적인 하나님의 은혜로 받는 것입
니다.

구원의 확신이 없다고 생각하는 친구들에게 다시 물어
보면 예수님을 믿는다고 합니다. 자신이 죄인이라는 것도
인정합니다. 그런데도 확신이 없는 것은 자신의 삶이 아직
부족하기 때문입니다. 이것은 구원을 받지 못한 것이 아니
라 믿음이 어린 것입니다. 이제 이렇게 대답하십시오.

"구원은 받았지만 아직도 저의 믿음은 많이 자라야 합니다."

주님 때문에 기쁜 인생

빌 4:7

그리하면 모든 지각에 뛰어난 하나님의 평강이 그리스도 예수 안에서 너희 마음과 생각을 지키시리라.

And the peace of God, which transcends all understanding, will guard your hearts and your minds in Christ Jesus.

빌립보서를 옥중서신이라고 말합니다. 복음을 전하다가 어두운 감옥에 들어가 고생하고 있는 바울의 서신입니다. 사람들은 빌립보서를 기쁨의 서신이라고도 말합니다. 어떻게 이런 상황 가운데서 기뻐할 수 있을까요? 바울은 경건의 비밀을 깨닫고 있었던 사람입니다. 그의 경건의 비밀은 기쁨의 이유를 환경에서 찾지 않고 하나님에게서 찾은 것입니다. 염려할 수밖에 없는 상황이었지만, 바울은 기도와 간구로 하나님께 아뢰며 현실의 고난을 감당했습니다. 조금만 상황이 안 좋아도 완전히 낙심해서 믿음에서 멀어지는 우리와는 다른 모습이지 않나요? 기쁨의 근거를 환경에 두면 평생 근심이 끊이지 않습니다. 기쁨의 근거를 하나님께 둔 사람은 환경이 비록 감옥일지라도 그 속에서 기쁨을 누릴 수가 있는 것입니다. 예수님께 내 마음과 생각을 지킬 수 있게 해 달라고 기도하세요.

거짓 전략

레 19:11

너희는 도둑질하지 말며 속이지 말며 서로 거짓말하지 말며.

Do not steal. Do not lie. Do not deceive one another.

레위기의 주제는 거룩함입니다. 거룩한 하나님이 거룩한 삶을 우리에게 원하시기 때문에 주신 말씀입니다. 오늘 말씀은 청소년들이 피해야 할 것을 언급하고 있습니다.

첫째는 도둑질입니다. 남의 물건에 손을 대거나 대가를 치르지 않고 이익이나 물건을 취하는 일은 옳지 않습니다. 시험 기간에 다른 사람의 답안지를 보고 베끼는 것도 도둑질에 속합니다. 시험감독이 없어도 양심껏 시험을 치를 수 있어야 합니다.

둘째는 속임과 거짓말입니다. 이 부분은 친구 관계에서 먼저 적용해 봐야 합니다. 많은 경우에 친구에 대한 잘못된 정보와 부풀린 말을 전해서 서로에게 상처를 줍니다. 심한 경우 왕따를 시키는 경우도 있습니다. 없는 이야기를 붙여서 전하지 말고 있는 그대로를 전해야 합니다. 속이는 것은 사탄이 자주 써먹는 전략입니다. 속이는 사람은 결국 자신이 속이는 것이 아니라 사탄에게 속는 것임을 알아야 합니다. 내 삶에서 도둑질과 속임과 거짓말을 퇴출시켜야 하지 않을까요?

멀리해야 할 것들

엡 5:3

음행과 온갖 더러운 것과 탐욕은 너희 중에서 그 이름조차도
부르지 말라 이는 성도에게 마땅한 바니라.

But among you there must not be even a hint of sexual
immorality, or of any kind of impurity, or of greed,
because these are improper for God's holy people.

사람은 보고 들은 것을 말하게 되어 있습니다. 컴퓨터에
서 입력이 있어야 출력이 있는 것과 마찬가지입니다. 오
늘 말씀은 음란과 욕심 같은 것들은 성도에게 어울리지
않는 것이니 멀리하라고 권면하고 있습니다. 그러기 위해
서는 어떻게 해야 할까요? 일단 보고 있는 것들부터 정리
해야 합니다. 인터넷 음란물이 범람하고 있는 시대입니
다. 컴퓨터는 효과적이고 좋은 기계이지만, 그것을 잘못
이용하는 사람들 때문에 문제가 되고 있습니다. 성도에게
인터넷 음란물은 어울리지 않습니다. 그것부터 지워 보면
어떨까요? 또 컴퓨터 사용 시간부터 관리해서 죄를 지을
시간을 차단하는 것이 좋습니다. 그것이 힘들다면 컴퓨터
를 방에서 거실로 옮겨 보세요. 열린 장소에서 떳떳하게
컴퓨터를 사용하면 거룩한 컴퓨터 사용에 도움이 될 것입
니다. 악하고 음란한 것들을 멀리해야 합니다. 이것이 예
수 믿는 사람의 마땅한 도리입니다.

믿을 수 없는 사람

롬 3:23

모든 사람이 죄를 범하였으매 하나님의 영광에 이르지 못하더니.

For all have sinned and fall short of the glory of God,

　오늘 본문은 로마서의 핵심 주제에 해당하는 유명한 말씀입니다. 우리가 하나님의 영광에 이르지 못하는 이유는 다름 아닌 우리의 죄 때문입니다. 하나님으로부터 독립되어 있거나 하나님과 상관없이 사는 것이 죄의 핵심입니다. 이 말씀을 묵상하는 사람이 얻는 유익은 여러 가지가 있습니다.

　첫째로 자신이 죄인이라는 한계를 인정함으로 겸손하게 되는 유익이 있습니다. 예수님을 믿고 구원을 받았지만 여전히 연약한 믿음의 분량으로 죄의 유혹에 노출되어 있음을 인정하면, 하나님과 사람 앞에서 겸손해집니다.

　둘째로 사람에 대한 분별력이 생깁니다. 모두가 죄인이기에 사람을 쉽게 믿거나 사람을 우상시하고 의지하기보다는 하나님을 의지하게 됩니다. 사람을 우선시하는 인본주의적인 사람들은 죄인인 인간을 믿고 의지하다가 배신을 당하기도 하고 속임을 당하기도 합니다. 우리 모두가 죄인이라는 사실을 알면 이전과는 다른 분별력을 얻게 될 것입니다.

그리스도인의 삶의 목적

갈 2:20

내가 그리스도와 함께 십자가에 못 박혔나니 그런즉 이제는 내가 사는 것이 아니요 오직 내 안에 그리스도께서 사시는 것이라 이제 내가 육체 가운데 사는 것은 나를 사랑하사 나를 위하여 자기 자신을 버리신 하나님의 아들을 믿는 믿음 안에서 사는 것이라.

I have been crucified with Christ and I no longer live, but Christ lives in me. The life I live in the body, I live by faith in the Son of God, who loved me and gave himself for me.

　예수님을 믿지 않는 사람들은 삶의 특별한 목적이 없을 가능성이 많습니다. 설사 있다고 해도 그 목적은 자신을 위한 이 땅의 것들입니다. 그러나 그리스도인은 다릅니다. 우리 인생의 목적은 하나님과 그의 나라를 위해 사는 것입니다. 나만을 위해 사는 것이 아니라, 하나님과 공동체를 생각하며 함께 나누면서 사는 것입니다. 예수님을 믿는다는 것은 삶의 목적을 바꾸는 것입니다. 내가 번 돈으로 해외의 선교사님들을 후원하고, 직업을 통해 만나는 사람들에게 복음을 전하며, 우리 가족뿐 아니라 다른 가족의 행복을 위해서도 섬기는 것이 삶의 목적입니다. 하나님은 이런 목적을 가지고 사는 사람들을 축복하십니다. 여러분은 인생의 목적이 분명히 정해졌습니까?

새롭게 거듭나는 삶

고후 5:17

그런즉 누구든지 그리스도 안에 있으면 새로운 피조물이라
이전 것은 지나갔으니 보라 새것이 되었도다.

Therefore, if anyone is in Christ, he is a new creation; the
old has gone, the new has come!

흉악한 범죄를 저지른 사람이 교도소 생활 중에 복음을
듣게 되어 자신의 죄를 회개하고 변화되었다는 기사를 읽
은 적이 있습니다. 믿지 않는 사람들은 그렇게 많은 사람
을 죽이고 재물을 빼앗은 사람이 어떻게 천국에 갈 수 있
느냐고 의문을 제기할지도 모릅니다.

그러나 이 사람만 죄를 짓는 것이 아닙니다. 죄의 질과
내용이 다를 뿐 평범한 사람도 모두 죄를 짓기 때문에 죄
인이라는 본질에서는 다를 게 없습니다. 아무리 큰 죄를
지었어도 자신의 죄를 회개하고 예수님을 믿으면 천국에
갈 수 있습니다.

이렇게 범죄를 저지른 사람도 예수 믿고 새로운 피조물
로 거듭나는데, 청소년 시절에 약간의 일탈 행동과 음주
와 흡연을 했다고 해서 새로운 피조물로 태어나지 못할
이유는 없습니다. 오히려 새로운 것으로 바뀔 것이 많아
기대되는 사람들이 그런 친구들입니다. 오늘도 나를 새롭
게 하실 하나님을 기대하세요.

말씀대로 이루시는 하나님

민 23:19

히나님은 사람이 아니시니 거짓말을 하지 않으시고 인생이
아니시니 후회가 없으시도다 어찌 그 말씀하신 바를 행하지
않으시며 하신 말씀을 실행하지 않으시랴

God is not a man, that he should lie, nor a son of man, that
he should change his mind. Does he speak and then not
act? Does he promise and not fulfill?

하나님은 우리 인간과는 다른 분이십니다. 함부로 이야
기하는 분이 아니시며, 한 말을 후회하는 법도 없는 분이
십니다. 말한 것은 반드시 이루십니다.

청소년들 중에 '도대체 하나님은 내 기도를 듣고 계신
건가?'라고 의심하며, 하나님을 고집불통 할아버지 정도
로 생각하는 친구들이 있는 것 같습니다.

그러나 하나님은 말씀을 이루지 않는 것이 아니라, 지금
가장 적절한 때를 보고 계시는 것입니다. 아직은 때가 아
니기에 이뤄 주지 않으시는 것입니다. 지금 이뤄 주면 당
장은 유익할 것 같지만 우리에게 하나도 도움이 되지 않
기 때문에 미루고 계시는 것입니다. 하나님은 약속을 수
시로 깨거나 약속 시간에 늦는 분이 아니기에 한번 약속
하신 말씀은 반드시 이루십니다. 주님의 거절하심도 응답
이라는 것을 깨달아야 합니다.

내 고통을 아시는 주님

히 2:18

그가 시험을 받아 고난을 당하셨은즉 시험 받는 자들을 능히
도우실 수 있느니라.

Because he himself suffered when he was tempted, he is
able to help those who are being tempted.

'예수님은 중간고사, 기말고사도 안 보셨고, 결정적으로
수능도 안 보셨을 거고, 우리처럼 매일 학원에 다니지도
않으셨으니 우리 맘을 모를 거야.'

혹시 이런 생각을 해 본 적이 있나요? 예수님이 좋기는
한데 나와는 너무 먼 곳에서 동떨어진 생활을 하고 계신
것 같다고 생각하는 청소년들이 많습니다. 그러나 예수님
은 인간으로서 당해야 할 모든 시험을 당하셨기에 인간의
모든 어려움을 위로하고 도우실 수 있습니다. 물론 예수
님이 지금 대한민국의 10대로 사셨던 것은 아닙니다. 그
러나 예수님은 분명 인간으로 성육신해서 사셨고, 가장
참혹한 고통과 시험인 십자가를 통과하셨습니다. 그분은
인간이 느끼는 모든 고통과 괴로움을 익히 알고 계신 분
입니다. 그러니 예수님께 나의 고통과 슬픔을 아뢰세요.
예수님이 위로해 주실 것입니다.

그리스도인의 모임

히 10:24-25

서로 돌아보아 사랑과 선행을 격려하며 모이기를 폐하는 어떤 사람들의 습관과 같이 하지 말고.

And let us consider how we may spur one another on toward love and good deeds. Let us not give up meeting together, as some are in the habit of doing.

교회는 학교 동아리나 인터넷 카페 동호회와는 다릅니다. 교회는 하나님의 자녀들이 모인 하나님의 몸입니다. 흩어졌다 모였다를 마음대로 반복할 수 있는 모임이 아닙니다.

믿음의 사람들은 무조건 잘 모여야 합니다. 잘 모이지 않을 때 사탄이 틈탑니다. 어떤 일이 있어도 하나님과의 예배 약속은 지켜야 합니다. 수련회같이 믿음의 사람들이 함께 모여 삶을 나누고 은혜 받는 모임에는 더더욱 빠지지 말아야 합니다. 우리가 모이는 곳에 하나님의 은혜가 임합니다. 하나님은 믿음의 자녀들의 모임을 기뻐하십니다.

오늘 본문에서는 우리가 모여서 서로 어떤 태도를 보여야 하는지 이야기하고 있습니다. 서로를 사랑하고 격려해야 합니다. 이렇게 하려면 먼저 나보다 공동체의 지체들이 더 좋은 사람들이라는 것을 인정해야 합니다. 이런 겸손한 마음을 가질 때 진심으로 사랑과 선행을 베풀 수 있지 않을까요?

주님께 마음을 여는 삶

계 3:20

볼지어다 내가 문밖에 서서 두드리노니 누구든지 내 음성을 듣고 문을 열면 내가 그에게로 들어가 그와 더불어 먹고 그는 나와 더불어 먹으리라.

Here I am! I stand at the door and knock. If anyone hears my voice and opens the door, I will come in and eat with him, and he with me.

신앙은 마음의 문을 여는 데서 자라기 시작합니다. 전도의 현장에서 느끼는 어려움은 그들이 예수님께 마음의 문을 열지 않는 것입니다. 먼저 믿은 자를 통해 하나님의 말씀으로 마음의 문을 두드리고 계시는데, 그 음성을 듣고도 문을 열지 않는 것입니다.

더불어 먹는다는 말씀의 의미를 묵상할 때 놀라운 진리를 발견하게 됩니다. 먹는다는 것은 배고픔을 전제로 합니다. 마음이 가난한 사람, 심령이 주린 사람이 마음의 문을 열게 된다는 것입니다. 돌이켜 보면 은혜가 충만했을 때는 항상 인생의 고난이 있었던 것 같습니다. 고난으로 인해 마음이 최고로 가난해진 때였습니다. 내 곤고함의 사건은 예수님이 나를 사랑하사 나를 먹이려고 주신 사건이라는 것을 믿고, 마음을 닫고 굶겠다는 생각이라면 당장 버려야 합니다.

나를 참아 주신 분

히 12:3

너희가 피곤하여 낙심하지 않기 위하여 죄인들이 이같이 자기에게 거역한 일을 참으신 이를 생각하라.

Consider him who endured such opposition from sinful men, so that you will not grow weary and lose heart.

살다 보면 도저히 용서할 수 없을 것 같은 사람들을 만나게 됩니다. 어른들이 살아가는 것만 봐도 그렇습니다. 자주 다투는 아주머니, 아저씨를 보면 '저렇게 싸우려면 왜 결혼하신 걸까'라는 생각을 하게 됩니다. 그러나 그분들도 처음부터 그렇게 싸우지는 않았을 겁니다. 용서가 안 되니까 자꾸만 미워하게 되고, 참다 참다 싸우는 것이겠죠.

오늘 본문은 참다 참다 짜증이 나서 낙심될 때는 어떻게 해야 하는지 말해 줍니다. 그때는 나를 그토록 오래 참으신 예수님을 생각하라는 것입니다. 자신에게는 한없이 관대하면서 남에게는 관대하지 못한 것은 문제입니다. 예수님은 나를 끝까지 참아 주셨는데, 조그만 것 하나도 못 참는 내 모습을 봅니다. 참기 어려울 때는 예수님이 나를 참아 주신 것을 생각해 보세요. 그럼 용서할 마음의 힘과 동기가 생길 것입니다.

심판을 피할 방법

요 12:48

나를 저버리고 내 말을 받지 아니하는 자를 심판할 이가 있
으니 곧 내가 한 그 말이 마지막 날에 그를 심판하리라.

There is a judge for the one who rejects me and does
not accept my words; that very word which I spoke will
condemn him at the last day.

가끔 장례식장에 가 보면 인생에 대해 많이 생각하게 됩
니다. 건강하던 분이 갑자기 사고로 목숨을 잃는가 하면,
돈이 엄청나게 많은 분이 그 많은 돈으로도 자신의 생명
을 살리지 못하고 이 땅에서의 삶을 마감하기도 합니다.

언젠가 죽는 것은 사람에게 정해진 것인데, 믿지 않는
분들은 마치 자신이 이 땅에서 계속 살 것처럼 죽음 이후
의 심판을 생각하지 않습니다. 심판이 있다는 것을 믿지
않는 것 같습니다. 그러나 죽음 뒤에는 반드시 하나님 앞
에서의 심판이 있습니다.

그렇다면 심판을 어떻게 면할 수 있을까요? 대답은 간
단합니다. 내가 치를 죄의 심판을 십자가에서 대신 치르
신 예수 그리스도를 믿는 것입니다. 그분과 인격적인 관
계를 맺고, 그분의 보혈로 깨끗하게 죄를 씻는다면 의인
으로서 심판을 받을 필요가 없습니다.

십일조의 의미

잠 3:9-10

네 재물과 네 소산물의 처음 익은 열매로 여호와를 공경하라
그리하면 네 창고가 가득히 차고 네 포도즙 틀에 새 포도즙
이 넘치리라.

Honor the LORD with your wealth, with the first
fruits of all your crops; then your barns will be filled to
overflowing, and your vats will brim over with new wine.

왜 귀한 첫 열매를 하나님께 드리라고 했을까요? 하나
님이 먹는 것을 좋아하셔서 그랬을까요? 아닙니다. 이스
라엘 백성이 농사를 짓고 살아가는 데 있어서 일등공신은
다름 아닌 하나님이셨습니다. 그들이 첫 열매를 하나님께
드린 것은, 이 모든 것을 하나님이 이뤄 주셨다는 고백입
니다.

지금도 교회에는 이런 전통이 남아 십일조 헌금과 감사
헌금이 예배 시간에 포함되어 있습니다. 일을 해서 번 수
입의 십분의 일을 주님께 드림으로써 내가 살아가고 돈
을 벌게 된 것은 모두 하나님의 은혜임을 고백하는 것입
니다. 하나님께 드리는 물질은 단순한 물질이 아니라 철
저한 신앙의 고백을 담은 예물입니다. 예물을 하나님께
드리는 자에게는 하나님이 창고가 가득 채워지는 큰 복을
주겠다고 약속하십니다.

착한 행동으로 전도하기

벧전 2:12

너희가 이방인 중에서 행실을 선하게 가져 너희를 악행한다
고 비방하는 자들로 하여금 너희 선한 일을 보고 오시는 날
에 하나님께 영광을 돌리게 하려 함이라.

Live such good lives among the pagans that, though they
accuse you of doing wrong, they may see your good deeds
and glorify God on the day he visits us.

전도에는 여러 가지 방법이 있는데, 그중 가장 효과적인
방법은 삶으로 전도하는 것입니다. 평소에 나쁜 짓, 미운
짓만 골라서 하면서 "이번 주일에 우리 교회에서 친구 초
청을 하는데 한번 나오지 않을래? 네가 나와야 상품을 받
는데"라고 말한다면 얼마나 비호감일까요? 말로 전도하
기 전에 먼저 그리스도인으로서 합당한 삶의 모습을 보여
야 합니다. 양보와 섬김과 희생을 통해 사람들의 마음을
얻을 수 있어야 합니다. 그러면 내가 하는 전도에 힘이 실
리고, 많은 영혼을 주님께로 인도할 수 있을 것입니다. 오
늘부터 전략을 바꿔 보세요. 전도 대상자로 삼고 있는 친
구가 있다면 그 친구를 잘 섬기고, 진심이 담긴 착한 행동
을 통해 친구의 마음을 얻고, 말씀으로 전도하여 구원을
얻도록 한다면 하나님이 얼마나 기뻐하시겠습니까? 잘
전하려면 잘 살아야 한다는 평범한 진리를 명심하십시오.

이 땅에서 가장 큰 권세

요 1:12

영접하는 자 곧 그 이름을 믿는 자들에게는 하나님의 자녀가
되는 권세를 주셨으니.

Yet to all who received him, to those who believed in his
name, he gave the right to become children of God.

이 세상에서 가장 큰 권세는 어떤 권세일까요? 대통령
의 권세일까요, 아니면 대기업 회장의 권세일까요? 물론
이 땅에서 보이는 큰 권세도 많이 있습니다. 그래서 그 권
세에 기가 눌리기도 하고, 권세 있는 사람을 부러워하기
도 합니다. 그러나 단언하건대, 이 땅에서 가장 큰 권세는
바로 하나님의 자녀가 되는 권세입니다. 우리가 믿는 아
버지 하나님이 이 세상 만물을 창조하셨고, 지금도 만물
을 다스리고 계시기 때문입니다. 그분보다 높은 분은 없
으며, 그분보다 큰 권세를 가진 분도 없습니다. 자신이 다
른 사람과 비교하여 별다른 권세가 없는 환경에서 살고
있다고 생각하거나, 나에게 영향력을 많이 미치는 부모님
의 권세가 작거나 아예 없다고 생각하는 친구들이 있다면
어깨를 펴고 당당해지기를 바랍니다. 큰 권세 있으신 하
나님이 나의 아버지요, 인도자요 공급자이시기 때문입니
다. 할렐루야!

아침마다 새로운 주의 자비

애 3:22-23

여호와의 인자와 긍휼이 무궁하시므로 우리가 진멸되지 아니함이니이다 이것들이 아침마다 새로우니 주의 성실하심이 크시도소이다.

Because of the LORD's great love we are not consumed, for his compassions never fail. They are new every morning; great is your faithfulness.

살아온 날들을 돌아보면, 참 많은 죄를 지었다는 것을 인정하게 될 것입니다. 특히 세상 것들의 영향을 민감하게 받는 청소년들이 자신의 삶을 돌아보면 하나님 앞에서 창피함을 면할 길이 없을 것입니다. 그럼에도 불구하고 우리가 심판받아 죽지 않고 살아 있는 이유는 무엇일까요? 바로 하나님의 무궁한 자비와 긍휼 때문입니다. 자비는 은혜요, 긍휼은 불쌍히 여기심입니다. 하나님이 나를 은혜로 용서해 주시고, 연약함을 탓하지 않으시고, 불쌍히 여기셨기에 내가 지금까지 살아올 수 있었던 것입니다.

우리가 묵상할 것은 하나님의 자비와 긍휼의 크기입니다. 그 크기는 상상할 수 없을 정도의 크기입니다. 날마다 발전소같이 새로운 자비와 긍휼을 공급하시는 분이 바로 하나님입니다. 그런 하나님께 경배와 찬양을 드리지 않겠습니까?

성령님의 역사

딤후 3:15

또 어려서부터 성경을 알았나니 성경은 능히 너로 하여금 그
리스도 예수 안에 있는 믿음으로 말미암아 구원에 이르는 지
혜가 있게 하느니라.

and how from infancy you have known the holy
Scriptures, which are able to make you wise for salvation
through faith in Christ Jesus.

성경의 저자는 성령님이십니다. 물론 사람들이 각각 다
른 필체와 느낌으로 성경을 기록했지만, 이 모든 과정과
절차 속에는 성령님의 감동하심의 역사가 있었습니다. 성
령님이 거하지 않은, 즉 예수님을 믿지 않는 사람은 아무
리 성경을 읽어도 그 참뜻을 이해할 수 없습니다. 그저 글
자로 성경을 읽을 뿐 그 속에 담긴 하나님의 은혜를 맛볼
수 없습니다. 마치 어두운 방에서 책을 읽는 것과 같습니
다. 성령님이 영적인 눈을 뜨게 해 주시지 않으면 절대로
성경을 깨달을 수 없는 것입니다. 그러므로 우리는 성경
을 읽거나 묵상할 때 성령님의 도우심을 간절히 구해야
합니다. 성경이 어렵다고 말하기 전에 먼저 성령님의 도
우심을 구해 보세요. 이전에는 전혀 깨닫지 못했던 성경
의 진리들이 깨달아지기 시작하면서 성경 묵상이 재미있
고 은혜로운 시간으로 바뀔 것입니다.

하나님의 임재가 있는 곳

마 18:20

두세 사람이 내 이름으로 모인 곳에는 나도 그들 중에 있느
니라.

For where two or three come together in my name, there
am I with them.

교회를 그리스도의 몸이라고 합니다. 건물이 하나님의
몸이라는 뜻이 아닙니다. 교회 건물이 하나님의 몸이라고
생각하는 친구들도 있을지 모르지만, 사실은 그렇지가 않
습니다. 건물은 건물일 뿐이고, 교회는 그리스도인의 모
임입니다. 크고 멋진 건물에서 예배를 드리는 교회나, 지
하나 상가에서 또는 학교 강당을 빌려서 예배를 드리는
교회나 신학적으로 아무런 문제가 없습니다. 모두가 하나
님의 교회입니다.

예수님은 믿는 자들의 모임 속에 함께하셔서 그곳이 교
회가 되게 하십니다. 꼭 교회 건물 안이 아니더라도 어디
든지 믿는 사람들이 모이면 그곳에 하나님이 함께하시고,
그곳이 교회가 되도록 역사하십니다. 오늘 내가 생활하고
있는 학교나 학원에서 점심시간에 모여 서로 말씀을 나누
고 기도한다면 바로 그곳이 교회가 되는 것입니다. 주일
에 교회에서만 신앙생활을 할 것이 아니라 평일에도 모여
하나님의 임재를 경험해 보면 어떨까요?

주의 말씀을 지키는 삶

시 119:9

청년이 무엇으로 그의 행실을 깨끗하게 하리이까 주의 말씀만 지킬 따름이니이다.

How can a young man keep his way pure? By living according to your word.

오랫동안 청소년 사역을 해 온 사역자들의 이야기를 들어 보면, 청소년들의 변화는 말씀을 깨닫는 데서 시작된다고 합니다. 함께 놀아 주고 공감해 주고 울고 웃어 주는 것을 시작으로 관계를 형성하고 나면, 근본적인 변화는 말씀에서 온다는 것입니다. 오늘 말씀처럼, 우리가 죄의 유혹 가운데서 자신을 지켜 거룩한 삶을 유지할 수 있는 가장 좋은 방법은 말씀을 붙잡는 것입니다. 매일 말씀을 묵상하면서 그날그날 예상되는 시험들을 말씀으로 물리쳐야 합니다. 아침에 묵상한 말씀을 마음에 새기고, 오늘 적어도 이것만큼은 마음에 품고 지켜 내겠다는 결단을 한다면 성령님이 역사하셔서 승리하도록 인도해 주실 것입니다. 내 마음에 다른 것들을 내어 버리고 말씀을 두십시오. 다른 마음이 자리 잡고 있어서 말씀이 거할 자리가 없다면 승리는 보장할 수 없습니다.

양심에 거리낌이 없는 삶

행 24:16

이것으로 말미암아 나도 하나님과 사람에 대하여 항상 양심
에 거리낌이 없기를 힘쓰나이다.

So I strive always to keep my conscience clear before God
and man.

바울은 사역을 하면서 동역자들과의 관계 속에서 항상
투명한 삶을 살았습니다. 특히 물질적인 면에서 한 치의
부정도 없도록 자신을 관리했습니다. 하나님 앞에서 내
양심이 거리낄 것이 없다는 바울의 말은, 그가 얼마나 자
기 자신을 관리하려고 애썼는지 알 수 있는 대목입니다.

교회 일을 하면 교회의 재정을 다루게 되는 경우가 많습
니다. 여러분은 교회 청소년부나 예배팀에서 섬기면서 받
게 된 교회의 예산을 십 원짜리 하나 틀림이 없이 정확하
게 사용하고, 영수증을 잘 제출하고 있습니까? 만약 그런
것이 분명하지 않다면 하나님의 책망을 받게 될 것입니
다. 투명하고 깨끗한 일 처리와 공정한 판단으로 양심에
거리낄 것이 없는 삶을 사는 것이 복음 전파만큼 중요한
일임을 바울은 알았기에, 오늘 이런 말씀을 전해 주고 있
는 것입니다.

남의 말을 듣는 마음

왕상 3:9

누가 주의 이 많은 백성을 재판할 수 있사오리이까 듣는 마음을 종에게 주사 주의 백성을 재판하여 선악을 분별하게 하옵소서.

So give your servant a discerning heart to govern your people and to distinguish between right and wrong. For who is able to govern this great people of yours?

오늘 본문은 유명한 말씀입니다. 하나님이 솔로몬의 제사를 받고 만족하셔서 "네가 받고자 하는 것이 무엇이냐?"고 물으셨을 때 솔로몬이 구한 내용입니다. 그가 구한 것은 듣는 마음이었습니다. 솔로몬은 백성들의 말을 유심히 듣고 공정한 판단을 내릴 수 있는 마음을 달라고 했습니다. 이렇게 귀한 것을 구하자 하나님이 솔로몬에게 놀라운 지혜를 허락하셨습니다.

이 지혜를 시험할 기회가 왔으니, 두 여자가 한 명의 아이를 데리고 와 자신이 어미라고 주장하는 사건이 일어났습니다. 여기서 솔로몬은 두 여자의 이야기를 잘 듣습니다. 잘 들으니 그에게 지혜가 생겼습니다. 아이를 반으로 가르라는 명령 앞에서 보여 주는 각각의 태도와 말을 경청한 뒤에 누가 진짜 엄마인지를 판단한 것입니다. 솔로몬은 듣는 것이 얼마나 중요한 것인지를 알았던 사람입니다.

행함과 진실함

요일 3:18

자녀들아 우리가 말고 혀로만 사랑하지 말고 행함과 진실함
으로 하자.

Dear children, let us not love with words or tongue but
with actions and in truth.

"친구야, 오늘 나 생일이야." "그래, 축하해." 보통 이런
대화를 종종 하고 듣게 됩니다. 그러나 생일 맞은 친구로
서는 서운하지 않을까요? 적어도 친한 친구이고 오래 사
귄 친구라면 생일 정도는 기억하고 작은 선물이나 축하 카
드를 준비해야 하지 않을까요? 오늘 말씀처럼, 말로만 사
랑하지 말고 행함과 진실함으로 하자는 것입니다. 말보다
작은 행동 하나가 상대방에게 큰 기쁨과 감동을 주는 때가
많습니다. 앞으로 미리미리 일정을 잘 챙겨서 말뿐이 아닌
행동으로 사랑을 표현하는 여러분이 되시기를 바랍니다.

또 한 가지 묵상해야 할 것은, 설사 행동이 있더라도 진
실함이 없으면 안 된다는 것입니다. 마음이 담기지 않은
선물, 마음이 담기지 않은 행동은 상대방이 다 압니다. 비
록 화려하지 않고 비싸지도 않은 선물일지라도 전하는 사
람의 정성과 진심이 담긴 선물이 받는 사람에게 큰 기쁨
이 됩니다.

어른들의 귀한 가르침

왕상 12:13-14

왕이 포학한 말로 백성에게 대답할새 노인의 자문을 버리고
어린 사람들의 자문을 따라 그들에게 말하여 이르되.

The king answered the people harshly. Rejecting the
advice given him by the elders, he followed the advice of
the young men and said.

르호보암 왕에게는 두 부류의 사람들이 있었습니다. 한
쪽은 항상 말씀에 입각하여 올바른 조언을 해 주는 노인
들이었고, 또 한쪽은 왕의 기분을 맞춰 주면서 함께 놀아
주는 소년들이었습니다. 여러분은 어떤 사람들의 조언을
들으시나요? 솔직히 말해서 노인들 말이라면 듣지도 않
는 것이 요즘 청소년들의 모습이 아닌가요?

하나님이 여러분에게 붙여 주신 노인은 누구일까요? 먼
저 가까이에 부모님이 계시겠고, 교회에는 목사님이, 학
교에는 선생님이 계시겠죠. 그분들의 이야기에 순종해야
합니다. 친구들 말이 매력적이고 재미있을지는 몰라도 내
인생에 결정적인 도움을 주기는커녕 큰 문제만을 가져올
것입니다. 르호보암이 그랬던 것처럼 말입니다. 르호보
암이 노인의 조언을 거부하고 소년들의 조언을 따른 것에
대한 대가는 혹독했습니다.

저자소개

ǀ하용조

건국대학교와 장로회 신학대학교를 졸업했으며, 미국 바이올라대학교와 미국 트리니티 신학대학교, 명지대학교에서 명예박사 학위를 취득했다. 1984년 복음의 열정을 가진 12가정이 모여 머릿돌을 놓은 것에서 시작된 온누리교회는 현재 국내 8개와 미주·중국·오세아니아·일본 등에 25개의 비전교회를 낳았으며, 전 세계 59개국에 1,200여명의 선교사를 파송했다.

1980년 12월 시작한 두란노서원은 지금까지 「생명의삶」, 「빛과소금」, 「목회와신학」 등 9종의 잡지와 3,000여 종의 단행본을 발간했고, 일대일 제자양육, 큐티, 아버지학교를 통해 교회는 물론 학교, 기업체, 교도소 등에 복음의 씨앗을 뿌리고 있다.

2005년 3월 개국한 선교전문 위성방송 CGNTV는 지구촌 전역을 신앙 네트워크화하고 있으며, 현재 러브소나타를 통해 일본에 성령의 바람을 불러일으키고 있다. 현재 전주대학교 이사장, 한동대학교 이사, 햇불트리니티 신학대학원대학교 총장을 맡고 있다.

저서로는 「행복한 아침」, 「기도하면 행복해집니다」, 「사랑하는 그대에게」, 「한 사람을 찾습니다」, 「정신 차리고 삽시다」, 「행복의 시작 예수 그리스도」, 「광야의 삶은 축복이다」(출애굽기 강해), 「하나의 열망」(에베소서 강해), 「바람처럼 불처럼」, 창세기 강해 설교 시리즈(전 5권), 마태복음 강해 설교 시리즈(전 12권), 로마서 강해 설교 시리즈(전 2권), 사도행전 강해 설교 시리즈(전 3권), 요한복음 강해 설교 시리즈(전 5권)(이상 두란노) 등이 있다.

홍민기

미국 고든대학교에서 청소년 사역과 성서학을 전공했으며, 웨스트민스터 신학교에서 목회학을, 아세아연합신학대학원에서 영성교육학을 전공했다. 브리지임팩트사역원 대표이며, 코스타 강사로 섬기고 있다. 2007년 4월에 다음 세대를 세우고 이웃을 섬기겠다는 비전으로 '함께하는 교회'를 개척해 열심히 사역하고 있다.

저서로는 『사춘기 내 아이 마음 읽기』, 『정면승부』(이상 두란노), 『교사의 힘』, 『자녀교육에 왕도가 있다』, 『탱크목사 중고등부 혁명』(이상 규장) 등이 있다.

김원태

총신대학교 신학대학원을 졸업한 후, 두란노서원에서 큐티 책 『새벽나라』, 『예수나라』, 『말씀묵상』을 창간했고, 『생명의 삶』 편집장을 지냈다. 온누리교회 부목사로 청년부와 큐티 위원회를 섬기다가 미국으로 가서 리버티신학교에서 신학 석사, 리전트신학교에서 목회학 박사 학위를 받았다. 현재 셀 교회의 모델이 되고 있는 '기쁨의 교회'를 개척해 섬기고 있으며, 홈스쿨을 지원하는 죠슈아 국제 아카데미 교장으로 있다. 젊은이들을 사랑하고 그들을 위한 사역과 집회에 열중하고 있으며, 코스타 강사로 활동하고 있다.

저서로는 『십대를 위한 수필 1, 2』, 『예수 닮은 십대』, 『젊은이여 두려워하라 평범한 죽음을』, 『큐티 리더 누구나 할 수 있다』, 『청년아 탁월하게 살아라』, 『청년아 영적 부흥을 꿈꾸라』, 『청년아 하나님을 경험하라』, 『하나님께 이끌림』(이상 두란노), 『회복』, 『당신을 위한 바로 그 십자가』(이상 NCD) 등이 있다.

▌라준석

연세대학교에서 철학을 전공하고 장로회 신학대학원에서 조직신학으로 박사 학위를 받았다. 현재 온누리교회에서 수석 부목사로 사역하고 있으며, 전주대학교 객원교수, 두란노 바이블칼리지 학장으로 있다. 1988년 목회를 시작한 그는 가는 곳마다 부흥을 만들어 내는 목회자다. 1998년 온누리교회 화요성령집회를 시작했고 수년간 전국투어 성령집회를 인도했다. 대형집회에서 회중을 사로 잡는 탁월한 기도와 깊이 있는 말씀으로 영향력을 주고 있는 목회자이다.

저서로는 『행복한 누림』(비전과 리더십), 『좋으신 성령님』(두란노) 등이 있다.

김형민

총신대학교 신학대학원에서 신학을 공부하고 목사가 되었고, 명지대학교 청소년지도학과를 졸업하고 중앙대학교 사회개발대학원 청소년학과에서 석사 학위를 받았다. 성서유니온선교회 청소년담당 간사와 청소년 「매일성경」 편집장, 두란노서원 청소년전문 큐티잡지인 「새벽나라」 편집장을 역임하였다.

청소년사역의 부르심으로, 1993년 전도사 시절부터 지금까지 청소년 전문 사역자로 섬기고 있다. 성경본문 중심의 뜨거우면서도 감각적인 청소년 청중에 딱 맞는 재미있는 설교로 유명하며, 전국의 각종 청소년집회 및 청소년 큐티 세미나의 단골 강사로 한국교회 청소년들에게 영향력을 끼치고 있다. 현재 나사렛대학교 기독교학부 외래교수와 우리들교회 청소년부 및 교구 전임목사로 사역하고 있다.

저서로는 청소년을 위한 큐티가이드 『너 하나님이랑 사귀니?』(두란노)가 있다.

매일 아침 365 시리즈